GÉNÉALOGIE

DE LA

FAMILLE JARRET

DE LA TROUSSELIÈRE, DE TROZÉ, D'HALBŒUF
DE MONCHENIN, LA MAIRIE, ETC.

PAR

LE CH^er C. D'ACHON

AVEC TABLE DES NOMS PAR M^r DE FARCY

LAVAL
IMPRIMERIE-LIBRAIRIE Ve A. GOUPIL

1907

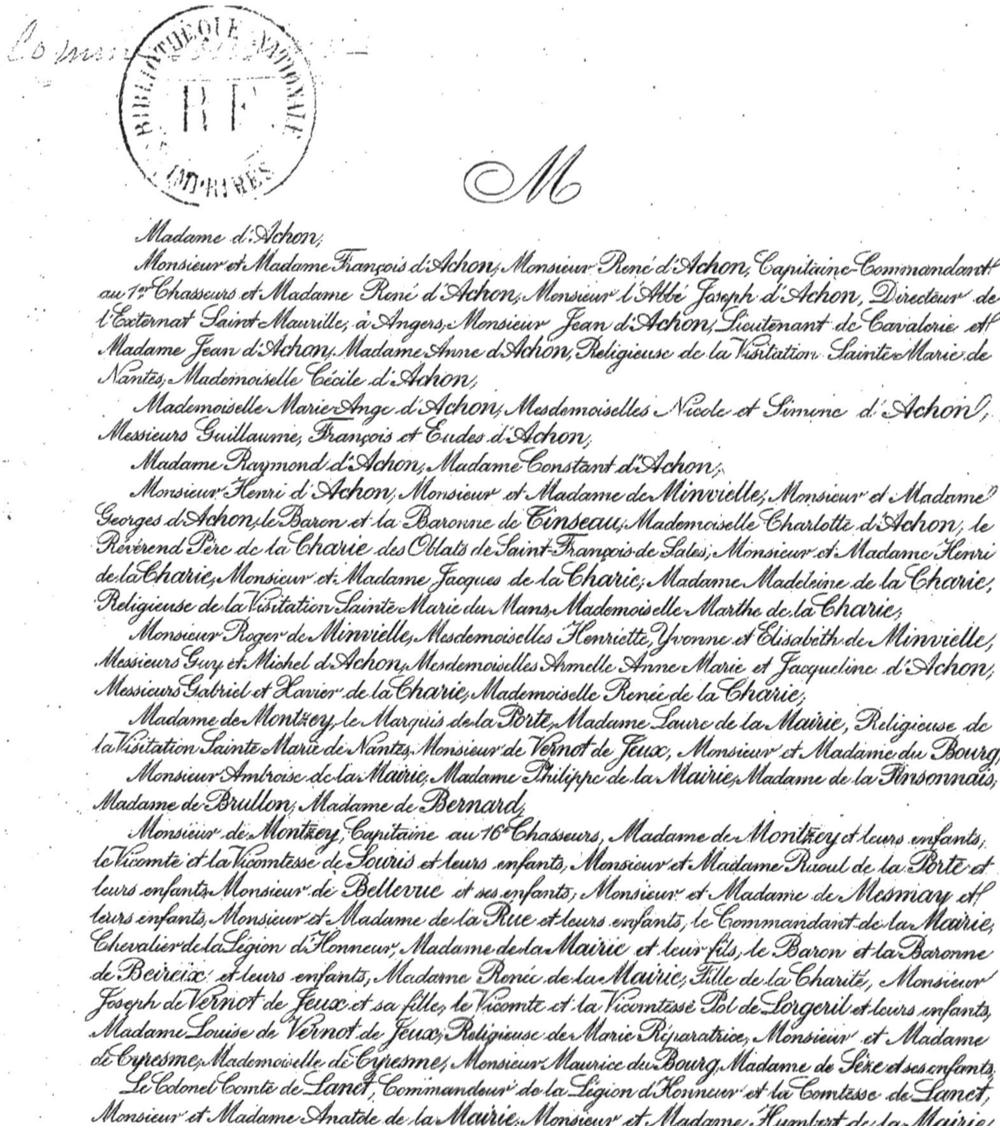

M

Madame d'Achon,

Monsieur et Madame François d'Achon, Monsieur René d'Achon, Capitaine-Commandant au 1er Chasseurs et Madame René d'Achon, Monsieur l'Abbé Joseph d'Achon, Directeur de l'Externat Saint Maurille, à Angers, Monsieur Jean d'Achon, Lieutenant de Cavalerie et Madame Jean d'Achon, Madame Anne d'Achon, Religieuse de la Visitation Sainte Marie de Nantes, Mademoiselle Cécile d'Achon,

Mademoiselle Marie-Ange d'Achon, Mesdemoiselles Nicole et Simone d'Achon, Messieurs Guillaume, François et Eudes d'Achon,

Madame Raymond d'Achon, Madame Constant d'Achon,

Monsieur Henri d'Achon, Monsieur et Madame de Minvielle, Monsieur et Madame Georges d'Achon, le Baron et la Baronne de Tinseau, Mademoiselle Charlotte d'Achon, le Révérend Père de la Charie des Oblats de Saint-François de Sales, Monsieur et Madame Henri de la Charie, Monsieur et Madame Jacques de la Charie, Madame Madeleine de la Charie, Religieuse de la Visitation Sainte Marie du Mans, Mademoiselle Marthe de la Charie,

Monsieur Roger de Minvielle, Mesdemoiselles Henriette, Yvonne et Elisabeth de Minvielle, Messieurs Guy et Michel d'Achon, Mesdemoiselles Armelle Anne Marie et Jacqueline d'Achon, Messieurs Gabriel et Xavier de la Charie, Mademoiselle Renée de la Charie,

Madame de Montzey, le Marquis de la Porte, Madame Laure de la Mairie, Religieuse de la Visitation Sainte Marie de Nantes, Monsieur de Vernot de Jeux, Monsieur et Madame du Bourg,

Monsieur Ambroise de la Mairie, Madame Philippe de la Mairie, Madame de la Pinsonnais, Madame de Brullon, Madame de Bernard,

Monsieur de Montzey, Capitaine au 16e Chasseurs, Madame de Montzey et leurs enfants, le Vicomte et la Vicomtesse de Souris et leurs enfants, Monsieur et Madame Raoul de la Porte et leurs enfants, Monsieur de Bellevue et ses enfants, Monsieur et Madame de Mesmay et leurs enfants, Monsieur et Madame de la Rue et leurs enfants, le Commandant de la Mairie, Chevalier de la Légion d'Honneur, Madame de la Mairie et leur fils, le Baron et la Baronne de Beireix et leurs enfants, Madame Renée de la Mairie, Fille de la Charité, Monsieur Joseph de Vernot de Jeux et sa fille, le Vicomte et la Vicomtesse Pol de Lorgeril et leurs enfants, Madame Louise de Vernot de Jeux, Religieuse de Marie Réparatrice, Monsieur et Madame de Cyresme, Mademoiselle de Cyresme, Monsieur Maurice du Bourg, Madame de Sèze et ses enfants,

Le Colonel Comte de Lanet, Commandeur de la Légion d'Honneur et la Comtesse de Lanet, Monsieur et Madame Anatole de la Mairie, Monsieur et Madame Humbert de la Mairie, Mademoiselle Yvonne de la Mairie, Monsieur Louis de la Mairie, Monsieur et Madame de la Boulaye, Monsieur et Madame du Plessis, Monsieur et Madame de la Pinsonnais, Monsieur et Madame de Brullon, Monsieur de Glatigné, Monsieur et Madame de Bazillac, Mademoiselle de Glatigné, Monsieur de Vexiau, Madame de Thiville, Monsieur de la Marandais, Monsieur et Madame L'Huillier, Madame de la Pommeraye,

Ont l'honneur de vous faire part de la perte douloureuse qu'ils viennent d'éprouver en la personne de

Monsieur Charles Philippe d'Achon

leur époux, père, beau-père, grand-père, beau-frère, oncle, grand-oncle, cousin-germain et cousin, décédé subitement au Château de la Roche-de-Gennes, le 10 Septembre 1909, dans sa 70e année.

Priez pour Lui!

La Roche-de-Gennes, Gennes, Maine-et-Loire.

PAP. L. DELAITRE. ANGERS.

A Monsieur Frédéric Saulnier

Conseiller Honoraire à la Cour d'Appel de Besançon

Hommage de son reconnaissant

Mis d'Achon

La Roche de Gennes 5 février 1907

(M. Charles Philippe d'Achon, auteur de cette généalogie est décédé à son château de la Roche de Gennes le 10 septembre 1909. — Ci-joint la lettre de faire part de son décès.)

GÉNÉALOGIE

DE LA

FAMILLE JARRET

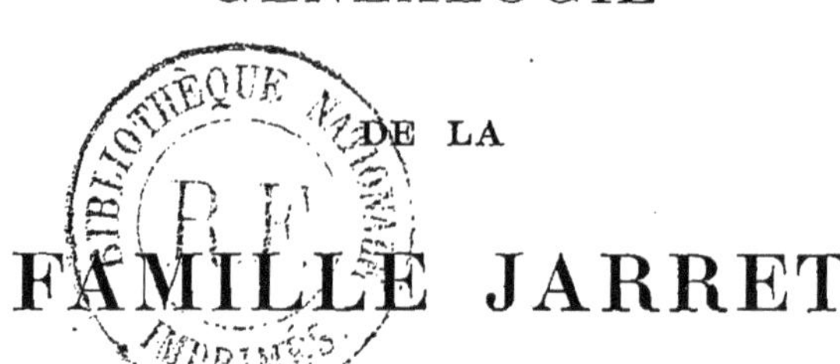

GÉNÉALOGIE

DE LA

FAMILLE JARRET

DE LA TROUSSELIÈRE, DE TROZÉ, D'HALBŒUF DE MONCHENIN, LA MAIRIE, ETC.

PAR

LE CHer C. D'ACHON

AVEC TABLE DES NOMS PAR Mr DE FARCY

LAVAL

IMPRIMERIE-LIBRAIRIE Ve A. GOUPIL

1907

A LA MÉMOIRE

D'HENRI JARRET DE LA MAIRIE

NÉ A BAUGÉ LE 3 MARS 1804

OFFICIER DE CAVALERIE

DÉMISSIONNAIRE EN 1830

MEMBRE DU CONSEIL GÉNÉRAL DE MAINE-ET-LOIRE

MORT A PONTIGNÉ

LE 26 JANVIER 1872.

JARRET de la TROUSSELIÈRE et de la MAIRIE

D'argent à la hure de sanglier de sable, arrachée de gueules.

GÉNÉALOGIE

DE

LA FAMILLE JARRET

ORIGINAIRE DE BRETAGNE
ÉTABLIE DEPUIS EN ANJOU, EN POITOU ET AU MAINE

Ier DEGRÉ

FREMOND JARRET, chevalier, seigneur de plusieurs fiefs situés dans les paroisses d'Essé, Marcillé-Robert et Bais, en l'évêché de Rennes (sans doute la Trousselière, la Giffardière, etc., qu'y possédèrent ses descendants), eut d'une première femme un fils.

L'écusson en tête de ce premier degré reproduit, avec la couronne et les supports, les armoiries : *d'argent à la hure de sanglier arrachée de gueules,* telles qu'on les trouve gravées au XVIIIe siècle.

Seigneuries et fiefs possédés par les Jarret : La Trousselière, la Giffardière, le Menant, la Pironnière, le Rozay, paroisse d'Essé. La Haye-Roussel, la Roussière, Trozé, paroisse de Marcillé-Robert. La Bussonnière, la Villatte, paroisse de Bais. Boon, paroisse de Saint-Hellier de Rennes (Ille-et-Vilaine).

Les Roches-Jarret, la Palisse, paroisse de Bouillé-Loret. Magé, paroisse de Louzy (Deux-Sèvres).

Pierre, qui mourut sans postérité, et d'un second mariage Geoffroy Jarret, écuyer, dont il confirma en 1260 la donation à l'abbaye de Mellerai d'un quartier de seigle à prendre chaque année sur la métairie du Coudray, paroisse de Saint-Sulpice.

On ignore l'année de sa mort. On sait seulement qu'elle arriva le 5 des ides de mai, c'est-à-dire le 11 de ce mois. Vers la fin du XIIIe siècle, un anniversaire avait été fondé à cette date pour le repos de son âme, celle de son fils aîné Pierre et de sa seconde femme, mère de Geoffroy, qui s'était engagé, pour lui et ses hoirs, à payer à perpétuité sur ses dîmes d'Essé 20 sols de rente aux chanoines de l'église cathédrale de Rennes.

Bibliothèque Nationale, fds. fr. 22.345. Titres de Mellerai, fol. 122 v. « Jarret, chevalier en 1260, noble de Marcillé-Robert, d'Essé et de Bais, en l'évêché de Rennes. »

Idem, fds. fr. 31.931, fol. 49 v. : Trésor généalogique de Dom Villevieille. — Fromond Jarret, chevalier, confirme la donation que Geoffroy Jarret, écuyer, avait faite à l'abbaye de Mellerai, de la rente d'un quartier de seigle, sur la métairie du Coudray, en la paroisse de Saint-Sulpice, et comme son dit fils n'avait point encore de sceau, il mit le sien, à sa prière, au bas de l'acte qui en fut dressé au mois de janvier 1260. Extrait des archives de l'abbaye de Mellerai (La Meilleraye, diocèse de Nantes.)

Idem, fonds des Blancs Manteaux, vol. 36, p. 240, et *Archives de la Loire-Inférieure, H. 75. Copie moderne.* — « Universis presentes litteras visuris vel audituris, Fromundus Jarret, miles, salutem in Domino. Noveritis quod Gaufridus Jarret, filius meus, armiger, cum assensu et voluntate mea, dedit abbatiæ de Melereio, unum quarterium siliginis, annui redditus. Datum mense Januarii, anno M.CC.LX. »

Chantilly, paroisse de Courcelles. La Mairie, paroisse de Braye-sur-Maulne (Indre-et-Loire).

La Bellière Saint-Florant, paroisse de Saint-Florant-le-Vieil. Beaumont, paroisse de Saint-Jean-des-Mauvrets. Bellevue, la Roullière, paroisse des Verchers. Hallebeuf, paroisse de Forges. Monchenin, le Paillé, paroisse de Nueil-sous-Passavant. Les Terres-Noires, paroisse de Douces. Les Petites-Renaudières, paroisse de Maulévrier (Maine-et-Loire).

Les Aistres, le Baril, la Ferronnière, la Joubardière, Patience, la Roche, paroisse de Saint-Martin-du-Limet. Le Boulay, paroisse de Cossé-le-Vivien. Champagné, le Davy, la Cherançais, paroisse de Bouchamps. Chanay, paroisse de Grez-en-Bouère (Mayenne).

L'Espine, paroisse de Savigné-l'Évêque (Sarthe).

En 1211, « Radulfus Jarret » donne « cum cognatis suis » les dîmes de Lomguyon et de la Ville-Gestin, en Dol, à l'abbaye de Saint-Aubin des Bois, diocèse de Saint-Brieuc. On ne peut avec certitude rattacher à la famille Jarret ce personnage. *Anciens Évêchés de Bretagne, par J. Geslin de Bourgogne et A. de Barthélemy, in-8°, 1864, t. III, p. 48. Archives des Côtes-du-Nord. Cartulaire de Saint-Aubin des Bois.*

Chapitre de Rennes. Obituaires manuscrits du XIVe siècle.

« Maius, V Idus. Obiit Fromundus Jarret (1), miles, pro cujus anima et uxoris ejus et Petri, filii sui (2), habemus viginti solidos cum Gaufrido Jarret et heredibus ejus super decimis eorum sitis in parrochiis de Esceio (3), ad suum anniversarium faciendum. »

Il existe deux obituaires du chapitre de Rennes ; tous les deux transcrits dans la première moitié du XIVe siècle, renferment les fondations des XIe, XIIe et XIIIe siècles. Dans le plus ancien, un obit de 1317 est de la même main que ceux des siècles précédents, mais une fondation de 1327 est d'une autre main ainsi que divers actes ajoutés dans le courant du XIVe siècle; quant au second, exécuté après 1327, il a été continué jusqu'au XVIe siècle, au fur et à mesure des nouvelles fondations en intercalant des feuillets supplémentaires.

IIe DEGRÉ

GEOFFROY JARRET, écuyer, était assez jeune en 1260 pour ne pas avoir encore de sceau particulier. Il y a tout lieu de croire qu'il succéda aux biens de son père et qu'il fut lui-même père d'un autre Fremond, mort en 1356, que la généalogie, citée dans la maintenue de la réformation de 1669, mentionne comme seigneur de la Trous-

(1) Fromundus ! Il n'y a pas contradiction à traduire Fromond ou Fremond : la première façon est conforme à l'ancienne langue française qui traduit véritablement le mot ; la seconde est conforme à l'habitude actuelle qui calque plutôt un nom propre.

Ici on a donné la préférence à Fremond, parce que ce nom est ainsi écrit en la maintenue de Bretagne de 1669 et la *Table des Jarret*.

(2) L'emploi simultané du mot *sui* et du mot *ejus*, appliqués à la même personne, peut à première vue paraître anormal et irrégulier, il est cependant tout à fait logique et conforme à la grammaire latine du moyen âge. Le *Petri, filii sui*, indique que Pierre était le fils de Fremond qui l'avait eu d'une autre femme que celle pour l'âme de laquelle l'obit était en partie fondé, autrement le texte eût, sans doute, été celui-ci : *Fromundus Jarret, miles, pro cujus anima et uxoris ejus et Petri filii eorum*. *Uxoris ejus* est de la bonne latinité et le moyen âge emploie cette tournure quand il n'y a pas ambiguité ; *sui* est contre la bonne latinité, mais il est aussi régulier que possible, puisqu'il se rapporte directement au sujet du verbe et son emploi fait disparaître l'ambiguité. Le scribe a marqué que Pierre est fils de Fremond et d'une autre femme que son épouse, mère de Geoffroy. Que le prénom de cette femme ne figure pas dans le texte, cela peut paraître singulier ; mais qu'on y mette un prénom quelconque, il n'ajoutera rien de plus au sens et à la tournure de la phrase. Si Pierre était fils de Fremond, le scribe aurait mis *eorum* à n'en pas douter ! De même si *heredibus* se rapportait à Pierre, il y aurait probablement dans le texte *illius*, pour désigner celui des deux personnages mentionnés, qui arrive le premier dans la phrase (Lettre de M. Laurain, archiviste de la Mayenne, qui a rencontré des exemples analogues en quantité de textes et dans l'immense majorité de cas, il fallait traduire comme on vient de le faire. On pourrait en fournir plusieurs citations empruntées au cartulaire de Saint-Victor de Marseille et à certaines chartes de la *Maison de Laval*).

(3) Dans les deux obituaires, il y a bien *parrochiis de Esceio*, sans autre nom de paroisse.

selière, de la Giffardière, et premier auteur connu. Il figure aussi en ces mêmes qualités dans la *Table des Jarret*, qui est une grande bande de parchemin, sur laquelle on lit : « *Table certaine et véri- « table des Jarrets, issus de la Trousselière depuis l'obit de Fremond, « qui fut deux juillet mil cent cinquante six jusqu'à l'an présent mil « six cent trente-six. La dite Table, tirée de l'original, trouvé en la « maison du Baril, paroisse Saint-Martin de Limet en Craonnais* », et continuée jusqu'en 1732 (1). Il est presque inutile d'ajouter que la date 1156 est erronée et qu'il faut lire 1356. Ce ne sont point en effet les trois degrés, formés par Pierre, fils de Fremond, Guillaume son petit-fils et Jean son arrière-petit-fils, qui peuvent remplir le laps de temps entre 1156 et 1448 ; il faudrait au moins six générations.

IIIe DEGRÉ

FREMOND JARRET, IIe du nom, chevalier, seigneur de la Trousselière (2) et de la Giffardière, mourut le 2 juillet 1356. Il

(1) Cette copie faisait partie des Archives de Montchenin. Les noms y sont inscrits dans des cercles souvent assez mal reliés les uns aux autres pour ne pas indiquer clairement la filiation. On ignore ce qu'est devenu l'original ; et si c'est lui ou une autre copie, venant aussi de Monchenin, mais avec disposition différente pour les noms, qu'avait vue, il y a environ quatre-vingts ans, Mr Henri-Hippolyte Brunet de la Charie. Ce qu'il y a de certain, c'est qu'il n'était pas au nombre des papiers de famille remis par Mme de la Barre du Buron (Renée Jarret) à Henri-René Jarret de la Mairie, qui, le 5 août 1738, écrivait à Saint-Martin-du-Lymet à Louis-René Le Gouz de la Villegoyat :

« Monsieur et cher cousin,

« J'eus l'honneur de voir Monsieur votre père, il y a près de dix-huit ans, au sujet d'un « parchemin ou velin, où l'arbre généalogique de mon nom était avec les alliances, que « j'avais vu au Baril du temps de Madame de la Barre du Buron, ma parente et tante de « M. de la Villegoya (Joseph Le Gouz), votre père, le quel je lui demandai lui étant inutile, « *qu'il fit semblant de ne pouvoir trouver et mon voyage fut inutile.* »

Les mots soulignés ont été rayés sur la minute de la lettre de M. de la Mairie et remplacés par ceux-ci : « il me promit fort honnêtement de me le donner, ce qu'il a négligé depuis ; vous êtes en état de tenir sa promesse ! »

(2) La Trousselière se trouve à 600 ou 700 mètres d'un grand dolmen appelé La Roche aux fées, vers le nord-ouest à une demi-lieue du bourg d'Essé. L'ancien manoir se compose de deux corps d'habitation, placés en équerre et reliés par un vaste pavillon carré, surmonté d'un toit aigu, le tout, et principalement ce pavillon, en très mauvais état et tombant pour ainsi dire en ruines, quoique encore habité. Il n'y a aucune ornementation, sauf une porte à cintre surbaissé, actuellement au pignon du bâtiment servant de cellier, mais qui n'a été placée en cet endroit que depuis peu de temps et qui paraît provenir de la chapelle, située autrefois à l'entrée de la cour et dont il ne reste aucune trace. Cette chapelle avait été édifiée en 1666 par Pierre Jarret et fondée de deux messes par semaine. — Il ne subsiste rien de la Giffardière que le nom.

avait épousé une femme nommée Aliénor, dont il eut deux fils (1) :

1° Pierre JARRET, dont l'article suit.

2° Geffiord JARRET, dit, dans la *Table des Jarret*, fils puîné de Fremond, dont on ignore la filiation, c'est-à-dire la postérité, paraît avoir été seigneur de la Giffardière et grand-père de

Geoffroy JARRET, seigneur de la Giffardière, écuyer de la retenue de Bertrand de Dinan, maréchal de Bretagne en 1419 (2). Il figure, dans les réformations de 1434, 1438 (3), 1440, comme seigneur de la Giffardière, dont Jean Jarret, IIe du nom, rendait aveu en 1463, ce qui fait croire qu'il est mort sans postérité.

IVe DEGRÉ

PIERRE JARRET (4), chevalier, seigneur de la Trousselière, en 1360, laissa d'une femme, qui pouvait être dame de Trozé (5), en Marcillé-Robert, un fils, Guillaume, qui continue la filiation (Voir Ve degré) et peut-être un second fils, Raoul, qui suit :

(1) On trouve encore, sans qu'on sache à qui le rattacher, Jehannin JARRET, qui servait en 1357 dans la montre de Claudin de Hellenvillier. — *Bibliothèque nationale. Collection Clérambault, registre 57, p. 4326, n° 30.* Montre de Claudin de Hellenvillier, bachelier, trois autres chevaliers bacheliers, quinze écuyers et neuf archers à cheval de sa compagnie, reçue à Évreux le 3 octobre 1357..... « Jehannin Jarret, écuier, cheval brun, bay, d'une valeur de XXV livres. »

(2) *Dom Morice, Histoire de Bretagne. Preuves, t. II, colonne 1104 :* Extrait du compte de Jehan de Mauléon, trésorier de l'Epargne, des 4 septembre et 22 octobre 1419..... Geoffroy Jarret, écuyer de la retenue du Maréchal de Bretagne. Il reçut pour ses gages 8# ou 7# 10 s. suivant qu'il a été payé à Dinan ou à Rennes.

(3) Geoffroy JARRET possédait le lieu noble de la Giffardière en Essé, réformation de 1438 d'après le manuscrit de Saint-Brieuc (Lettre de P. de Courcy).

(4) Pierre, dans la *Table des Jarret*, est dit fils aîné de Fremond et d'Aliénor. Dans la généalogie citée dans l'induction de 1669, il est au contraire porté comme époux d'Aliénor. Le manque de preuves empêche de décider, mais l'assertion de la *Table des Jarret* a été adoptée comme plus affirmative, et à la façon dont y est placée pour Pierre la date de 1360, on serait tenté de croire qu'elle indique l'époque de sa mort, comme celle de 1356 pour Fremond. Pierre y est dit père de Raoul, qui épousa Catherine de Vandel, et eut lui-même pour fils Olivier. Il semble difficile d'admettre que Raoul, cité en la réformation de 1447, fut fils de Pierre, soit que ce dernier fût mort en 1360 ou même qu'il ait vécu davantage. Il y a donc lieu de croire qu'un degré a été omis et que Raoulet, cité en 1447, était fils d'un Raoul, celui qui servait sous Bertrand du Guesclin en 1371.

(5) On ignore à quelle époque le fief de Trozé est entré dans la famille Jarret. Il semble que cette terre lui soit arrivée par mariage, soit que Pierre, fils aîné de Fremond, ait épousé la dame du lieu, soit que son fils Raoul l'ait eue par acquisition, car, d'après l'aveu de 1436, il possédait cette terre en propre. Le nom de la terre est Trozé et non Troze, d'après l'abbé Paris-Jallobert.

Raoul JARRET, écuyer, figure en cette qualité dans deux montres de Bertrand du Guesclin reçues à Caen les 1er août et 1er octobre 1371 (1). Il eut :

Raoul ou Raoulet JARRET, écuyer, seigneur de Trozé et de la Pironnière, possédait aussi en 1410 (2) et 1436 le manoir de la Bussonnière, paroisse de Bais. Il demeurait à Trozé en 1447 et avait métayer exempt à la Roussière. Il fut employé, ainsi que son fils Olivier, en 1427, dans la réformation de Marcillé-Robert, dans celles d'Essé en Marcillé en 1438 et 1447. Il avait épousé, d'après la *Table des Jarret*, Catherine de VANDEL (3), dite de Frigeterre. Elle est seulement nommée Katherine dans l'aveu du 19 janvier 1436 (1437 n. s.) et il en ressort qu'elle était de son chef, dame de la Roussière et la Haie-Russel. Cet aveu est signé de Raoulet Jarret :

raoullet Jarret

Il est rendu par les deux époux à noble et puissante dame Anne, comtesse de Laval, dame de Vitré, la dernière des Montmorency-Laval, mariée en 1405 avec Jean de Montfort, auteur de la 3e branche des seigneurs de Laval. Ils confessent tenir d'elle noblement à foy lige en Marcillé-Robert, savoir : Raoulet Jarret son lieu, domaine et métairie de Trozé, avec le moulin à vent de la Haye-Russel, contenant 70 journaux de terre et qu'il lui appartenait un devoir de quintaine sur les nouveaux mariés de la paroisse de Marcillé-Robert, et Katerine sa femme les lieux et métairies de la Roussière et la Haye-Russel et leur lieu et hébergement de la Bussonnière. Ils laissèrent Guillaume et Olivier.

1o Dom Guillaume-Pie JARRET, qui fut d'église (4).

2o Olivier JARRET, écuyer, dès avant 1438 seigneur de la Haye par don de son père de son vivant (5) et probablement à sa mort de Trozé et de la Roussière, écuyer de la retenue de Guy de Laval, sire de Gavre, dans une montre reçue, le 22 mars 1426, devant Jehan de Saint-Gilles, seigneur du Betton, conseiller et chambellan (6). Il fut employé, ainsi que son père, en 1427, dans la réformation de Marcillé-Robert. Il épousa N. RACCAPÉ (7), héritière de Riozé (?) Ils eurent (8) :

(1) Dom Morice, *Preuves*, t. I, colonnes 1657 et 1658 ; et *Histoire de Bertrand du Guesclin*, par Hay du Chastelet. Paris, in-folio 1661, pp. 371-375.

(2) *Dict. de Bretagne*, par Ogée, qui dit la Begonnière.

(3) Mss. de la Bibliothèque de Saint-Brieuc, cité T. G. P. 1. — De Vandel : *de gueules à 5 gantelets ou mains dextres d'argent en pal.*

(4) *Table des Jarret.*

(5) T. G. P. 1 et 2.

(6) Dom Morice, *Preuves*, t. II, c. 1197.

(7) Raccapé : *une fasce accompagnée de 5 mouchetures d'hermines* (Sceau de 1418).

(8) On trouve un Olivier Jarret, de la paroisse d'Essé, qui devait 12 sols de rente à la seigneurie de la Rigaudière, paroisse du Theil, d'après l'aveu rendu au roi en 1494, par

Guyon JARRET, chevalier, seigneur de Trozé et de la Roussière, qui possédait le manoir de la Haye en 1447, lors de l'enquête touchant les exempts de la paroisse de Marcillé-Robert (1). Il fut pris comme témoin noble en 1479, lors de l'enquête faite de la diminution de cette paroisse, ravagée, en 1472, par les troupes du duc, qui y tint son camp pendant un mois (2); il servait dans la garde du duc de Bretagne, au nombre des 20 lances, sous Jean de Launay, dans un compte d'Ivon Milon, trésorier des guerres, du 1er octobre 1481 (*Dom Morice*, t. III, P. col. 388). Il épousa, le 21 avril 1463, Perrine de Lorgeril (3), fille de Jean de Lorgeril, écuyer, seigneur de Repentigné, et de Marie Madeuc de la Tournoile. Il mourut avant 1513, laissant deux enfants :

1o Arthur; 2o Madeleine.

2o Madeleine JARRET, dame de la Haye, épousa Jean BERTRAND (4), écuyer, seigneur de Launay-Bertrand, en Plouasne; elle comparut à la réformation de 1513 (T. G. P. 2), vers 1510, elle reçut de son frère l'assiette de la part lui revenant sur les biens de feu Guyon Jarret, chevalier, seigneur de Trozé, « qui père estoit des dits Artur et Magdeleine ». Celui-ci céda à son beau-frère et à sa sœur les rentes dues sur les fiefs du Pinel et du Fougeray, le devoir de quintaine sur les hommes « de bas estat », de la paroisse de Marcillé et divers autres héritages (Voir Pr. 34).

1o Artur JARRET, écuyer, seigneur de Trozé, la Roussière, connétable et contrôleur des deniers communs de la ville de Rennes, comparut en 1513 à la recherche touchant les personnes et maisons nobles de Marcillé-Robert; François de Maure, seigneur du Plessix-Auger, le poursuivit comme complice de la fuite de Hélène de Rohan, sa femme (1514-1525).

Bibliothèque Nationale, fds. fr. 22.318[6], *p. 241.* Évocation à Rennes pour François de Maure et Hélène de Rohan, dlle, sa compagne, sieur et dame du Plessis-Augier, contre Artur Jarret, sieur de Torze (Registre du parlement de Bretagne, commençant le 5 janvier 1518 et finy en janvier 1519. Cotté 102) *(Ce registre manque à Nantes).*

P. 270. Évocation au conseil pour Artur Jarret, sieur de Trézé *(sic)*, touchant préeminences en l'église de Marcillé contre P. Valleaux (Registre... commençant le 2 janvier 1524 et finissant en décembre 1525. Cotté 1181). Archives de la Loire-Inférieure, B 29, 229 feuillets *(Incomplet).*

P. 708. 21 juin 1514. Évocation pour Artur Jarret contre Jean de Rohan, sr de

Michel de Parthenay (Archives de la Loire-Inférieure; fonds de la Chambre des Comptes; Domaine de Rennes).

(1) T. G. P. 2.

(2) *Idem.*

(3) Du Paz, p. 472, et d'Hozier, Registre V, p. 707. De Lorgeril : *de gueules au chevron d'hermines, accompagné de 3 molettes d'éperon d'or.*

(4) Bertrand : *d'or au lion de sinople.*

Couéron et le s[r] de Maure (Registre de la chancellerie commençant en janvier 1513 et finissant en décembre 1514 soubz la cotte [c]XII[e] I) *(Disparu)*.

P. 792 (1). 17 mars 1525 (v. s.). Évocation pour François de Maure, s[r] du Plesseix-Augier, vers Artur Jarret, s[r] de Trozé, touchant les persuasions faites par le dit Jarret et ses complices de la fuite et absence de la femme du dit sieur du Plessis (Livre de la chancellerie commençant en janvier 1525 et finissant en décembre 1526, soubz la cotte XI[c] LXXIX et f[o] 57, B 30. Archives de la Loire-Inférieure; les originaux n'existent plus, mais sont analysés en quelques lignes dans les registres de l'ancienne chancellerie de Bretagne, qui subsistent en grande partie à Nantes et qui sont classés en tête dans le fonds de la Chambre des Comptes.

Il fut tout à la fois contrôleur des deniers communs de la ville de Rennes et l'un de ses deux connétables. Mais il était contrôleur avant d'être connétable, ainsi qu'il résulte du n° 465 des archives municipales : « *Registre des délibérations de la communauté 1512-1528*. Par « Artur Jarret est apparu le mandement de l'office de controlleur des « deniers communs de cette ville, date du neufviesme jour de fébvrier « derain, signé sur le replier : par le Roy Deneufville et a esté le dict « Jarret mis et induict en possession autant que mestier est ». *Délibération du 4 avril 1519*, folio 68, verso.

Dans la séance du 29 mars 1521 (v. s.), Arthur Jarret est qualifié « controlleur et l'un des connétables », dans celle du 26 mars et les précédentes, il est seulement controlleur des deniers communs ; c'est donc du 26 au 29 qu'il est devenu connétable ; mais de cette nomination nulle trace ! *Lettre de M. Le Hir, bibliothécaire de la ville de Rennes.*

Il cumula, au moins jusqu'en 1523, les fonctions de connétable et de contrôleur des deniers de la ville (2), et il reçut 60# de gages annuels pour chacune des dites charges *(Quittance du 5 mai 1525)*. La liasse 28 des archives municipales de Rennes relative aux anciens connétables renferme neuf quittances sur parchemin délivrées par *Arthur Jarret, écuyer, sieur de Trozé*, pour ses gages (60# par an), de 1522, 1523, 1524, 1525, 1526, 1527, 1530, 1531, 1535, 1536. L'année ou exercice des connétables partait du 2 février, fête de la Chandeleur. Ces quittances n'ont d'autographe que la signature, à l'exception de celle de 1525 qui

(1) Ce registre B 30, d'après l'Inventaire imprimé, ne contiendrait que 231 feuillets. On y trouve, f° 184, mandement de poursuite obtenu par Louis de Malestroit, seigneur de Pontquellec, contre François de Maure, seigneur du Plessis-Auger, et Hélène de Rohan, héritiers de Jean de Rohan, son tuteur.

(2) Le contrôleur des deniers communs avait pour mission de vérifier tous les billets, mémoires et quittances de la miserie c'est-à-dire les pièces à l'appui des comptes des miseurs ou receveurs municipaux et aussi de surveiller tous les entrepreneurs des travaux publics. Les fonctions des deux connétables n'ont jamais été bien définies, il semble que cette charge était surtout militaire. Ils prenaient rang après le gouverneur de la ville et son lieutenant. Ils avaient le droit de présider aux réunions des bourgeois en l'absence du dit gouverneur. Ils étaient spécialement chargés de la garde de la ville, donnaient des ordres aux officiers de la milice bourgeoise pour la garde des murailles et des portes et recevaient les serments des capitaines, enseignes, sergents et caporaux. *Lettre de M. Parfouru, archiviste de Rennes.*

est entièrement de la main du conétable (1). Il démissionna en 1536 et fut remplacé par Gohier de Champaigné de la Montaigne, qui présenta ses lettres de provisions aux bourgeois de Rennes, le 21 juin 1536. Toutefois Arthur Jarret, sieur de Trozé, toucha les gages de l'année 1536 entière jusqu'au 2 février 1537 (n. s.) d'après sa quittance du 17 juin 1537. En 1524, il était en procès pour les prééminances de l'église de Marcillé-Robert que lui contestait P. Valleaux (2).

Il épousa noble dame JAMETTE... dont une fille.

Jeanne JARRET, baptisée à Marcillé-Robert le 3 janvier 1509 (v. s.), probablement décédée en bas âge puisque, d'après du Paz (p. 472), Arthur Jarret mourut sans enfants.

Registres de Marcillé-Robert. 3 janvier 1509, baptême de Jeanne Jarret, fille de noble homme Arthur, seigneur de Trozé, et de noble dame Jamette ; parrain n. h. Jean de la Chapelle, marraine Guillemette du Bois-Mellet.

Ve DEGRÉ

GUILLAUME JARRET (3), chevalier, seigneur de la Trousselière et de la Giffardière, écuyer de la retenue de Bonabes de Rougé, sire de Derval (4), dans une montre reçue le 30 août 1351, était fils aîné de Pierre Jarret qui laissa, d'une femme dont le nom est inconnu, trois fils, tous les trois nommés Jean (5).

(1) Arthur Jarret, escuier, s[r] de Trozé, l'un des connestables de la ville de Rennes, confece avoir eu et reseu de Guillaume Boitart, l'un des reseveurs et myseurs des deniers commugns de la dite ville en l'en daren commencé dès le segont jour de février que l'on contoict mil cinq sens vingt et quatre (1525 nouveau style) la some de soisante lyvres monaie réelement conté et poié pour mes gages dud. ofice de lad. ville et d'icelle some de soysante lyveres monaie, me tiens contant et bien poié dud. Boitart ou dit non et l'en quite et Robin Tryboulliet son compagnon, et ensy le juge thenyr. Thémoyen mon sygne sy mis le dixyesme jour de février l'an mil cinq sens vingt et cinq (1526 n. style). Artur JARRET.

(2) Il n'est pas parlé des Jarret dans le *Pouillé historique de Rennes*, à l'article Marcillé-Robert, mais on y lit qu'à la fin du xve siècle, Pierre Huguet, seigneur du Bois-Robin, bâtit une chapelle près le manoir de ce nom, et sa fille Marguerite, dame du dit lieu, veuve de Charles de Valleaux, seigneur des Touches, y fonda, le 1er juillet 1520, deux messes hebdomadaires.

(3) Il est mentionné comme fils de Pierre dans la généalogie citée dans la maintenue du 23 janvier 1669 et également en la *Table des Jarret*, qui le qualifie seigneur de la Trousselière et de la Giffardière, ce qui indique qu'il était fils aîné. De même il y est dit père de Jean, premier du nom.

(4) Dom Morice, t. I, *Preuves*, col. 1473. « Ce sont les noms des gens d'armes et archers que Bonabes, seigneur de Rougé et de Derval,... affirmons avoir eu avec nous au service du Roy... ès parties de Bretagne, sous le gouvernement de Mr de Melun, chambellan de France, depuis le 31e jour d'aoust 1351 jusqu'au 12 septembre ensuivant... Guillaume Jarret, etc. »

(5) *Table des Jarret*.

1° Jean Jarret, qui a formé le VIe degré.

2° Jean Jarret, épousa Jeanne du Tail (1), et mourut sans postérité.

3° Autre Jean Jarret, écuyer, seigneur de la Villatte (2), dont on ignore le sort. C'est l'un de ces deux puînés qui scella de son sceau, où la hure de sanglier est cantonnée à dextre d'un tourteau, pour brisure, une obligation (3) du 3 novembre 1419 de messire Robert de l'Espinay pour la capitainerie de Hédé. Celui-ci, paraît-il, n'avait pas son sceau, puisqu'il empruntait celui de Jean Jarret.

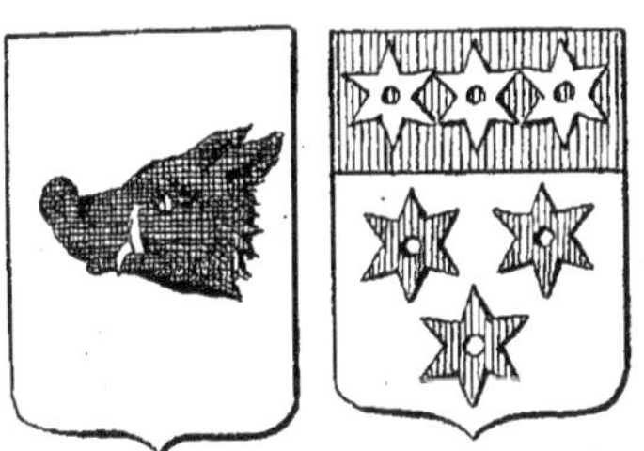

De la Cour : *D'argent à 5 molettes de gueules, au chef de même, chargé de 3 molettes d'argent.*

VIe DEGRÉ

Jean JARRET (4), premier du nom, chevalier, seigneur de la Trousselière dès 1434 (5), comparut aux réformations de 1434 et 1440, paroisse d'Essé. A la demande d'Olivier des Vaulx, héritier de Jean des Vaulx, sieur de la Bouetelière, paroisse d'Essé, mort le 2 janvier 1440 (1441 n. s.), il signa un aveu rendu par lui au Roy pour ce qu'il tenait en la paroisse de Neufville (6).

(1) Du Tail : *de... au chevron de...* (Sceau de 1416).

(2) En 1380, la Villatte, en Bais, appartenait à Robert d'Espinay (Ogée, *Bais*).

(3) L'original se trouve dans le trésor des Chartres aux archives de la Loire-Inférieure, le sceau a disparu. Cette obligation est donnée par Dom Morice, *Preuves*, t. II, col. 711, et le sceau est gravé à la fin du même volume sous le n° 274 ; dans cette reproduction, grossièrement exécutée, on voit plutôt une tête de loup qu'une hure de sanglier.

(4) Noble non contributif employé aux réformations d'Essé de 1438 à 1448, d'après le manuscrit de Saint-Brieuc.

(5) *Pouillé historique de Rennes*, t. IV, p. 578.

(6) Ni le nom du domaine n'est indiqué ni la date de l'aveu (Archives de la Loire-Inférieure, paroisse de Neuville-Andouillé, domaine de Rennes, B 2.139).

Il épousa Eustache (1) de la Cour, fille de Pierre de la Cour, chevalier, et de Catherine Bouschard (2), dame de la Bellière, en Saint-Pierre-Montlimart, veuve en premières noces de N. de Couesmes. Jean Jarret mourut avant le 6 février 1448 et Eustache de la Cour avant le 14 septembre 1454, laissant quatre enfants : Jean, deuxième du nom, Olivier, Guyon et Olive, cités dans la *Table des Jarret*.

1° Jean Jarret, deuxième du nom, qui suit.

2° Olivier Jarret, écuyer, eut à bienfait et à viage la Giffardière, épousa Isabeau du Hallay (3). Tout ce qui est rapporté d'Olivier, de Guyon et d'Olive est tiré de la *Table des Jarret*.

3° Guyon Jarret, écuyer, qu'on croit être celui qui servait le 18 janvier 1464 dans la montre d'André de Laval-Lohéac, reçue à Vitré, avec Jean de Coesmes, Olivier de Vandel (4). Il épousa Perrine de la Cigogne (5).

4° Olive Jarret, mariée au seigneur de Blessons ou Blaison (?).

(1) Dans la copie vidimée des partages du 6 février 1448, le scribe avait mis Eustaise, qu'il a corrigé Astaise; le nom qui a prévalu est *Eustache*.

(2) Catherine Bouchard était fille de Pierre Bouchard, chevalier, seigneur de la Bellière, mort avant 1369, issu d'une famille que l'on trouve occupant déjà une haute position en Anjou dès le commencement du XIIIe siècle. Elle épousa en premières noces N. de Coesmes, et en deuxièmes Pierre de la Cour, à cause d'elle seigneur de la Bellière en 1384 et encore en 1404, qui rendit hommage le 7 juin 1392, pour diverses terres, à l'abbé de Saint-Florent de Saumur à cause de sa chapelle neuve de Saint-Florent-le-Viel (*Maine et Anjou*, *Notice sur la Bellière*, par le baron de Wismes).

Les de la Cour sont connus en Anjou dès 1160. Josbert de la Cour souscrivit, en 1200, une donation faite à l'hôpital d'Angers par Maurice de Craon.

(3) Du Hallay : *d'argent fretté de gueules*.

(4) Dom Morice, t. II, *Preuves*, col. 1367.

(5) De la Cigogne : On trouve, en 1400, un Bernard de la Cigogne, sieur de Beauvais, à Bais (Ogée, *Bais*). — Armoiries inconnues.

JODOUIN : *D'argent, au lion de sable, armé, lampassé de sinople.* (Armorial de 1696, Poitou, p. 214).

VIIe DEGRÉ

JEAN JARRET, deuxième du nom, écuyer, seigneur de la Trousselière, la Bellière, la Giffardière, les Roches, fondé de la procuration de sa mère, et qualifié son fils aîné, partagea le 6 février 1448, (v. s.), avec son oncle, Jean de la Cour, seigneur de la Bellière et de la Raye, les biens de la succession de Catherine Bouchard, sa grand'mère, de ses tantes et aussi du frère utérin de sa mère, Jean de Coesmes, seigneur de la Bellière, dont était veuve noble dame Jeanne Le Moyne. Il lui fut attribué, en plus de diverses rentes, l'hostel de la Bellière-Saint-Florent (1). Le 14 septembre 1454 (2), il transigea avec le même Jean de la Cour au sujet des biens de Pierre de la Cour, son grand-père, et le 1er mai 1457, avec autre Jean de la Cour, frère puîné de sa mère, sur un procès pendant devant le sénéchal d'Anjou (3). Il avait épousé Guillemine (4) JODOUIN, héritière des Roches, en Bouillé-Loret. On le trouve cité, en 1463, dans l'aveu de la Rigaudière, comme devant foy et hommage pour la Giffardière. Le 19 novembre 1472, il reçut aveu

(1) *Preuves*, p. 36.
(2 et 3) T. G., p. 14.
(4) Guillemine, *alias* Guillemette (maintenue de 1669), y est dite femme de Jean Jarret, deuxième du nom, et mère de René, elle paraît dans les mêmes qualités au contrat de mariage de sa fille Marguerite et dans la *Table des Jarret*, où elle est qualifiée héritière des Roches, dont Jean Jodouin était seigneur en 1393 : « Contrat d'acquêt fait par Lucas Millet à Jean « Jodouin, seigneur des Roches, en la cour de Saumur. » (1393). Collection de chartes de M. de M., vendue par Charavay le 18 mars 1867. N° 23 *bis*.

René Jaudouin, maintenu noble par arrêt de MM. les Commissaires généraux à Talmont, élection des Sables, René Jaudoin, sieur du Pâtis, et autres du même nom, à Mareuil, élection de Fontenay, cités dans l'*Armorial du Poitou*, par Gouget, mais les armoiries ne sont point indiquées.

à cause de son hostel, terre et seigneurie des Roches (1). Le 26 mai 1475, il fit par son fils, Guillaume, rendre son aveu pour la Bellière. Il n'existait plus, dès le 3 janvier 1482, époque du mariage de sa fille Marguerite, et sa veuve paraît être décédée avant celui de leur fils René, le 28 avril 1483. Ils laissèrent René, Guillaume et Marguerite.

1° René Jarret, qui suit.

2° Guillaume Jarret, qui, le 26 mai 1475, « comme fils et procureur quant ad ce qui s'en suict par procuration espécial de noble homme Jean Jarret, écuyer, sieur de la Bellière-Saint-Florent, a fait foy et hommage lige à Révérend Père en Dieu Monsr Loys, humble abbé de Saint-Florent, au regard de son chastel, chastellenie et seigneurie de Saint-Florent-le-Viel, pour raison du dit lieu de la Bellière-Saint-Florent et a fait les services en tel cas accoutumez ; à laquelle foy et hommage lige le dit procureur a esté reçu, sauf le droit de mon dit seigneur et l'autruy, en toutes choses, et luy a esté enjoint bailler son adveu, dedans quarante jours, es présence de Jacques du Vaugiraut, écuier, seigneur du dit lieu, frères René de la Bouère et Pierre Libour et autres (2). » On ignore ce qu'il est devenu.

3° Marguerite Jarret, qui épousa à Doué (3), par contrat du 3 janvier 1482, François du Vau, écuyer, fils aîné de n. h. Jean du Vau, écuyer, sieur du Vau de Crée (4), qui s'engage à lui payer 100 écus d'or le jour des épousailles, ce dont se porte fort en son nom, Guyon du Vau, écuyer, frère de Jean. Elle est assistée de René Jarret, son frère, qui, tant en son nom qu'en celui de Guillemine Jodouin, sa mère, lui assure 200 écus d'or, avec certaines rentes en nature pour sa part de la succession de son père, et promesse de pareille somme, ainsi que de diverses rentes après la mort de sa mère, ce qui a dû donner

(1) Archives de la Loire-Inférieure : fonds de la chambre des Comptes. *Domaine de Rennes*, p. 17 : « Jehan Jarret, estaiger, au dit terme de l'Angevine, 18 sols et 4 boisseaux d'avoine et oultre est homme de foy.... »

(2) Archives de Maine-et-Loire, cartulaire rouge de Saint-Florent de Saumur, p. 112.

(3) *Preuves*, p. 37.

(4) Le Vau de Cré, paroisse de Saint-Hellier (Anjou). Port, en son *Dictionnaire de Maine-et-Loire*, dit : ancien fief, avec maison noble et domaine (relevant de Failes, paroisse de Thouarcé), appartenant aux XVe-XVIIIe siècles à la famille du Vau. François du Vau avait vendu, en 1506, à J. Lehou, avocat; mais son fils André opéra le retrait en 1510. On pense que les armoiries sont les mêmes que celles des du Vau de Chavagnes : *d'azur à 3 aigles d'or*.

lieu aux transactions du 9 novembre 1486 et du 7 mai 1498, concernant le partage noble que lui accorda son frère et qui n'est connu que par ce qui est rapporté, *Titres généraux*, p. 13.

Aménard : *Coticé d'argent et d'azur de 10 pièces.*

VIIIe DEGRÉ

René JARRET, écuyer, seigneur de la Trousselière dès 1480 (Ogée, *Dict. de Bretagne*), de la Giffardière, du Menant, de la Roche des Aistres (depuis Roches-Jarret) et de la Bellière-Saint-Florent, obtint le 8 mai 1486 de Michel, évêque de Rennes, un monitoire (*Preuves*, p. 39), contre les malfaiteurs qui avaient pillé ses meubles, pêché son étang, et chassé dans ses garennes de la Trousselière.

Il s'attacha au parti des Français dans la guerre civile qui divisait la Bretagne, ce qui fut cause que la duchesse Anne confisqua ses biens et en fit don, par lettres du 3 octobre 1489, à la dame de la Marzellière (1). Il donna partage à sa sœur les 9 novembre 1486 et 7 mai 1498, et tint la bride du cheval de Jehan de Mathefelon, le dimanche 22 novembre 1506, lors de la cérémonie de son intronisation, comme abbé de Saint-Florent-le-Vieil. « Et à l'entrée

(1) Marie de Berneen, veuve en 1488 d'Arthur Giffart, seigneur du Plessis-Giffart, dit de la Marzelière, ayant pris le nom et les armes de sa mère Plezou de la Marzelière (du Paz, page 682.)

Archives de la Loire-Inférieure. Registre de la Chancellerie, côté XI[c] LXVIII commenceant le 1er octobre mil IIII[c] IIII[xx] IX, fol. 4. Don à la dame de la Marzellière et à ses enfants de tout et tel droit de confiscation appartenant à la duchesse es terres, rentes et héritaiges qui appartenaient à René Jarret. Voir D. Morice, Preuves, t. III, col. 663.

« de la Porte Brunet, se présenta à luy René Jarret, escuyer, « seigneur de la Beslière-Saint-Florent, homme de foy du « dict Révérend abbé, lequel confessa qu'à raison des choses « de son hommage, il devait et était tenu mener et conduire « l'Abbé par la bride de sa hacquenée, ou autre monture, depuis « la ditte porte jusqu'à l'entrée du monastère, ce qu'il fit. Sur ce, le « dict Jarret disait que par raison du dict service la dite hacquenée « et monture luy appartenait. En a esté réservé de la réquérir « et demander et de luy en faire raison en informant. » Entre le 12 et 15 novembre 1506 il avait fait hommage au dit abbé pour raison de la Bellière (*Livre rouge de Saint-Florent*, f. 119 et 121 verso).

Il fut employé à la réformation de 1513, paroisse d'Essé. Il avait épousé à Brissac, par contrat du 28 avril 1483 (*Preuves*, p. 38), Charlotte Aménard (1), fille de Louis Aménard, chevalier, seigneur du Mesnil, de la Porte, de Noyers. La dot était de 900#, dont 200# pour don de meubles; le mariage devait être célébré avant la Saint-Jean, faute de quoi René Jarret serait forcé de payer 1.000# d'amende. Étaient présents : vénérable et discret Me Guy Pierres, maître-école à Angers, Thibault Aménard, écuyer, Jean de la Cour, écuyer, seigneur de la Raye. Elle était morte dès avant le 23 mai 1523, et René Jarret, qui assiste au mariage de son fils aîné le 3 octobre 1524, n'existait plus le 26 avril 1526.

Ils ont eu deux enfants :

1° Louis Jarret, qui suit.

2° Pierre Jarret, écuyer, seigneur de la Giffardière et de la Bellière-Saint-Florent (2), cité par Bourdigné (3) au nombre des cheva-

(1) La mère de Catherine Aménard n'est pas nommée, sans doute parce qu'elle était déjà morte. Voir pour les Aménard, Trincant, *Généalogie de Savonnières*, livre II, chapitre II.

Le Mesnil-Hardouin, paroisse de Montilliers, terre seigneuriale relevant de Montreuil-Bellay, a pris le nom de Mesnil-Aménard de Louis Aménard, qui y meurt en 1488 (n. s.) après y avoir fondé la chapelle. — La Porte, paroisse du Vaudelnay, relevant aussi de Montreuil-Bellay. En est sieur en 1476 messire Louis Aménard. Catherine de la Porte, veuve de Jean Aménard, en 1486. — Noyers, paroisse de Martigné-Briand, châtellenie avec manoir appartenant au XIVe siècle et pendant les deux tiers du XVIe à la famille Aménard, dont elle garda longtemps le nom (Noyers-Aménard.)

(2) Seigneur de la Bellière, *Table des Jarret*, et, en marge de l'aveu rendu pour la Bellière à l'abbaye Saint-Florent, est écrit : « modo Pierre Jarret » (fol. 121, livre rouge de Saint-Florent.)

(3) *Preuves*, p. 40.

liers angevins « les quels pour soutenir la noble couronne de France et honneur acquérir furent sur les rancz pour les ennemis combattre » à la bataille de Ravenne le jour de Pâques 1512. Le 23 mai 1523 (1), il reçut en partage de son frère Louis « pour tout le droit qui pouvait lui appartenir ez lieux de la Trousselière, Giffardière, Le Menant, moulin, estang du dit lieu de la Trousselière, hommes, fiefs et juridictions, étant tant en la paroisse d'Essay, Saincte-Colombe, La Couyère que autres en ce pays et duché de Bretagne, leurs baillés et transportez de René Jarret, écuyer, sieur des Roches, leur père, que pour récompance des héritages, maisons, rantes leur appartenant à cause de la succession de feue demoiselle Charlotte Aménard leur mère, néantmoins la coustume de ce pays et droitz d'icelluy, pour en jouir à jamais héritellement, le lieu de la Giffardière en la paroisse d'Essay tout ainsi qu'il se comporte avec tous les droits, les bêtes et les meubles sans aucune réserve et de plus, pour qu'il en jouisse sa vie durant seulement, les hommes, fiefs et juridictions, tant par deniers, avoynes, chappons, poulles, corvées que autres debvoirs, en la paroisse de Saincte-Colombe et la Couyère. » Un nouveau partage noble eut encore lieu entre lui et son frère aîné, le 26 avril 1526 (T. G., p. 5). Il épousa Marie de Poix (2) *(Table des Jarret)*. C. Port, dans le *Dictionnaire de Maine-et-Loire*, t. I, p. 299, dit que la Bellière lui appartenait en 1541. Ils ont eu :

Françoise JARRET (3), dame de la Bellière, épousa après 1560 François de CHARGÉ (4), écuyer, demeurant paroisse de Saint-Pierre de Tournon, en Touraine. Ils vendirent le 26 février 1572, par acte passé devant Marc Toublanc, notaire à Angers, la moitié de la seigneurie de la Bellière.

Archives de Maine-et-Loire. — Du 26 février 1572, au rapport de Marc Toublanc, notaire à Angers, vente de la moitié du lieu, terre, fief et seigneurie de la Bellière, paroisse de Saint-Florent le Vieil, par nobles personnes François de Chargé et demoiselle Françoise Jarret, son épouse, demeurants paroisse de Saint-Pierre de Tournon, en Touraine.

Enregistré aux registres des insinuations de la sénéchaussée et présidial d'Angers.

(1) *Preuves*, p. 41.

(2) De Poix (Bretagne, originaire de Picardie) : *écartelé au 1er et au 4e d'or au vol de gueules, aux 2e et 3e de gueules à la bande d'argent accostée de 6 croisettes recroisettées d'or, posées 3 et 3 qui est Tyrel.*

(3) Citée comme cousine-germaine d'Hardy Jarret dans les partages du 6 janvier 1560.

(4) De Chargé : *de sable semé d'étoiles d'argent, au lion de même(?) Dictionnaire des familles du Poitou*, par Beauchet-Filleau, d'après l'armorial ms. de Mervache, Cabinet des titres, n° 670. *Dictionnaire des familles du Poitou*, 2e édition, t. II, page 254.

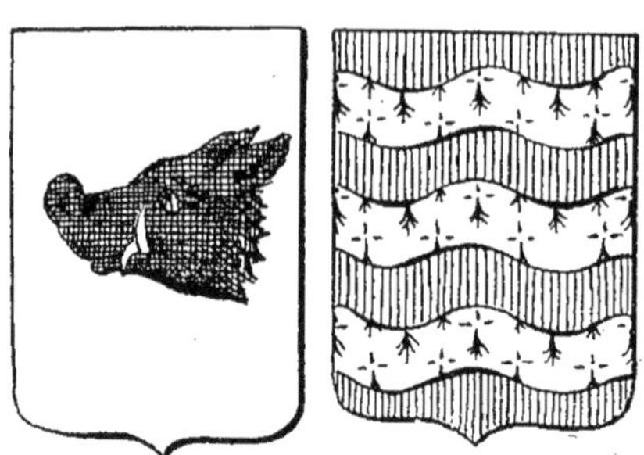

DE LA ROCHE : *De gueules, à 5 fasces ondées d'hermines.*

IXe DEGRÉ

LOUIS JARRET, seigneur de la Trousselière, des Roches, des Petites-Renaudières, partagea son frère Pierre le 23 mai 1523 (1) et lui donna un supplément de partage le 26 avril 1526 (2). Il avait épousé, à la Maison-Neuve (3), par contrat (4) du 3 octobre 1524, Louise de la ROCHE, fille de nobles personnes Jean de la Roche et de damoiselle Mathurine Le Roux, seigneur du Courron, qui recevait en dot 2.300#. Étaient présents : Guy de la Cour, seigneur de la Bellière; Jean Boucyron, seigneur de Bray ; Joachin, Jacques et Louis de Terves, écuyers. Il assista le 25 janvier 1550 à Doué, en Anjou, au contrat de mariage de son deuxième fils Arthur, et, le 17 novembre suivant, à l'Ansaudière, à celui de Hardy, son fils aîné. Il n'existait plus, ainsi que sa femme, le 6 janvier 1560. Ils eurent cinq enfants :

1° Hardy JARRET, qui suit.

2° Arthur JARRET, auteur de la branche d'Halbeuf, qui donna naissance à celle de la Mairie, la seule qui subsiste aujourd'hui.

3° Autre Hardy JARRET, écuyer, seigneur de la Palisse. Il assiste à Doué au contrat de mariage de son frère Hardy avec damoiselle Gasparde Pinet d'Halbeuf. Le 6 janvier 1560 (*Pr.*, p. 44), il reçut de son aîné, par accord sous seing privé, pour sa part des successions paternelle et maternelle la maison et la métairie de la Palisse, sises

(1) *Preuves*, p. 41.
(2) T. G., p. 5.
(3) La Maison-Neuve, commune d'Allencon (Notre-Dame d') (Maine-et-Loire).
(4) *Preuves*, p. 41. Ce contrat reçu par Georgeau et Bernardin, notaires de la cour de Ferrières.

au bourg de Bouillet-Loret, les terres aux environs et encore, entre autres choses, la moitié d'un clos de vigne (1) indivis avec Françoise JARRET, leur cousine-germaine (mariée à François de CHARGÉ). Ces partages furent ratifiés le 20 août 1565. On ignorerait qu'il s'est marié si l'on ne voyait par le partage du 21 avril 1611, que ses neveux remboursèrent certaines sommes dues aux héritiers de sa femme, dont le nom n'est pas cité. Il est présent à Angers le 1er mars 1595 à l'acte d'abandon du droit d'usufruit fait par Nicolas Amyot et Marguerite de Beaudenis sur les héritages donnés à chacun de leurs enfants. On ignore l'époque de sa mort ; ses biens furent compris dans les partages de 1611 (*Pr.*, p. 45.)

4° et 5° Un fils et une fille, connus seulement par la déclaration que fit leur père le 22 mars 1539 devant le lieutenant général de la sénéchaussée d'Anjou des choses héritaux qu'il possédait en fief et arrière-fief, en la sénéchaussée d'Anjou, savoir : la métairie des Petites-Regnaudières, anciennement appelées la Rufferie, tenue à foi et hommage simple des seigneurs de la Frogerye (qui étaient ceux de Maulévrier), évaluée à 15# de revenu net, sur lesquels quatre fils et une fille à partager (2).

AMYOT : *Ecartelé, aux 1er et 4e d'argent, à 3 rocs de gueules ; aux 2e et 3e d'argent, à deux chevrons de gueules, à la bordure engreslée de même.*

Xe DEGRÉ

HARDY JARRET, écuyer, seigneur des Roches et de la Trousselière, rendit aveu pour la Trousselière le 11 juillet 1552 au conné-

(1) Probablement en Bouillé-Loretz, où se trouvait l'ancienne abbaye de Saint-Léonard de Ferrières, fondée et donnée à l'abbaye de Tiron dans le Perche, avant 1132, par Geoffroy de Doué.

(2) *Archives de Maine-et-Loire*, Dossier Jarret.

table Anne de Montmorency qui, dans son aveu au roi en 1560 pour sa baronnie de Châteaubriand, le comprend au nombre de ses hommes, vassaux et sujets tenant noblement fiefs en la cour de Rougé au Teil. Il donna partage, le 6 janvier 1560, à Hardy Jarret son puîné, le ratifia le 20 août 1565 et accorda aussi partage, le 3 juillet 1567, à Arthur, son autre frère (*Preuves*, p. 44.)

Il avait épousé à l'Ansaudière, par contrat du 17 novembre 1550, Jeanne AMYOT, fille aînée de n. h. Étienne Amyot, seigneur de Saint-Martin-du-Lymet, de l'Ansaudière, et de Renée MAUVIEL (1), qui recevait en dot 4.500#, payables : 2.500# le jour des épousailles, 500# à la mort de Marie Galles, son aïeule maternelle, et 1.500# lors du mariage de Nicolas Amyot, son frère. Étaient présents : n. h. Jean Hullin, sieur de la Forest ; Nicolas Richomme, sieur de Carqueron ; Guillaume du Buat, sieur de Brassé ; Louis Le Brun, sieur de Villaynes et du Mesnil (*Pr.*, p. 43). Il n'existait plus dès 1572 et Jeanne Amyot fut inhumée à Essé, le 11 février 1611, « au chanceau de l'église, où ont accoustumé estre enterré ceulx de la Trousselière ».

Ils laissaient : Jean, Charles, Jacques et Suzanne.

1° Jean JARRET, écuyer, seigneur des Roches, mort sans alliance après son père et antérieurement au décès de son oncle Hardy Jarret, sieur de la Palisse ; ses biens furent compris dans les partages du 21 octobre 1611 (2). Dans un acte reçu en 1572 par Mathieu Grudé, notaire à Angers, on trouve cités : n. h. Jean Jarret, sieur des Roches ; Jeanne Amyot, dame des Roches, sa nièce, alors veuve, et Nicolas Amyot, sieur de l'Ansaudière (*Archives de Maine-et-Loire*, Dossier Jarret.)

2° Charles JARRET, qui continua la filiation. Voir page 23.

3° Jacques JARRET, dont l'article suit.

(1) A la date du 31 décembre 1574, n. h. Estienne Amyot, et demoiselle Mauviel, sieur et dame de l'Ansaudière, de la Gendronnière en Saint-Sulpice, étaient décédés, lui environ depuis onze ans et elle depuis plus de vingt. En outre de Jeanne, leur fille aînée, leurs enfants étaient : Nicolas, seigneur de l'Ansaudière, marié à Madeleine de Beaudenis ; Anne, qui épousa n. h. Jean Morel, sieur des Landelles, paroisse de Combrée ; Hélène, femme de Gilles Aimar de Seillons et de la Forterie ; et Guyonne, mise en religion depuis la mort de sa mère (*Archives de Maine-et-Loire*, dossier Amyot.)

(2) *Preuves*, p. 45.

4° Suzanne JARRET, mariée au sieur de Villeneuve, dont elle eut deux enfants, morts jeunes. Ses biens furent compris dans les partages du 21 octobre 1611.

Jacques JARRET, écuyer, qualifié seigneur de la Trousselière, quoique ne la possédant pas, fut, du chef de sa femme, seigneur du Rosay (1), paroisse d'Essé. Il y demeurait le 21 octobre 1611, lorsqu'il reçut la Palisse dans le partage, que lui donna son frère Charles des biens de leur père, de leur mère, de Jean leur frère aîné, de Suzanne leur sœur et d'Hardy Jarret, sieur de la Palisse, leur oncle. Il assiste le 7 mai 1628 au mariage de sa fille Antoinette avec Jean de Gouesse et, à Angers, le 2 janvier 1631, à l'assemblée de famille pour les filles mineures de Nicolas Jarret. Il avait épousé Julienne Godet (2), dame du Rozay, inhumée au chanceau de l'église d'Essé le 23 mai 1608. Ils eurent : Charles, Pierre, Antoinette, Marguerite, Julienne et peut-être Louis, marié en 1640 avec Françoise Pero, dame du Brossay, veuve de Thomas Janvier, sénéchal de Brain.

Registres d'Essé : Demoiselle Julienne Godet, dame du Rouozay, fut enterrée le 23 mai 1608 au chanceau de l'église, où ont accoutumé estre enterréz ceux de la Trousseliere.

Idem. Charles Jarret, fils d'écuyer Jacques Jarret et de damoiselle Julienne Godet, sa compaigne, sieur et dame de la Trousselière et du Rozay, a été baptisé le dix-neuxième jour de may 1602, le quel a été tenu sur les fonds par écuyer Charles Jarret, sieur des Roches; témoins : nobles gens Thomas Riand, sieur de Bisaye, et Antoinette Riand, dame de Brye. P. GAUVIN.

A. Charles JARRET, baptisé à Essé le 19 mai 1602 (1). Il y a toute apparence qu'il soit Charles Jarret, écuyer, seigneur de Boon, qui fut à Cherancé parrain

(1) Le Rozay se trouve à un kilomètre environ à l'ouest de la Trousselière, sur la nouvelle route d'Essé au Teil. Il n'en reste qu'un pan de mur avec deux contreforts encastrés aujourd'hui dans une vaste grange. L'ancien manoir est complètement détruit et remplacé par une habitation toute récente.

Jacques Jarret est dit seigneur de la Trousselière : en 1602 et 1603, aux baptêmes de ses fils Charles et Pierre en 1604, à celui de sa fille Antoinette; et, le 27 février 1612, à Essé, quand il fut parrain de son neveu Julien, fils aîné du deuxième mariage de Charles Jarret et de Charlotte Godet. Ceux-ci sont seulement qualifiés sieur et dame des Roches, bien que ce fussent eux qui possédaient la Trousselière qu'ils transmirent à leur fils Pierre, maintenu à la Réformation de Bretagne en 1669. Jacques Jarret est encore dénommé de la Trousselière à l'assemblée de famille de 1631, et seulement du Rozay en 1606, au baptême de Marguerite, et en 1628, au mariage d'Antoinette, ses filles. Son frère Charles, qui habitait les Roches-Jarret, lui avait probablement cédé la jouissance de la Trousselière en l'investissant de ses droits.

(2) Godet : *d'azur au chevron d'or accompagné de 3 coquilles d'argent, 2 et 1.*

(3) D'après une mention ajoutée à la *Table des Jarret*, Charles, fils aîné de Jacques et de Julienne Godet, aurait eu un fils, Louis, père de Charlotte Jarret, vivante en 1710, et sur laquelle il n'a rien été retrouvé.

de Charles, fils de François Jarret, sieur de la Palisse, et de Renée de Criquebeuf.

B. Pierre JARRET, baptisé à Essé le 9 juin 1603, dont on ignore le sort. Il assista, le 14 octobre 1640 à Pipriac, au mariage de Louis Jarret et de Françoise Pero, dame du Brossay.

Registres d'Essé : Pierre, fils de nobles gens Jacques Jarret, Julienne Godet, sieur et dame de la Trousselière et du Rousray, a été baptisé le neuffiesme jour de juing 1603, le quel a tenu sur fons, escuyer Pierre Godet, sieur du Boyz, et damoiselle Gillette Couaisnon, dame de Fleure.

C. Antoinette JARRET, dame du Rozay, baptisée à Essé le 22 juillet 1604, y épousa le 6 juin 1628 Jean de Gouesse, écuyer, sieur du Defais (1). Il mourut

Il n'a pas été possible de découvrir la preuve que Charles Jarret, né en 1602, ait été marié, ni aucun acte où il soit qualifié père de Louis. Celui-ci eût été trop jeune pour qu'on puisse vraisemblablement le prendre pour Louis Jarret, écuyer, seigneur de la Trousselière, qui, le 4 octobre 1640 à Pipriac, épousa une veuve, mère de neuf enfants. Dans l'acte de célébration de ce mariage, il n'est pas dit de qui l'époux Louis Jarret était fils. Il paraîtrait possible qu'il le soit de Jacques Jarret et de Julienne Godet. *Suivent les détails qui pourraient le concerner :*

Louis Jarret, écuyer, seigneur de la Trousselière, assiste à Essé le 3 février 1635 au mariage de Charles Le Gouz de la Roualle avec Charlotte Jarret et, le 10 janvier, est à Janzé, où il nomme Louis, fils d'Olivier de Couaisnon, avec Hélène Le Douillet du Bois-Hamon. Dans la communication qui m'a été faite de cet acte, le nom de la mère du baptisé a été omis, mais elle ne peut être que la sœur de Jean de Gouesse, époux d'Antoinette Jarret, qui avait épousé un de Couaisnon de Lanceulle en Janzé. Il assiste le 13 décembre 1635 à un baptême à Saint-Martin du Lymet. Il avait été parrain à Chérancé de Charlotte, fille de François Jarret et de Renée de Criquebeuf, le 31 octobre 1634.

Registres de Pipriac : Messire Louys Jarret, seigneur de la Trousselière, de la paroisse de Notre-Dame d'Essé, et Françoise Pero, de la paroisse de Notre-Dame de Redon, m'ayant mis en main les permissions des dites paroisses et après avoir interrogé le dit messire Louys Jarret et dame Françoise Perro et reçu leur mutuel consentement, a été célébré leur mariage en l'église de Pipriac le quatorziesme jour d'octobre 1640 en présence de Jean de Gouesse, de Pierre Jarret, Le Gouz recteur, Théaux curé. Ce recteur de Pipriac est Julien Le Gouz, licencié en droit civil et canonique, curé de Pipriac le 28 mai 1619, mort à Rennes et inhumé le 16 mars 1644 dans l'église de Saint-Sauveur, où la famille Le Gouz (dont sont sortis ceux du Plessis-le-Vicomte, en Anjou), avaient leur sépulture (*Pouillé du diocèse de Rennes*, tome V, p. 440).

Françoise Pero, dame du Brossay, paroisse de Cournon, évêché de Vannes, fille de nobles gens Jean Pero et Françoise Allory, sieur et dame du Tertre, veuve de n. h. Thomas Janvier, sieur du Plessis-Bassecour en Pipriac, de Rotz et de Lorrière en Avessac, sénéchal de Brain et de Langon, procureur fiscal de Redon, dont elle avait eu neuf enfants (*Communication du Cte de Laigue, à Bahurel*).

(1) Jean de Gouesse, de la paroisse de Crach (Morbihan), avait une sœur, mariée avec un de Couaisnon de la Lancule, en Janzé (*Abbé Paris-Jallobert*). Damoiselle Antoinette Jarret, dame du Defais, tient en la paroisse d'Essé, de René de Lopriac, seigneur de la Rigaudière, une pièce de terre nommée la Jaulnaye, au terroir de la Simonnerye ; le pré du Rozay, six cordes au jardin de la Simonnerye, une pièce de terre et un jardin nommés Le Closel à devoir de foy et hommage et chambellenage, quand le cas y eschet, et 15 deniers monnaye par chacun an de rente (*Extrait de l'aveu du château de la Rigaudière, rendu au roy le 14 août 1679 par René de Lopriac. Archives de la Loire-Inférieure.*

en mai 1649 et elle décéda au Rozay le 4 mai 1688. Ils furent tous deux inhumés en l'église d'Essé. Ils eurent onze enfants, dont on ne connait que Catherine, née à Essé, le 24 mars 1638, qui épousa Me Joseph Grégoire, et Hélène, née le 5 mai 1639, mariée le 10 février 1676 à n. h. René Gendron.

D. Marguerite JARRET, baptisée à Essé le 16 mai 1606.

E. Julienne JARRET, inscrite comme fille de Jacques *sur la Table des Jarret* et femme de François Séguin.

F. Et peut-être Louis JARRET, qui épousa en 1640 Françoise PERO, dame du Brossay, veuve de n. h. Thomas Janvier, sieur du Plessis-Bassecour, sénéchal de Brain et de Langon.

Registres d'Essé. Anthoinette, fille d'escuyer Jacques Jaret et dlle Julienne Godet, sieur et dame de la Trousselière et du Rouzay, a été baptisée le 22 jour de juillet 1604, laquelle a esté tenue sur les fons par nobles gens Jullian du Boyshalbran, sieur du dit lieu, et dlle Thomasse Godet, dame de la Guischardière.

Idem. Je soussigné recteur... rapporte avoir fait les proclamations du futur mariage de escuyer Jan de Gouesse, de la paroisse de Crach et de dlle Anthoinette Jared, dame du Rosay, et épousé le 6 de juin 1628 en la présence d'escuyer Jacques Jared, sieur du Rosay, escuier, Gabriel Rubeillon et Jean Richard, sans aucune opposition moyennant un certificat signé Gouserech et daté du 7 mai 1628.

P. GAUVIN.

Idem. Escuyer, Jean de Gouësse, sieur du Deffays, a esté inhumé dans l'église d'Essé, dans la chappelle qui est au costé de l'épistre par permission du seigneur de Maupérier le 19e jour de may 1649.

Idem. Dlle Anthoinette Jarret, vivante dame du Deffaix, aagée de quatre-vingts ans ou plus, demeurante à la maison noble du Rosay, décéda le 4 may 1688 et fut le lendemain inhumée dans la chappelle de Mauperier par la permission de M. de Mauperier, sans que les héritiers y prétendent aucun droit.

F. BAZOUIN, recteur.

Idem. Margueritte, fille nobles gens Jacques Jarret, Julienne Godet, sieur et dame du Rouzay, a esté baptisée le 16 d'aoust 1606, laquelle a esté tenue sur les fons par vénérable homme messire Julian Gommerel, recteur du Tail, et dlle Jeanne Guinier, dame du Bignon.

P. GAUVIN. J. GOMEREL. Jacques JARRET.

XIe DEGRÉ

CHARLES JARRET, premier du nom, chevalier, seigneur de la Trousselière, des Roches, du Boulay, du Baril, de Champagné (1), du Menant, de la Joubardière et, à cause de cette terre, patron de Saint-Martin-du-Limet (2), chevalier de l'ordre du roy (3), partagea son frère Jacques le 21 octobre 1611. « a suivy les guerres de Flandres soubz le sieur de Montpencier (4) », épousa par dispenses du 23 août 1584, sa cousine-germaine, Lancelotte AMYOT, fille de Nicolas Amyot, seigneur de l'Ansaudière et de Marguerite de Beaudenis, dame de la Joubardière, sœur de Marie, de Marguerite et de Jacquette Amyot. Ils achetèrent, en 1586, la partie du fief des Estres qui s'étend en Saint-Martin-du-Limet (5). Lan-

AMYOT : *écartelé, aux 1er et 4e d'argent, à 3 rocs de gueules ; aux 2e et 3e d'argent, à deux chevrons de gueules, à la bordure engreslée de même.* — GODET : *d'azur, au chevron d'or, accompagné de 3 coquilles d'argent.*

(1) Champagné, hameau, commune de Chérancé, en sont sieurs : François Jarret, puis Charles Jarret, mari de Lancelotte Amyot, fille du seigneur de l'Ansaudière au XVIIe siècle, Renée Jarret, veuve de Charles de la Saugère, 1691 (Abbé Angot, *Dict. de la Mayenne*).

(2) De Bodard, p. 295, note 3.

(3) T. G., p. 9.

(4) T. G., p. 3.

(5) 17 octobre 1586. Vente devant Claude Chevreau, notaire à Craon, par h. et p. seigneur messire Germain de Saint-Aulaire, chevalier de l'ordre du Roy, gentilhomme ordinaire de Sa Majesté, seigneur de Saint-Aulaire et des Estres en Anjou, demeurant au château de Saint-Aulaire, à n. h. Charles Jarret, seigneur des Roches-Jarrte, de la Joubardière, et à

celotte Amyot mourut avant le 1er mars 1595 (1). De ce mariage :

Nicolas, dont l'article viendra ci-dessous, et après lui ses frères : Jean, François et Charles. — Charles JARRET épousa en deuxièmes noces, par contrat du 5 juin 1602, Charlotte GODET (2), fille de n. h. Guillaume Godet et d'Antoinette Riaud, sieur et dame de Boon en Saint-Hellier de Rennes. Il fut maintenu en la généralité de Tours par Charles Boucher, le 4 novembre 1587, en celle de Poitiers, le 25 février 1599, par les élus de Thouars, et le 20 janvier 1605 par René Rousseau, commissaire en la généralité de Poitiers. Le 21 octobre 1615, il assiste au contrat de mariage de son fils Nicolas ; le 20 mars et le 16 juillet 1616, il est présent à Angers aux deux paiements de 4.000# sur les 12.000# promises en dot par René Pierres à sa fille Renée. Le 19 octobre 1619, il assiste à la Joubardière au partage que Nicolas Jarret donne à ses frères des biens de Louise de Beaudenis, leur grande-tante maternelle.

Charlotte Godet, qui est dite veuve et tutrice de ses enfants, lorsqu'elle reçut le 2 juin 1621 partage noble (3) de son beau-fils, Nicolas Jarret, ne devait pas l'être depuis longtemps, puisque leur fils Pierre a été baptisé le 7 janvier à Saint-Sauveur de Rennes. Le 22 avril 1641, elle transigea avec Charlotte Jarret, fille aînée de Nicolas Jarret, son beau-fils ; elle rendit aveu, en 1644 et 1645, à Louis de Rochechouart, comte de Maure, seigneur de la Rigaudière (4), pour le Menant et à cause de lui confesse tenir et relever : « un banc armoyrié « de ses armes dans le lieu le plus éminent de l'église d'Essé, du côté de « l'évangile, avec deux pierres tombales sous le dit banc aussi armoyé « et une autre pierre tombale dans le chanceau de la dite église pour « servir de sépulture à la dite dame, le tout suivant la donation et permis-

damoiselle Lancelotte Amyot, son épouse, de tout et de tel droit de fief, que le dit sieur a en la paroisse de Saint-Martin-du-Limet, à cause de sa seigneurie des Estres avec 33 sols, obole dus de cens et de debvoirs, à tenir le dit fief à foy et hommage de la baronnie de Craon, sans aucun devoir sauf les obeissances féodalles pour le prix de 30 escuz sol payés d'avance. Passé à Craon en la maison où pend pour enseigne le *Chappeau Rouge*, présents n. h. Nicollas Amyot, sieur de l'Ansaudière et n. h. Me Jean Hullin (*Archives de Maine-et-Loire*, dossier Jarret).

(1) Par devant Lamerie, notaire à Craon, le 1er mars 1595, n. h. Nicolas Amyot et damoiselle Marguerite de Beaudenis, sa femme, firent acte d'abandon de leur droit d'usufruit sur les héritages donnés à chacun de leurs enfans, en présence de n. h. Hardy (fils de Louis Jarret et de Louise de la Roche) et de Charles Jarret, seigneur des Roches, comme garde noble de ses enfans et de feue Lancelotte Amyot (*Archives de Maine-et-Loire*, dossier Jarret).

(2) T. G., p. 24.

(3) T. G., p. 23.

(4) Fils de Gaspard de Rochechouard qui épousa vers 1600 Louise de Maure, dame de la Rigaudière.

« sion luy donnée et concédée par le comte de Maure, fondateur de la dite « église d'Essé, même aussi relève comme devant un écusson portant « hure de sanglier qui est en la vitre du côté de l'épître » (*Preuves*, p. 47).

Elle fut inhumée le 9 mars 1655 en l'église d'Essé. De ce second mariage sont issus : Julien, Renée, Charlotte et Pierre.

1° Julien JARRET, baptisé à Essé le 27 février 1612 (1), mort jeune.

2° Renée JARRET, qui, par contrat du 31 mars 1633, épousa Pierre de l'Espinay, écuyer, sieur de Mauperrier en Essé (2). Elle reçut, le 3 mai 1657, de son frère, Pierre Jarret de la Trousselière, le reste de partage des successions de leurs père et mère (3). Il mourut le 21 décembre 1662 et elle à l'âge de soixante-treize ans, le 23 octobre 1678. Elle fut inhumée le lendemain en la chapelle érigée dans l'église d'Essé, du côté de l'épître (4). Ils eurent au moins neuf enfants : Jean, l'aîné, né le 6 février 1634, épousa Jeanne Bonnier et mourut le 22 avril 1677 laissant six enfants.

Registres d'Essé. — « Damoiselle Renée Jarret, en son vivant dame de Meauperier, aagée de soixante et trèze ans, décéda le vingt et troisiesme jour du mois d'octobre 1678, et fut inhumée le 24e du mesme mois dans sa chapelle érigée dans l'église d'Essé, au costé de l'espistre; et ont esté présants au convoi les soubsignez :

P. BOTHEREL, Daniel-Bertrand de L'ÉSPINAY, Jullien de LESPINAY,
P. BAZOUIN, recteur d'Essé. »

3° Charlotte JARRET, dame du Menant, épousa par contrat du 16 août 1650 (T. G., p. 24) et en l'église d'Essé le 22 septembre, noble homme Jean Morel, seigneur du Plessis-Gaulmer, inhumée au Teil le 1er février 1667, à l'âge de cinquante ans.

(1) Jullien, filz noble gens Charles Jarret, escuyer, et damoiselle Charlotte Godet, sa compaingne, sieur et dame des Roches, a esté baptisé le vingt septiesme jour de feubvrier mil six centz douze, lequel a esté tenu sur font par escuyer Jacques Jaret, sieur de la Trousselière et damoiselle Marie Defay. P. GAUVAIN.

(2) De l'Espinay : *d'argent, au croissant de gueules, accompagné de 6 billettes de sable, 3 et 3.*

(3) T. G., p. 24.

(4) Les sieurs Pierre de l'Espinay et Hardy de la Bouestelière bâtirent ensemble pour former une seconde aile à l'église d'Essé une chapelle semblable à celle qui avait été construite vers 1640 au nord de la nef par François du Rouvray, sieur dudit lieu, avec la permission du seigneur de la Rigaudière et des paroissiens. Ils y placèrent un banc du sieur de l'Espinay et du sieur Jarret de la Trousselière, son beau-frère. Elle était prétendue prohibitive par le sieur de L'Espinay et celui de la Bouestelière-Hardy. Dans la vitre étaient trois écussons : en haut celui des sires de Maure, seigneurs de la Rigaudière, située au Theil mais s'étendant beaucoup en Essé ; plus bas, en parallèle, l'un *d'argent au croissant de gueules accompagné de billettes de sable, 3, 3,* qui est de l'Espinay, l'autre *d'argent à quatre aiglons d'azur, membrés et becqués d'or,* qui est Hardy. De même que dans la chapelle du nord, il y avait une triple litre de blasons; la première portait : de Maure et de la Rigaudière ; la deuxième : écartelé de l'Espinay et de ses alliances avec les Jarret, du Rouvray, Loisel; la troisième avait les armoiries du sieur Hardy, écartelées des alliances. Les sieurs de l'Espinay et Hardy avaient chacun en cette chapelle leur banc clos et orné de leurs armes (*Pouillé historique du diocèse de Rennes*, t. IV, p. 574, et *Eglises sous la baronnie de Châteaubriand en 1663*, pp. 31-34).

Ils eurent au moins deux enfants nés au Theil.

a. Marie-Perrine, le 24 octobre 1652, nommée par Pierre Jarret, sieur de la Trousselière.

b. Julien, le 2 mars 1655 (Registres du Theil).

Registres d'Essé. — « Noble homme Jan Morel, sieur du Plessix-Gaudmer, de la paroisse du Teil, et damoiselle Charlotte Jarret, dame de Menans, de cette paroisse, espouzèrent en présence de escuyer Pierre Jarret, sieur de la Trousselière, François Bouccault, Guillaume Pannart et aultres ; les bannies aiant esté faictes par trois jours consecutifs de dimanches et feste, sans aucunne opposition, ce 22e septembre 1650, et au moyen des certificats de M. le Curé du Teil, signé : Bourgonnière, en datte de l'unziesme jour de septembre 1650 portant les bannies aiant esté pareillement faictes canoniquement sans opposition. »

4o Pierre JARRET, sr de la Trousselière, maintenu en Bretagne en 1669, auteur de la seconde branche de la Trousselière.

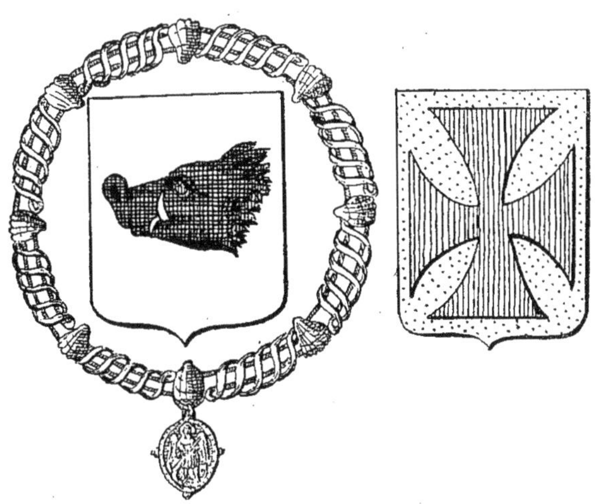

XIIe DEGRÉ

PREMIER LIT. — NICOLAS JARRET (1), chevalier, seigneur des Roches-Jarret, de la Joubardière, du Boulay, chevalier de l'ordre

PIERRES : *d'or, à la croix pattée et alaisée de gueules.*

(1) Qualifié seigneur de la Joubardière dès le 20 mars 1611 (registres de Bouchamp) ; en ceux de Doué-la-Fontaine, où il fut parrain le 31 mai 1623, n. h. sieur des Roches-Jarret, écuyer et chevalier de l'ordre du Roy ; partages du 19 octobre 1619 ; même année, 29 octobre,

du Roy, demeurant, en 1619, en la maison seigneuriale de la Joubardière, donna partage, le 2 juin 1621, à damoiselle Charlotte Godet, sa belle-mère, veuve de Charles Jarret, premier du nom, tutrice des enfants de leur mariage, et à ses frères, en 1619, 1621, 1627 (*Preuves*, pp. 49 et 50). Il épousa à Angers, par contrat (1) du 21 octobre 1615, Renée PIERRES, fille unique de René Pierres, écuyer, seigneur de Mebretin, paroisse de Bouillé-Saint-Paul, et de feue Jacquine de Bonvoisin, demeurant près de l'abbaye Saint-Nicolas-lez-Angers, avec le consentement des sieurs des Roches et de Mebretin et celui de damoiselle Françoise du Bois, épouse en secondes noces du sieur de Mebretin. Renée Pierres recevait, tant pour les successions échues de sa mère et de damoiselle Guillemine Ménard, dame de la Burelière, son aïeule maternelle, que sur celle future de son père, 12.000 #.

Nicolas Jarret possédait du chef de sa mère la Joubardière et le Boulay à charge de partage à ses puînés. Son père lui donnait les fiefs de Saint-Martin et des Estres ainsi que les bois taillis de Saint-Martin achetés pendant sa viduité de Madame la Princesse de Condé. Il se réservait seulement la Ferronnière, mouvant de Saint-Martin, mais à la condition de n'en faire aucune obéissance. En février 1621, par acte passé devant Leconte, notaire à Angers, constituèrent, au profit de messire Baptiste Poisson, conseiller et avocat du Roy en l'élection d'Angers et de demoiselle Claude Grimaudet, son épouse, une rente hypothécaire de 50# au principal de 800#, et se font forts pour eux René Pierres, sieur de Mebretin, et Françoise du Bois, son épouse, François Jarret, sieur de La Palisse, et Renée de Criquebeuf, son épouse, demoiselle Jeanne Le Gauffre, veuve de Jean de Criquebeuf, écuyer, sieur de la Tremblaye.

registres de Bouchamp, où se voit la signature de Renée Pierres, « femme de messire Nicolas « Jarret, écuyer, chevalier de l'ordre du Roy, seigneur de la Joubardière, » et à l'article de cette terre, *Dictionnaire de la Mayenne*, par M. l'abbé Angot.

(1) *Preuves*, p. 48. En 1591, par contrat reçu par Mathurin Grudé, notaire à Angers, René Pierres, fils puîné de messire René Pierres, chevalier de l'Ordre du Roy, gentilhomme ordinaire de la feue Reine de France, écuyer, sieur du Plessis-Baudouin, la Porte, paroisse du Vaudelnay, de Mebretin, et de feue dame Claude Foucher, avec Jacquine Bonvoisin, veuve de Philippe de Montoury, écuyer, sieur du dit lieu, fille de Guillaume Bonvoisin, écuyer, sieur de la Burellière, paroisse de la Cornouaille, juge en la prévôté d'Angers, et de Guillemine Ménard.

Il fut maintenu en sa noblesse le 6 juillet 1624 et mourut du 25 juin 1627 au 12 août 1628 (1). Il laissait trois filles mineures : Charlotte, Renée et Élisabeth, pour lesquelles fut fait à Angers, le 2 janvier 1631, une assemblée de douze parents ; six pour le côté paternel, qui étaient : Arthur de la Cour, chevalier, seigneur de la Grise ; Jacques Jarret, seigneur de la Trousselière ; Charles Jarret, seigneur du Boulay ; Jean Jarret, seigneur de la Ferronnière ; François Jarret, seigneur de la Palisse (2). Renée Pierres, héritière sous bénéfice d'inventaire de son père dont les biens furent réellement saisis sur elle par ses créanciers et qui furent vendus de 1636 à 1637 (3), se remaria avec messire Jean du Bailleul, chevalier, seigneur de la Pierre, de l'Isle-Briand (4), paroisse du Lion-d'Angers. Ils y habitaient en 1632 et résidaient au Plessis-la-Jaille en 1642. Jean du Bailleul, cette même année, acheta de Charles Le Gouz, écuyer, seigneur de la Roualle, époux de Charlotte Jarret, sa belle-fille, et de Renée Jarret sa sœur, pour 9.000 livres, leur part de la terre et seigneurie de la Joubardière (5). La partie vendue comprenait le manoir seigneurial (6), la chesnaie au-devant, vergers, étangs, closerie, la métairie de Bodan, le fief de Saint-Martin avec les hommes, sujets et vassaux, droit de fondation et prééminence *(Dictionnaire de la Mayenne)*. Les Roches-Jarret ne tardèrent pas beaucoup à être vendues, à entrer aussi en possession

(1) Sentence de renvoi de Nicolas Jarret, écuyer, sur les titres représentés à M. Hamelot, le 6 juillet 1624 par copie collationnée. Ainsi citée dans l'inventaire des titres que Mme des Roches-Merye (Anne Moreau) envoie à Paris à M. des Roches (Louis Jarret, son mari).

(2) Transaction du 25 juin 1627, T. G., p. 21, et la quittance de Renée Pierres, veuve du sieur des Roches du 12 août 1628. *Preuves*, p. 52.

(3) Acte de curatelle compris dans la liste des titres de la famille de MM. Jarret contenus dans le trésor de Monchenin.

(4) Bibliothèque d'Angers : Thorode, mss. 1004, vol. 15, p. 13, verso.

(5) Titres de la fabrique de Bouchamp. Les demandes de renseignements sont restées sans réponse. La partie non vendue représentait peut-être la garantie du douaire stipulé en 1632 pour Renée Pierres sur la Joubardière, ou la part dans laquelle était fondée Elisabeth, la plus jeune des trois sœurs.

(6) La Joubardière, située à un kilomètre sud-est de Saint-Martin-du-Limet, n'a jamais été susceptible de défense ; ses sièges de pierre dans les fenêtres, son carrelage en carreaux de deux pouces, semblent faire remonter sa construction au XVe siècle. Elle a été lourdement restaurée dans le style renaissance probablement après avoir été ruinée par les ligueurs en 1592 (de Bodard, *Chroniques Craonnaises*, p. 527).

des du Bailleul et de Pierre de l'Estoile (né en 1650) par son mariage avec Madeleine, fille de Guy du Bailleul (1).

A. — Charlotte Jarret, dame des Roches, de la Joubardière et de l'Épinay, née vers 1616, épousa :

1° Le 4 novembre 1632 à Angers, par contrat (2) reçu par Guillaume Guillot, Jean-Baptiste Le Febvre de Laubrière, sieur de l'Épinay en Bouchamp, fils aîné de Jean Le Febvre de Laubrière et de damoiselle Suzanne l'Enfantin, de la paroisse de la Trinité d'Angers. Il recevait en dot, la seigneurie de l'Épinay, estimée 1.000# de revenu ; Charlotte Jarret se mariait avec ses droits. Il fut stipulé que Renée Pierres aurait pour son douaire la jouissance de la Joubardière. Le 31 octobre 1634, elle fut marraine, à Chérancé, de Charlotte, fille de François Jarret de la Palisse et de Renée de Criquebeuf.

2° Par contrat du 22 janvier 1635 (3) et le 3 février suivant en l'église

(1) On ignore si c'est du mariage de Jean du Bailleul et de Renée Pierres que serait issu Guy du Bailleul, maintenu en sa noblesse vers 1667 par Barentin, intendant du Poitou, et qualifié seigneur des Roches dans l'*Armorial du Poitou*, par Gouget. Il est aussi qualifié seigneur des Roches-Jarret sur les registres du Vaudelnay le 2 mai 1653, lorsqu'il fut parrain de Charlotte Pierres, dont la marraine était demoiselle Madeleine Le Gouz (fille de Pierre Le Gouz, seigneur du Plessis-le-Vicomte, et de Françoise Moreau de la Saulzais) femme de messire Jacques de Béranger, sieur du Lys et de Sanzier. Sa fille, Madeleine du Bailleul, mariée à Pierre de l'Estoile, né en 1650, fut mère de Guy-Pierre de l'Estoile, chevalier, seigneur des Roches, qui épousa le 25 mai 1716 à Amberre (Vienne) Marie-Madeleine Chabot, remariée le 5 mars 1733 à André Fouchier, chevalier, seigneur de Billy, inhumée le 12 octobre 1758. René-Antoine Jarret de la Mairie répondant, le 12 juillet 1738, à M. de l'Estoile de la Grange, près les Verchers, lui disait : « J'ai cherché les alliances que vous me marquez « être avec damoiselle Françoise Jarret et Messieurs Simon. Je n'ai rien trouvé dans les titres « que j'ai qui regarde le nom de ces Messieurs. » Les de l'Estoile se souvenaient sans doute que les Jarret avaient possédé les Roches et ils croyaient peut-être à une parenté avec la branche de la Mairie.

(2) Dossier Jarret, archives de Maine-et-Loire et archives de M. de la Charie (Meigné-le-Vicomte).

Le Febvre de Laubrière : *d'azur à une levrette rampante d'argent colletée de gueules, bouclée d'or.*

(3) Sans autre indication. Lettre de M. Le Gouz de la Villegoyat au Président Le Gouz de Saint-Seine du 19 août 1761.

Registres d'Essé. « Écuyer Charles Le Gouz, sieur de la Roualle, et dame Charlotte Jaret, dame de l'Espinay, des Rochers et de la Joubardière, espouzerent en l'église d'Essé le troisiesme jour de feubvrier mil six cents trente et cinq, au moyen de trois certifficatz nous apparuz par ledit mariez, l'un du révérendissime évesque d'Angers portant dispence de deux bannyes pour ce qui est de la personne de laditte Jaret, de la paroisse de Sainct-Martin-de-Limet en l'évesché dudit Angers, en datte du trentiesme jour de janvier mil six cents trente et cinq, signé : Claudyus de Rueil, et de son mandement ; Aucent, secretarius : autre certifficat de messire Françoys Lamerie, recteur dudit Sainct-Martin-de-Lymet, suivant la première bannye sans oppositions quelconques, en datte du dimanche vingt et huictiesme jour de janvier mil six cents trente et cinq, signé : Lamerye. Et autre du sieur recteur de Besné de la paroisse duquel est ledit sieur de la Roualle, certiffiant les bannyes sans oppositions, et d'Essé, Charles Le Gouz, écuyer, seigneur de la Roualle, fils de François Le Gouz, écuyer, seigneur de la Mandardière, et de Françoise de Langourla, avec lequel elle était non commune en biens. Elle testa le 22 janvier 1682 (1) et mourut à Rennes proche la rue Vachelot, le 21 juin 1689. Le lendemain, après un service célébré en l'église de Saint-Germain de Rennes, elle fut inhumée en la chapelle des Carmes, à l'âge de soixante-douze ans (2). Charles Le Gouz mourut le 7 novembre 1668 et fut inhumé à Brie (évêché de Rennes) où, par son testament, il avait demandé à être enterré, « voulant que sur son sépulcre, il soit mis une pierre tombale ». Ils eurent plusieurs enfants, qui tous moururent jeunes à l'exception de Renée, née au château de la Mandardière (3), baptisée à Saint-Martin-du-Limet, le 14 mars 1640, qui épousa le 4 octobre 1666 à Brie son cousin-germain Pierre Le Gouz, seigneur de la Villegoyat, puis de la Pommeraye-Bintin, originaire de Bréal, mort le 10 août 1693. Ils eurent Joseph Le Gouz de la Villegoyat, marié à Louise du Han, dont il sera reparlé, comme ayant hérité le Baril de Renée Jarret, femme de François de la Barre du Buron, morte en 1711.

Renée et Pierre Le Gouz descendaient tous les deux de Guillaume Le Gouz, seigneur de la Villeasselin, frère aîné de Raoul, qui, vers 1480, avait quitté la Bretagne pour venir en Anjou, où il s'était fixé par son mariage avec damoiselle Perrine de Montortier, fille de Pierre de Montortier, écuyer, conseiller du roi et lieutenant général en la sénéchaussée d'Anjou à Baugé, et de damoiselle Perrine de Montortier, et par l'acquisition qu'il fit de la terre seigneuriale du Plessis, paroisse

permissions despozer ou bon leur semblera, en datte du vingt neufiesme jour de janvier mil six cents trente et cinq, signé : Bidault. Et ont espouzé les susnommez en présence d'escuyer Pierre de Lespinay, sieur de Maupérier, Louys Jaret, sieur de la Trousselière, et plusieurs autres.

« P. Gauvain, Charles Le Gouz, Pierre de Lespinay, Charlotte Jarret, Renée Jarret. »

Le Gouz : *fascé d'or et de sable de six pièces au franc canton d'azur chargé de 3 quintefeuilles d'argent.*

(1) Bécherel (Ille-et-Vilaine), 19 août 1761 : communication d'inventaire de titres par René-Louis Le Gouz de la Villegoyat au Président Le Gouz de Saint-Seine, à Dijon.

(2) Registres de Saint-Germain de Rennes.

(3) Jean Le Gouz, né le 13 octobre 1639, baptisé à Saint-Martin-du-Limet le 18 janvier 1640, avait pour marraine demoiselle Renée Jarret, femme de Pierre de l'Espinay, sieur de Mauperrier. Louis Jarret qui assiste à ce baptême est celui probablement qui épousa en 1640, à Pipriac, Françoise Perro. Anne, née à la Joubardière, baptisée à Saint-Martin le 27 mars 1641, y fut inhumée le 20 juin 1642. Perronne, inhumée à Brie le 7 octobre 1656, âgée de six ans. Marguerite, qui y est née le 19 janvier 1652; Renée, le 3 septembre 1655, nommée le 7 novembre et inhumée le 4 décembre (*Registres de Brie*, par l'abbé Paris-Jallobert).

de Meigné-le-Vicomte, saisie judiciairement sur François de Saint-Germain, en 1496.

B. et C. — Renée et Élisabeth Jarret, mineures à la mort de leur père, eurent pour curateur Jacques Jarret, sieur des Terres-Noires, puis leurs beaux-frères Jean-Baptiste Le Febvre de Laubrière et Charles Le Gouz de la Roualle, chez lequel, le 24 décembre 1637, elles habitaient à la Mandardière, paroisse de Pacé, évêché de Rennes. On ignore leur sort. Le 3 octobre 1659, Renée fut marraine à Essé de Renée, fille de Pierre Jarret et d'Anne Lambert.

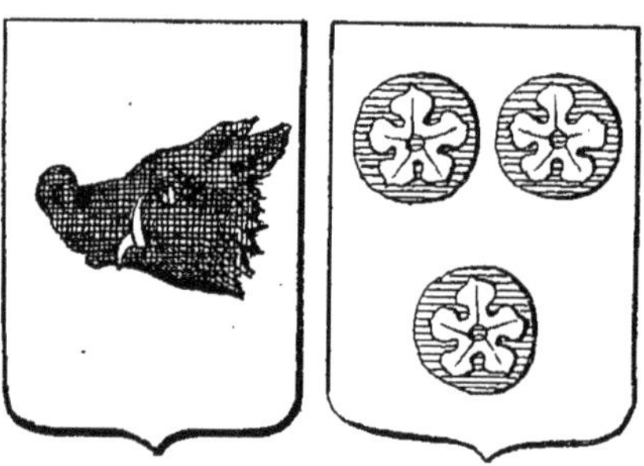

De Limelle : *D'argent à 3 tourteaux d'azur, chargés chacun d'une quintefeuille du champ.*

2° Jean Jarret, écuyer, seigneur de la Ferronnière et du Davy (1), habitait le 19 octobre 1619 la maison seigneuriale du Davy, lorsqu'il reçut de son frère Nicolas partage des biens de la succession de demoiselle Louise de Beaudenis, dame de la Roche en Saint-Martin-du-Limet, sa grande-tante maternelle (2), et le 9 août 1621 de ceux de son père, par lesquels son dit frère lui abandonnait entre autres choses le moulin à eau du Davy et s'engageait à lui payer son habit de deuil.

(1) *Registres de Bouchamp* : 16 octobre 1617, parrain n. h. Jean Jarret, sieur de la Ferronnière, qui signe, et aussi au bas de copies vidimées à Saumur en 1635 (*Preuves*, p. 37-38). Il devait pour le Davy huit truaux d'avoine à la seigneurie de Craon (*Archives de la Mayenne*, E. 100). Cette terre n'est pas citée par l'abbé Angot.

(2) Les partages de 1619 eurent lieu à la Joubardière, en présence de Charles Jarret, chevalier de l'ordre du Roi, père de Nicolas et de Charles, de Jean Le Febvre de Laubrière, sénéchal de Craon, de François Lamerie, curé de Saint-Martin-du-Limet (*Preuves*, p. 49 et 50). Jean Jarret avait reçu, à charge de partager avec ses puînés, la part qui leur revenait dans la succession noble de Lancelotte Amyot, leur mère, et celle « *de deffunct Marin Jarret, vivant chevalier de Malte* ». Ce jour aussi, 19 octobre 1619, il présenta lui-même partage à ses frères François et Charles (T. G., p. 9). A cette page, à la 33ᵉ ligne, après sieur de la Ferronnière, il y a à ajouter ce qui vient d'être rapporté de Marin Jarret, complètement inconnu !

Il fut commissionné le 20 juillet 1620 par la reine Marie de Médicis pour lever une compagnie de cent hommes d'armes.

Le 20 juin 1635, il fut maintenu avec ses frères François et Charles par les commissaires députés par le Roi en la généralité de Tours; il avait assisté le 2 janvier 1631 à l'assemblée de parents réunie à Angers pour ses nièces, les trois filles mineures de Nicolas Jarret. Il avait épousé Marguerite de LIMELLE (1), dont la signature se trouve le 13 mai 1631 sur les registres de Chérancé comme marraine de son neveu François, fils de François Jarret de la Palisse et de Renée de Criquebeuf, et le 24 mai 1641 sur ceux de Saint-Martin-du-Limet, au bas d'un acte où elle est qualifiée demoiselle de la Ferronnière (2). Il a été inhumé en l'église de Bouchamp, le 22 mars 1648. On ignore l'époque de son mariage et celle de la mort de sa femme.

MARIE, par la grâce de Dieu Royne de France et de Navarre, mère du Roy, à Jehan JARET, escuyer, salut :

La longue patience que nous avons eue ayant endurci le cœur de ceux qui abusent du nom et de l'autorité du Roy notre très honoré sieur et filz, jusqu'à tel poinct que voullant faire servir toutes choses à leur ambition desréglée et avarice insaciable, après avoir employé en vain tous les artifices dont ils se sont peu adviser pour nous oprimer avecq les princes du sang, autres princes et grands seigneurs du royaume, ne se contentans pas de les tenir avec nous dans un mépris insuportable, ilz sont si audacieux que de voulloir à force ouverte perdre et ruiner par les armes du Roy ceux qui en doivent attendre leur protection, pour à quoi obvier, voyant qu'au lieu d'entendre les remontrances salutaires que nous avons faictes au Roy, on prend ces voies pernicieuses qui ne tendent qu'à la ruine de l'estat et à la désolation du pauvre peuple, protestant devant Dieu que nous n'agissons que pour en empêcher le cours et nous garder de pression, Nous aurions, de l'advis des dictz princes, ducz et paires, officiers de la couronne et aultres grandz seigneurs du royaume, résolu de lever et mettre sus un bon nombre de gens de guerre, tant de pied que de cheval. A ces causes, pour certaine confiance que nous avons en vous, et en vos sens, valleur et sage conduicte, nous vous avons commis et député, commettons par ces présentes signées de notre main, pour lever et mettre sus un bon pied, incontinent et le plus diligemment que faire se pourra, une compagnie de cent hommes de gens à pied des plus

(1) De Limelle. Voir Denais, *Armorial d'Anjou*. Les auteurs attribuent à cette famille des armes différentes.

(2) La Ferronnière, ferme, commune de Saint-Martin-du-Limet. Cassini. — Fief vassal de Craon. En sont seigneurs : Jean Jarret, 1617-1641 ; Paul de la Saugère, qui vend en 1681 à René Blocier (*Dictionnaire de la Mayenne*).

vaillans et aguerriz que vous pourrez trouver et eslire, les quelz vous conduirez et exploicterez soubz la charge de notre cousin le comte de Laval, vostre Mestre de camp, la part et ainsy qu'il vous ordonnera pour nostre deffense, les foisant vivre avec telle pollice et dissipline que nous n'en recevions aucune plainte et nous vous ferons payer et les ditz hommés des soldes, estaz et appoinctemans qui vous seront et à eux deubz selon les rolles des monstres et revues qui en seront faictes par les commissaires et controlleurs des guerres à ce commis, tant et sy longuement qu'ils seront sur pied. De ce faire vous avons donné et donnons plain pouvoir, aucthorité, commission et mandement spécial. Mandons à tous qu'il appartiendra qu'à vous en ce faisant soit obéy.

En tesmoing de quoy nous avons fait mettre notre sel à ces présentes. Donné à Angers, le vingtiesme jour de juillet mil six cens vingt.

Signé : MARIE. Par la Royne, mère du Roy : BOUTHILLIER.

Registres de Bouchamp : Le 22 mai 1648, a été inhumé par moi en l'église de cette paroisse le corps de deffunct Jehan Jarret, vivant écuyer, seigneur de la Ferronnière. Signé : J. Rousseau, curé.

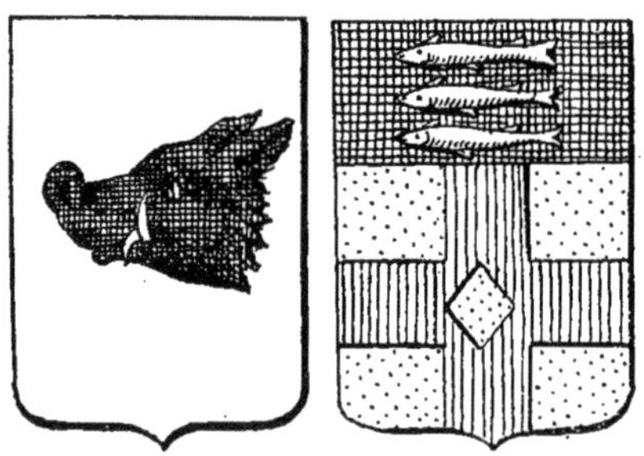

DE CRIQUEBEUF : *D'or à la croix nislée de gueules au chef de sable, chargé de 3 goujons d'argent, mis en fasce l'un sur l'autre.*

3° FRANÇOIS JARRET (1), écuyer, seigneur de la Palisse (terre qui lui avait peut-être été vendue par son oncle Jacques Jarret, sieur du Rozay) et de Champagné, résidait à la Roche en Saint-Martin-du-Limet, le 19 octobre 1619, lors des partages de la succession de Louise de Beaudenis, dame de la Roche; il s'en déclare donataire et se contente du lieu de la Roche, qu'il en a reçu. Il

(1) Parrain à Chérancé le 12 novembre 1620 et le 26 septembre 1623; à Pommerieux le 8 mai 1626. Il signe sur les registres de Bouchamp le 26 septembre 1617. Il est dit sieur de Champagné (*Dict. de la Mayenne*).

assistait à Angers à l'assemblée de famille du 2 janvier 1631 et fut maintenu avec ses frères le 20 juin 1635. Il avait épousé, le 2 novembre 1619, en l'église de Niafle, Renée de CRIQUEBEUF, fille de feu n. h. Jean de Criquebeuf, sieur de la Tremblaye en Pommerieux, et de Jeanne Le Gauffre, de la paroisse de Chérancé. Il avait eu de nombreux enfants, qui, sauf Renée, Anne et Charlotte, comme lui n'existaient plus dès avant le 17 février 1642.

Registres de Niafle : Le sabmedi deuxième jour de novembre 1619, a été fait par moy curé de céans soubzsigné les fiances et mariage de François Jarret, escuyer, sieur de la Palisse, de Saint-Martin, fils de Charles Jarretz, escuyer, et de damoiselle Lancelotte Amyot, sieur et dame des Roches, et de damoiselle Renée de Criquebeuf, fille de deffunt Jehan de Criquebeuf et de damoiselle Jeanne Le Gauffre, sieur et dame de la Tremblaie, qui ont signé ainsi que Nicolas Jarret, Le Gauffre, de Leviston, Bellanger, chapelain de la chapelle de la Pommeraie. GOUYN, curé.

Archives de Maine-et-Loire, E. 2165. — 1621. Transaction entre Jeanne Le Gauffre, veuve de Jean de Criquebeuf, écuyer, sieur de la Tremblaie, Renée de Criquebeuf, femme de François Jarret, sieur de la Palisse, René Bellet, mari de Guyonne Morineau, au sujet de la succession de Jean de Criquebeuf et de Guy Morineau.

A. Renée JARRET, dame de Champagné (1), épouse à Angers, par contrat du 17 février 1642 et le lendemain en l'église Saint-Denis de cette ville Madelon d'Aubert, écuyer, seigneur de la Criblerie, veuf de Philippe Goureau et fils de messire Pierre d'Aubert, chevalier, sieur de la Criblerie, de Launay, de Beaulieu, et de Renée de Caillun. Elle était assistée de sa mère, de Charles Jarret, sieur du Boulay, de frère Jean de Criquebeuf, prêtre, religieux profès en l'abbaye de la Roë, de n. h. Jacques Bernard, sieur du Breuil, ses oncles.

Madelon d'Aubert fut inhumé en 1650 en l'église de Chérancé (Voir *Criblerie, Dict. de la Mayenne*). Il laissait plusieurs enfants (2) auxquels, le 7 octobre 1651, il fut nommé un curateur.

(1) 17 septembre 1632, Renée Jarret, dame de Champagné (*Registres de Pommerieux*), et 1691 (Article Champagné, *Dictionnaire de la Mayenne*).

D'Aubert : *de gueules à 5 maillets d'or.*

(2) On connaît : Renée d'Aubert, baptisée à Chérancé le 20 septembre 1643, dite dame de Champagné, étant marraine à Pommerieux le 18 mars 1675 ; Isabelle, baptisée le 18 août 1644, mariée par contrat du 9 octobre 1663 à Jacques de Scépeaux de Boisguinot ; Louise, le 18 août 1645 ; Gabrielle, le 14 octobre 1646 ; Renée, le 25 novembre 1647 ; Madeleine, le 28 décembre 1648.

Sa veuve signe en qualité de marraine sur les registres de Pommerieux le 17 mai 1652. Elle se remaria en cette paroisse (1) le 13 juin 1653 avec messire Charles de la Saugère, chevalier, seigneur de Gaubert, inhumé en l'église de Pommerieux en 1661. Elle habitait Champagné en 1691 et 1693 ; elle dut y mourir et fut inhumée à Chérancé le 3 août 1693, laissant des enfants de son deuxième mariage (2).

Archives de Maine-et-Loire, E. 1503. — Le 17 février 1642, devant Louis Charon, notaire à Angers, contrat de mariage d'écuyer Madelon d'Aubert, sieur de la Criblerie, veuf de Philippe Goureau, fils de feu messire Pierre d'Aubert, chevalier, seigneur de la Criblerie, de Launay, en Beaulieu, et de dame Renée de Caillun, son épouse, de la paroisse de Livré, en Craonnais, avec Renée Jarret, fille de feu François Jarret, écuyer, sieur de la Palisse, et de Renée de Criquebeuf, héritière de feu son père, demeurant avec sa mère en la maison seigneuriale de Champagné, en Chérancé. En faveur de ce mariage, Renée de Criquebeuf se démet de tous ses biens, à charge d'être entretenue, elle et ses filles puînées, chez les futurs époux ; et pour le cas où elle voudrait s'en séparer, elle se réserve une pension viagère de six-vingts livres et la jouissance des lieux de la Roche et de la Chéranssaye, en Saint-Martin-du-Limet et Bouchamp, qui demeureront aux filles cadettes pour leurs droits tant en la succession future de leur mère que pour celle échue de leur père. Frère Jean de Criquebeuf, pour l'affection qu'il porte à sa nièce, lui donne 20# tournois à prendre sur le revenu d'une maison qu'il avait acquise au bourg de la Roë.

Il avait épousé à Livré, en 1632, Philippe Goureau, veuve de François de Cuillé, sieur de la Ferraguère, inhumé aux Augustins d'Angers en 1631.

Archives de Maine-et-Loire, E. 1503. — Le 7 octobre 1651, nomination de Me René Couanne, sieur de la Guénerie, demeurant paroisse de Saint-Quentin, en qualité

(1) M. Trochon de la Théardière écrivait le 1er octobre 1877 : « Les fragments de l'état civil des paroisses de Pommerieux et de Mée sont déposés au greffe de Châteaugontier, j'en ai extrait ce qui suit : 13 janvier 1653, furent épousés messire Charles de la Saugère, chevalier, seigneur de Gaubert, et dlle Renée Jarret, dame de Champagné. » Sur demande d'une copie plus détaillée, il a été répondu du greffe de Château-Gontier que les registres de Pommerieux ne remontaient qu'à 1675.

De la Saugère : *de sable à 6 fleurs de lys d'argent, 3, 2 et 1.*

(2) Françoise de la Saugère, baptisée à Chérancé le 17 septembre 1654 ; Charles, baptisé à Pommerieux le 1er juillet 1657, parrain Charles d'Andigné, chevalier, seigneur des Écotais, marraine Claude Poullain, épouse de Jean Hullin, écuyer, sénéchal et gouverneur de Craon ; autre Charles de la Saugère, né le 31 mars 1659, baptisé à Chérancé le 16 avril, parrain Pierre Jarret, chevalier, seigneur de la Trousselière, marraine Élisabeth d'Aubert. Il épousa à Peuton, en 1681, Jacquine de Hardouin ; il en eut Charlotte-Angélique de la Saugère, baptisée à Chérancé, le 3 juin 1688, mariée à Chantenay, le 10 avril 1707, à son cousin germain Philippe Hardouin de la Girouardière, enseigne aux gardes-françaises. Par permission de l'évêque du Mans, ce mariage avait été célébré pendant le carême « à la charge qu'il n'y aura « point bal, de violons, ni réjouissances prohibées en ce saint temps et que les noces se célé- « breront dans la modestie chrétienne. »

de tuteur des enfans de Madelon d'Aubert ; de l'avis de René d'Aubert, chevalier, seigneur de Launay, de Pierre d'Aubert, son fils, chevalier, seigneur de Langron, parents paternels, de Claude Hunault, écuyer, sieur de Marsillé, conseiller du Roy, juge magistrat au siège présidial d'Angers, de René Belet, avocat au dit siège, mari de d^lle^ Guionne Morineau, parents maternels.

Archives de Maine-et-Loire, E. 2913. — 5 avril 1655, devant Nicolas Chesneau, notaire à Angers, transaction entre le fondé de procuration de Charles de la Saugère, écuyer, et damoiselle Renée Jarret, sa femme, damoiselle Renée de Criquebeuf, veuve de François Jarret, écuyer, sieur de la Palisse, mère et tutrice de Charlotte et d'Anne Jarret, pour raison de demande de nouveaux partages des biens du dit feu sieur Jarret et à cause de la démission de la dite damoiselle de Criquebeuf malgré les transactions et l'instance survenue entre eux en la sénéchaussée d'Angers le 15 mars dernier, par laquelle entre autres choses les dits sieur et dame de la Saugère furent condamnés à payer à chacune de leurs sœurs 50# par an en forme de provision pendant que le procès sera.

Des minutes de Me Dubois, actuellement notaire à Craon. — Le 10 janvier 1693, Pierre d'Aubert, sieur de Langron, reçoit de Renée Jarret, veuve de Charles de la Saugère, demeurant à Champagné, la somme de 48# 17 s.

Registres de Chérancé : Le 3 août 1693, inhumation du corps de deffuncte noble femme Renée Jarret, vivant veuve de deffunct messire Charles de la Saugère, écuyer, sieur de Gaubert, âgée de soixante-dix-sept ans ou environ, en présence de messire Jean Troullet, prieur-curé de Livré, de Guy Pierres, écuyer, par le curé de Pommerieux, François Hubert.

B. Anne Jarret, baptisée le 17 novembre 1622.

C. Jean et René Jarret, jumeaux, nés le 2 mai 1624 : le premier mourut jeune.

D. Anne Jarret, baptisée le 23 mars 1626.

E. Louis Jarret, baptisé le 26 mai 1626.

F. Françoise Jarret, baptisée sous condition le 29 septembre 1627.

Registres de Chérancé : Le 17 novembre 1622, a été baptisée Anne, fille de n. h. Françoys Jarret, sieur de la Palice, et de d^lle^ Renée de Criquebeuf, dame de Champaigné, et a esté parrain Raoul du Tertre, écuyer, seigneur de la Bertonnière, et marraine dame Phelippes Jouet, dame de Fontenelles, par moy Charles Le Monnier, curé de Chérencé. *Signatures.*

Le 4 mai 1624, baptême de Jehan Jarret, fils des mêmes... a été parrain Jehan Jarret, seigneur de Davi, paroissien de Bouchand, et marraine dame Marguerite Le Roy, dame de Boutigné, paroissienne de Saint-Clément de Craon, lequel fut né le jeudi 2e jour du présent moys et an et sur les 3 heures du matin et premier né.

Le sabmedy, 4 mai 1624... environ midi, a été baptisé en cette église René Jarret, fils puysné de... le quel René fut né le jeudi 2e jour du present moys sur les 3 heures après midi après son frère Jehan Jarret. Ont esté ses parrain et marraine honnête personne René de Cévillé, seigneur du dit lieu, et Renée Guérin, fille de honorable homme René Guérin, seigneur de la Bodardière et du Petit-Boys, ès presences du dit sieur de la Pallice et du dit sieur de la Bodardière, et encores de h. h. Simon Le Mestayer, sieur du Pin, par moy Jehan Crespin, prestre, vicaire à Chérencé. *Signatures.*

Le 23e jour de may 1626, a été baptisée en l'église de Chérencé Anne, fille des mêmes.

Le 26 may 1626... baptême de Louys, fils des mêmes ; a esté parrain Pierre Cheminard, écuier, seigneur du Chalonge, et dlle Louise-Charlotte, sa fille, épouse de Monsieur Despeaux, marraine.

Le 29 septembre 1627... baptême de Françoise, fille des mêmes... a esté parrain George Heulin, sénéchal de Craon, seigneur de la Chabossière, et marraine dlle Françoise de Montalembert. Signé... Anne Possart, A. de la Motte, Isabeau de Champaigné, J. Jarret, C. Le Monnier, curé de Chérencé.

G. Anne Jarret, baptisée le 16 novembre 1628. On suppose que cette dernière est celle qui, le 25 mai 1660, épousa à Saint-Martin-du-Limet noble homme Julien Gohier, écuyer, seigneur du Gohier, en Vergonnes. Ils vendirent la même année la Haute-Chérançais, en Bouchamp, à Charlotte Jarret, leur sœur et belle-sœur, habitant à la Roche, en Bouillé-Loret.

Registre de Chérancé : Le 16 novembre 1628... baptême d'Anne, fille des mêmes... parrain vénérable et discret messire Charles Le Monnier, et marraine dlle Anne de Possart, épouse de Mr du Tertre, paroisse de Mée, par le vicaire de Chérencé.

Archives de Maine-et-Loire (Dossier Jarret). — 30 octobre 1660, devant F. Lasnier, notaire à Craon, n. h. Jullien Gohier, sieur du dit lieu de Gohier, et dlle Anne Jaret, son épouse, y demeurant, paroisse de Vergongne, vendent à dlle Charlotte Jaret, fille majeure, demeurant en sa maison seigneurialle de la Roche, paroisse de Saint-Martin-du-Limet, le lieu et closerie de la Hautte-Chéranssaye, à Bouchamp, échue à la dite dlle Anne de la succession de feu François Jaret, vivant sieur de la Palisse, leur père, et de la démission de dlle Renée de Criquebeuf, leur mère, par les partages entre elles le 28 avril dernier... pour 3.000# comptant. Présents : Me Claude Chevallier, clerc tonsuré, chapelain de la Barbinière, demeurant à Saint-Clément lès Craon ; Mathurin Le Tort, prêtre chapelain en l'église de Saint-Martin. Vin de marché 100 solz, paiés comptant.

H. Charles Jarret, baptisé le 17 mars 1630.

I. François Jarret, baptisé le 13 mai 1631.

J. Charlotte Jarret, baptisée le même jour.

K. Françoise Jarret, baptisée le 16 juillet 1632.

Registres de Chérancé : Le 17 de mars l'an 1630, baptême de Charles, fils des mêmes, a été parrain Charles Jarret, écuier, seigneur de Boon, et marraine Renée Jarret, fille des dits sieur et dame de la Palisse.

Le 13 mai 1631, baptême de François, fils des mêmes, a été parrain René Heullin, écuier, seigneur de la Bouguelière, marraine d^lle^ Marguerite de Limelle, épouse de Jehan Jarret, écuier, seigneur de la Ferronnière.

Le 13 mai 1631, baptême de Charlotte, fille des mêmes, a été parrain Charles Jarret, seigneur du Boulay, a esté marraine Charlotte Guérin, fille de honorable homme Ancelot Guérin, sieur de la Chevallerye.

Le 16 juillet 1632, baptême de Françoise, fille des mêmes, a été parrain André de la Saugère, écuier, seigneur de la Bousardièrre et de Feschal, a été marraine d^lle^ Françoise d'Armaillé.

L. Charlotte Jarret, baptisée à Chérancé le 31 octobre 1634, avait eu pour parrain Louis Jarret, seigneur de la Trousselière, et pour marraine dame Charlotte Jarret des Roches (fille aînée de Nicolas Jarret et de Renée de Pierres) ; elle habitait la maison seigneuriale de la Roche en Saint-Martin-du-Limet, aujourd'hui simple ferme, lorsqu'elle acquit, le 30 octobre 1660, de noble homme Julien Gohier et d'Anne Jarret, son beau-frère et sa sœur, la Haute-Chérançais, en Bouchamp. Elle demeurait à Angers, paroisse Saint-Maurille, lorsqu'elle épousa, par contrat du 27 juin 1671 (1), René Blouin, écuyer, seigneur du Pin, fils de René Blouin, écuyer, seigneur des Cousteaux, et de Renée Le Mée, demeurant paroisse Saint-Pierre, à Angers. Le 6 juin 1712, on la dit morte depuis trois mois à la maison du Pin, paroisse de Chaudefonds, laissant pour héritière sa petite-nièce Charlotte de la Saugère,

(1) Le 27 juin 1671, devant Laurent Buscher, notaire à Angers, contrat de mariage de René Blouin, écuyer, sieur du Pin, fils majeur de trente ans de René Blouin, écuyer, sieur des Cousteaux, et de demoiselle Renée Le Mée, sieur et dame du Pin, demeurants à Angers, paroisse Saint-Pierre, et demoiselle Charlotte Jarret, fille majeure de feu François Jarret, écuyer, seigneur de la Palisse, et de demoiselle Renée de Criquebeuf, qui demeurait à Angers, paroisse Saint-Maurille. Il était dû à la future par dame Perrine Despeaux, veuve du sieur de Grandmaison, les 3.000# dont dame Renée Jarret sa sœur lui était redevable pour un retour de partage. N'entraient pas en la communauté les meubles, bestiaux de la maison et du lieu de la Roche, en Saint-Martin-du-Limet, ni ceux de la Cherançais, en Bouchamp. Fait à Angers en la maison de l'épouse, en présence de Claude Hunault, écuyer, sieur de Marsillé, demeurant en sa maison des Noyers, paroisse de la Membrolle, et de Me Mathieu Thomas, sieur des Jonchères, avocat au siège présidial d'Angers, procureur de l'hôtel et maison commune de cette ville.

Blouin : *d'azur au lion d'or couronné, lampassé et armé de gueules, adextré à une colonne d'argent.*

femme de Philippe-René de Hardouin, chevalier, seigneur de Chantenay (*Archives de Maine-et-Loire*, Dossier Blouin ; et Bibliothèque d'Angers, ms. 1005, 13e vol., f. 59).

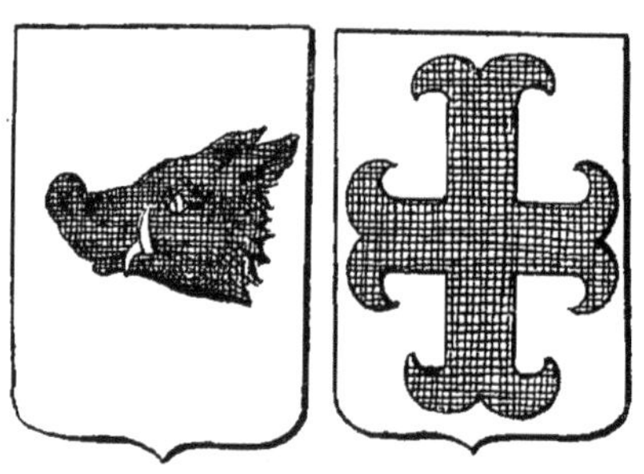

DE MONTALEMBERT : *D'argent à la croix ancrée de sable.*

XIIe DEGRÉ

4° CHARLES JARRET, deuxième du nom, écuyer, sieur du Boulay et du Baril, demeurait aux Roches-Jarret lorsque par les partages du 19 octobre 1619 il reçut de Nicolas, son frère aîné, sa part de la succession de Louise de Beaudenis, leur grande-tante. Il épousa, par contrat du 9 février 1626 (1) et le 21 du même mois en l'église de Rougé, Françoise de MONTALEMBERT, fille puînée de Jean, écuyer, sieur de Bellestre, Saint-Gravé, et de feue Jeanne de CHAMBELLAY. Il habitait à Rougé, diocèse de Nantes, lorsque, le 25 juin 1627, il reçut de Nicolas Jarret, par une transaction en forme de partage noble, pour tout ce qu'il pouvait prétendre en la succession de leur père et de leur mère, le Baril, ses dépendances et 2.000# tournois (2). Le 29 septembre 1627, Françoise de Monta-

(1) T. G., p. 21.

(2) Elles ne furent point payées, comme c'était convenu, 300# à la Toussaint et 1.700# avant Pâques, de telle sorte que Renée Pierres, veuve de Nicolas Jarret, lui redevait encore 1.400# le 12 août 1628, et qu'après bien des difficultés pour s'en faire rembourser, ce compte ne fut liquidé que par une transaction qu'il fit à Angers, le 24 décembre 1637, avec Charles Le Gouz, écuyer, sieur de la Roualle, mari de Charlotte Jarret, non commune en biens avec lui et curateur de Renée et d'Élisabeth Jarret, ses belles-sœurs, filles et héritières bénéficiaires de Nicolas Jarret.

lembert est marraine de Françoise, fille de François Jarret et de Renée de Criquebeuf. Le 18 février 1642, Charles assista, en l'église Saint-Denis, à Angers, au mariage de Renée Jarret et de Madelon d'Aubert. Charles Jarret fut inhumé le 24 avril 1647 en l'église de Saint-Martin-du-Limet (1) ; il s'était fixé au Baril. Sa femme fit démission de ses biens à ses deux enfants, Charles et Renée, le 26 janvier 1662 et, à l'âge d'environ quatre-vingts ans, fut également inhumée en l'église de Saint-Martin-du-Limet, le 31 décembre 1669 (2).

Registres de Rougé : Le vingt et unième jour de feuvrier mil six cent vingt et six, furent épouzez en l'église de Rougé, par moy, recteur d'icelle, Charles Jarret, escuyer, sieur du Boullay, et damoiselle Françoise de Montalembert, dame de Saint-Gravé, en présence de escuyer Jean de Montalembert, seigneur de Bellestre, père de la dite damoiselle, messire Jullien Boudet, prestre, d[lle] Guyonne de Mellitte ? dame de Beausoleil, et autres.

Signé : Charles Jarret, Françoise de Montalembert, de Montalembert, de Montalembert, recteur, Guionne de Mellitte, Jullien Boudet, M. Bonnier.

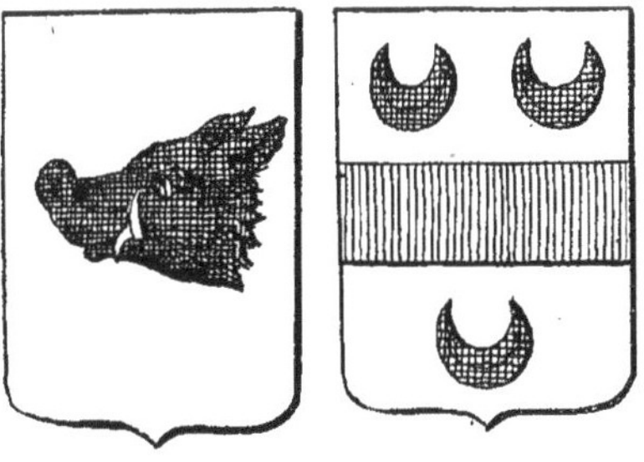

GIRAULT : *D'argent à la fasce de gueules, accompagnée de 3 croissants de sable* (3).

XIIIe DEGRÉ

CHARLES JARRET, troisième du nom, écuyer, seigneur du Boulay et du Baril, né vers 1632, épousa, par contrat (4) du 26 jan-

(1) Registres de Saint-Martin.

(2) *Idem.* Le dernier jour de décembre 1669 fut inhumé le corps de damoiselle Françoise de Montalembert, âgée d'environ quatre-vingts ans, et ce en cette église par moi curé soussigné. J. Poipail.

(3) *D'argent, à 2 loups de gueules*, sont les armoiries imposées à Charlotte Girault. *Armorial général de 1696.*

(4) Reçu par Lebreton et Coutances, notaires royaux à Nantes. T. G., p. 21.

vier 1662, Charlotte GIRAULT, veuve de François du Boschet, écuyer, sieur du dit lieu, fils du sieur et de la dame du Couëdic. Elle habitait rue Haute-du-Château, à Nantes ; son mariage y fut célébré le 2 février suivant, en l'église Saint-Laurent, par François de Montalembert, recteur de Saint-Dolay. Le 1er mars 1663, il donna partage à sa sœur Renée Jarret des biens de leur père et de ceux dont leur mère s'était démise (1), lui abandonnant Patience, les Boullayes en Saint-Martin, se réservant le droit de ban en l'église de cette paroisse et la terre du Baril, où il fixa sa demeure. C'est là, qu'en son absence, Charlotte Girault reçut, le 12 janvier 1665, l'assignation pour prouver sa noblesse qui lui était donnée en raison d'une commission générale de la Cour des Aydes du 23 juillet 1664. A la suite de la production de ses titres, il y eut désistement des poursuites et demande à Mr le procureur général de réquérir en la cour d'ordonner de la noblesse du dit Jarret ainsi qu'il appartiendra. Le 18 septembre 1668, il fut maintenu par Voisyn de la Noiraye. Le 15 février 1675 (2), il comparaît à Angers et déclare qu'il ne peut en personne rendre le service qu'il doit au roi : il était alors âgé de quarante-deux ans. Il est nommé (*Généalogie de Farcy*, p. 473) parmi les gentilshommes du ressort d'Angers qui n'assistaient pas le 25 juillet 1696 à la revue de la noblesse d'Anjou et pays Saumurois, faite à Soubise, par le lieutenant de Farcy, remplaçant le marquis de la Motte-Baracé. Le 21 mars 1685 il fut parrain à Essé de Charlotte, fille de René Jarret, écuyer, seigneur de la Trousselière, et de Claude-Agnès du Rouvray, dame du Bois-Rouvray. Sur les registres de Saint-Martin-du-Limet, il est d'abord qualifié sieur du Baril, puis du Boulay à la mort de son père, et depuis cette époque il signe comme lui : Le Boulay-Jarret.

(1) Le 16 janvier 1662, par acte reçu par Gastineau, notaire à Craon, relaté dans les partages du 1er mars 1663 reçus par Cronier, notaire à Angers. T. G., p. 22.

(2) Le 15 février 1675, à Angers, par devant Clément Louet, écuyer, seigneur de Lonchamps, commissaire de Sa Majesté pour l'exécution de ses ordres sur le fait du ban et de l'arrière-ban de la noblesse d'Anjou, comparaît Charles Jarret, écuier, sieur du Boulay, âgé de quarante-deux ans, demeurant paroisse de Saint-Martin-du-Limet, lequel dit avoir cy-devant fait sa comparution et déclaré comme il le fait encore, ne pouvoir rendre en personne le service qu'il doit à Sa Majesté, n'ayant en tout revenu que 150# en roture sans fief. Sur cette déclaration et sous les peines qu'elle porte, il paye 40#, dont acte et quittance signés Deslandes, greffier-commis. Original en papier.

Il mourut le 17 mai 1700 à l'âge de soixante-huit ans, et fut enterré en l'église de Saint-Martin-du-Limet. D'après le testament de sa sœur Renée, du 5 juillet 1701, un service solennel pour le repos de son âme dut y être, chaque année pendant quarante ans, célébré au jour anniversaire de sa mort.

La signature de Charlotte Girault se trouve à la date des 17 avril 1668, 31 juillet 1674, 29 juillet 1691, sur les registres de Saint-Martin-du-Limet. On ignore le lieu et l'époque de son décès. Par son testament reçu le 9 septembre 1700, par Drouet, notaire à Goulaine (dont les minutes n'existent ni à Goulaine ni à la chambre des notaires de Nantes), elle avait légué une rente de 120# à la paroisse de Vallet (1). Elle fonda l'hôpital de Vallet le 12 janvier 1701, ce qui est seulement mentionné sans aucun détail (2).

Registres de Saint-Martin-du-Limet : Le dix-huitième jour de mai 1700, a été inhumé en l'église de Saint-Martin-du-Limet par nous, curé de Bouchamps soussigné, le corps de messire Charles Jaret, escuyer, seigneur du Boulay, âgé de soixante-huit ans ou environ, et en présence de messire Charles Coquereau, prestre, et de Sébastien Coquereau, escuyer, seigneur de Béraudière, parent du défunt seigneur Jaret, et autres soussignés. Signé : CHÉRUAU.

RENÉE JARRET, née vers 1627, avait été partagée en 1663 par son frère de la terre de Patience en Saint-Martin-du-Limet. Elle y résidait lorsque, le 5 juillet 1701, elle fit un premier testament, auquel elle ajouta quelques dispositions le 25 juillet suivant. Elle demandait de nombreuses prières pour elle, pour son frère, son père, sa mère ; elle voulait être enterrée sous son banc, en l'église de Saint-Martin-du-Limet, ou, si elle venait à décéder à Craon, dans la chapelle de la Sainte-Famille, en l'église des Jacobins. Elle épousa le 5 mai 1703 à Saint-Martin, à l'âge d'environ soixante-seize ans, François de la BARRE (3), écuyer, avec lequel elle était non commune en biens, fils de Pierre de la Barre, écuyer, sieur du

(1) Charlotte Girault était du nombre des héritiers de n. h. Charles Girault de la Gravoire, dont les créanciers firent vendre la terre du Champ-Cartier, paroisse de Vallet, près Nantes, adjugée le 10 juin 1676 pour 5.900# à demoiselle Renée Auneau, veuve d'écuyer Baltazard d'Achon, seigneur des Rigaudières, paroisse de Mésanger, évêché de Nantes, et l'un des deux cents hommes d'armes de la compagnie du Roi. *Titres d'Achon.*

(2) *Archives de la Loire-Inférieure*, G. 63.

(3) De la Barre : *de gueules au léopard d'argent.*

Buron et de feue Louise Sourdille de Chambresays. Elle testa de nouveau les 1er août 1703, 26 avril 1704, 4 août 1707, 2 mai 1708 (1), au Baril, dont elle avait hérité à la mort de son frère. Elle y habitait avec son mari et y mourut le 24 septembre 1711 ; le lendemain elle fut inhumée, non dans l'église, comme elle l'avait demandé, mais dans le cimetière de Saint-Martin. Son mari, auquel elle avait laissé la jouissance de tous ses biens, ou le tiers en propriété, au choix de ses héritiers (2), qu'on ne nomme pas, épousa en secondes noces, le 23 novembre 1713, Marie-Madeleine CHEVALIER, fille de René Chevalier et d'Ursule Le Devin (Abbé Pointeau, *d'après les archives de la Barre).*

(1) Les testaments de Renée Jarret furent reçus : celui de 1701 par Mathurin Duroyer ; celui de 1703 par Thomas Huault ; celui de 1704 et le codicille de 1708 par Jacques Paillard, tous les trois notaires à Craon.

(2) C'étaient les Le Gouz de la Villegoya, qui avaient encore le Baril en 1751, et les de la Saugère. Cette succession traîna en longueur, car en septembre 1738 une contestation est jugée à l'audience de la sénéchaussée de Craon entre Angélique-Charlotte de la Saugère, femme séparée de biens de Philippe d'Hardouin, chevalier, seigneur de Chantenay, et René Le Gouz, écuyer, fils et unique héritier de feu Joseph Le Gouz, qui est condamné à faire dans deux mois le partage des biens immeubles restés de la succession de Renée Jarret, femme de François de la Barre (*Archives de la Mayenne, B. 5.005*, fol. 11, V°). C'est à son fils René-Louis Le Gouz que, de la Mairie, le 8 août 1738, René-Antoine Jarret écrivait la lettre suivante, dont il avait gardé copie, mais on ignore ce qu'il lui fut répondu.

A Monsieur de La Villegoyat, à Saint-Martin-du-Limet, ce 5 août 1738.

« Votre lettre m'a été rendue le 5 de ce mois; j'y apprends la mort de M. votre père, que j'estimais beaucoup et l'embarras où l'on vous met de prouver votre noblesse faute de vos titres. Je ne puis vous donner d'autres lumières à ce sujet que de vous dire que, lorsque j'eus l'honneur de voir M. votre père, il y a près de dix-huit ans, il se plaignit à moi de pareille insulte qu'on lui faisait et me dit qu'il avait été obligé d'envoyer ses titres chez le greffier de l'Élection de Château-Gontier, où vous devez les trouver à présent. Le sieur Refou ne saurait vous avancer me les avoir envoyés. Ils m'auraient été assurément fort inutiles, n'ayant point l'honneur de porter votre nom. Ceux que j'ai eus de demoiselle Renée Jarret, ma parente, n'étaient que des contrats de mariage et partages de messieurs Jarret et qui commençaient à m'appartenir ; la branche aînée étant tombée en quenouille et estant cadet du nom, c'est la justice que cette bonne parente m'a rendue avant de mourir et desquels mes ancêtres s'étoient passés depuis plus de deux cents ans.

« Je suis bien aise que cette occasion se présente pour me renouveler dans votre souvenir. Si vous faites quelque voyage à Tours, je vous offre ma maison pour vous reposer et nous ferons une connaissance plus parfaite ensemble. Vous ne me parlez pas si madame votre mère est encore en vie et si vous êtes seul d'enfant. J'ai une prière à vous faire, qui est de m'instruire qu'est devenue mademoiselle Jarret de la Trousselière, qui est fille de René Jarret, autrefois seigneur de la Trousselière, paroisse d'Essé. Je ne sais si elle a été mariée et si vous avez été son héritier comme étant le plus proche parent. J'attends de vos nouvelles parce que je suis en peine si l'avis que je vous donne est expédient pour trouver vos titres chez le greffier de l'élection de Château-Gontier, où votre père avait été obligé de les envoyer. Mon zèle vous fait connaître que je suis avec une parfaite considération, Monsieur et cher cousin..... »

Renée Jarret avait eu de son frère les papiers de famille. Dans l'embarras, sans doute, de savoir à qui les léguer (car son cousin René Jarret de la Trousselière, seul représentant de la branche aînée, avait déjà probablement, à cette époque, perdu le dernier de ses trois fils), elle les donne par son testament de 1704 à son mari : « le sieur de la Barre se saisira des papiers et titres de noblesse qui « sont en la maison du Baril au temps de mon décès, le priant de les « conserver ». Il n'eut point à les recueillir ; elle les remit à René-Antoine Jarret de la Mairie, comme il le mentionne dans sa lettre à Mr de la Villegoya. Ils ont toujours été conservés avec soin et ils ont servi à établir cette généalogie.

Par son testament de 1701, Renée Jarret pour l'amitié, disait-elle, qu'elle porte à damoiselle Anne-Françoise Jarret sa parente, fille de Mr de la Trousselière (René Jarret et de sa première femme Renée de Rouvraye), demeurant à Rennes, lui donne la jouissance de son lieu de Patience et la propriété aux enfants qui pourront naître d'elle en légitime mariage, à condition qu'elle ne se mésalliera pas. Et si elle voulait être religieuse, elle lui laisse le fonds pour sa dot, mais en cas de mésalliance ce don n'aura aucun effet et retournera à ses héritiers. Par son testament de 1704, elle révoque les précédents, lui laisse une pension viagère de 30# payables à la Toussaint pendant la vie du sieur de la Barre et la propriété de Patience, dont elle ne jouira qu'après sa mort, à la seule charge de faire célébrer chaque année un service de trois grandes messes au jour anniversaire de sa mort pour lequel elle aura à payer chaque année 100 sols à la Toussaint. Par un codicille du 2 mai 1708, elle réduit à 15# la pension d'Anne-Françoise Jarret, en lui maintenant le don de la propriété de Patience pour en jouir après son père M. de la Trousselière, qui n'a pas dû tarder à mourir, car sa seconde femme, Jeanne de Lezormel, est dite veuve de lui dans son acte de décès du 4 mars 1709. Toutes les recherches faites pour découvrir où il était mort et pour savoir ce qu'était devenue Anne-Françoise, sont restées sans résultat ; on ignore si elle a été mise en possession de son legs et de Patience.

Registres de Saint-Martin-du-Limet. Le 5 mai 1703, mariage de François de la Barre, écuyer, fils de feu Pierre de la Barre, sieur du Buron, et de feue damoiselle Louise Sourdille, et damoiselle Renée Jarret, fille de feu Charles Jarret, sieur du Baril, et de feue Françoise de Montalembert; en présence de messire Pierre de la Barre, écuyer, sieur du dit lieu et du Buron, de messire François de la Barre, sieur de Grugé, de messire François de la Barre, sieur de la Barre, cousin, frère et oncle de l'époux.

Étude Dubois, notaire à Craon. Le 30 mars 1707, devant Dunoyer, notaire, titre nouvel par Renée Jarret, fille majeure et unique héritière de Charles Jarret, écuyer, son frère, de 8# de rente, pour un petit pré dit de la Cure, baillé à son père par feu François Lamerye, curé de Saint-Martin, le 31 janvier 1636, et donné par elle à Me Sébastien Cadoreau, prêtre curé de Saint-Martin.

Registres de Saint-Martin-du-Limet. Demoiselle Renée Jarret, vivante épouse de n. h. François de la Barre, décedée le 24 septembre 1711, agée environ quatre-vingt cinq ans, fut inhumée le lendemain dans le cimetière de ce lieu. Signé S. Cadoreau, curé.

Un titre appartenant à la Fabrique de Saint-Martin, du 20 octobre 1745, signé Le Comte, reconnait aux curés successifs de cette paroisse une rente annuelle de huit livres pour divers biens de la cure cédés par M. Lameyrie à M. Jarret.

RAMEAU DE LA TROUSSELIÈRE

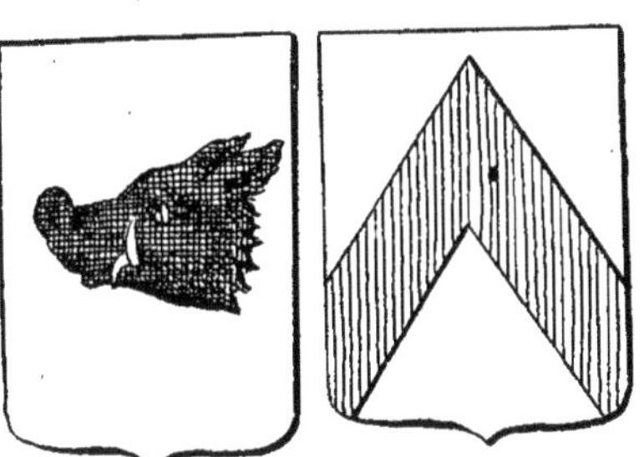

LAMBERT : *D'argent au chevron de gueules.*

XIIe DEGRÉ

PIERRE JARRET, écuyer, seigneur de la Trousselière (Voir. p. 25), fils de Charles Jarret, deuxième du nom, et de sa deuxième femme Charlotte GODET (1), fut baptisé le 7 janvier 1621 en l'église Saint-Sauveur de Rennes (2). Par des partages, qui sont inconnus, il fut mis en possession de la Trousselière qui, jusqu'à lui, avait appartenu au chef de la famille. Il fut maintenu d'ancienne extraction par arrêt du 23 janvier 1669, de la Chambre de Réformation de la noblesse de Bretagne. Il avait épousé, par contrat du 14 juillet 1656, Anne Lambert, dame de Beaumont, fille puînée de François Lambert, écuyer, seigneur de la Hautteville et d'Hélène Bouvier (T. G., p. 23). Le 29 juillet 1660, elle fut marraine à Marcillé-Robert de René, fils d'écuyer Yves de l'Espinay; et, à Essé, le 19 mars 1685, de Charlotte, fille de René Jarret de la Trousselière et de Claude-Agnès du Rouvray. Le 3 mai 1657, il fit acte d'assiette d'un reste de partage dû à sa sœur Renée, femme de Pierre de l'Espinay de Mauperrier, des successions de leur père et de leur mère (T. G., p. 24). Le 16 avril 1659, il fut parrain à Chérancé de

(1) Voir aux *Preuves* n° XXIII l'accord entre elle et son beau-fils Nicolas Jarret, par lequel la terre de la Trousselière passe à son fils Pierre.

(2) T. G., p. 23. L'acte du baptême cité n'a pu être retrouvé dans les registres de Saint-Sauveur de Rennes, où manquent les années 1621-1629. On peut croire d'après l'extrait mentionné que Charles Jarret était encore vivant le 9 janvier 1621, lors du baptême de son fils Pierre, mais il est décédé avant le 2 juin de la même année, date à laquelle Charlotte Godet est dite tutrice de ses enfants mineurs.

Charles, fils de Charles de la Saugère et de Renée Jarret. Il fit bâtir une chapelle près de son manoir de la Trousselière et, le 4 octobre 1666, il la fonda de deux messes hebdomadaires (T. G., p. 54). Il habitait Rennes en mai 1671 et c'est de lui que Claude-Louis Jarret, de la Compagnie de Jésus, régent au collège des Jésuites à Rennes, parle à cette date dans une lettre à son frère René-Antoine Jarret de la Mairie :

« J'ai trouvé icy ce que je n'eusse jamais espéré : c'est un de nos parents, qui « porte notre nom. Il m'est venu voir plusieurs foys... C'est un très honnête « homme, qui est plein de cœur. Il n'a qu'un garçon, qui sera l'année prochaine « mon écolier. Plust à Dieu que vous puissiez passer par icy, en allant à Paris. Je « m'assure qu'il vous recevrait autant bien qu'on puisse faire ».

Il mourut à la Trousselière le 12 août 1676 et fut inhumé le lendemain en l'église d'Essé. Anne Lambert décéda, âgée d'environ soixante-dix ans, le 26 avril 1694 et fut inhumée le lendemain en l'église de Saint-Aubin de Rennes.

Ils eurent quatre enfants : René, Jean, Renée, Catherine.

Registres d'Essé : Ecuyer Pierre Jarret, en son vivant seigneur de la Trousselière et y demeurant à sa maison, décéda le 12 aoust 1676 et fut inhumé le 13 dans l'église par M. le recteur de Piré, présents au convoi : escuyer Jean Lespinay, seigneur de Mauperrier, son nepveu ; escuyer Gilles Leduc, seigneur du Rouvray, et moi recteur d'Essé soussigné comme assistant à la cérémonie. Pierre du Boisadam, recteur d'Essé.

Registres de Saint-Aubin de Rennes. — Dame Anne Lambert, dame de la Trousselière, aagée d'environ soixante et dix ans, décédée du jour d'hier, deux heures après midi, a esté enterrée en cette église le vingt et sept avril mil six cent quatre vingt quatorze. Le Doux, prestre, Debrays, curé de Saint-Aubin.

XIIIe DEGRÉ

1° René JARRET, qui suit.

2° Jean-Alain JARRET, né le 20 avril 1658 à Essé, qui est probablement le Jean Jarret, écuyer, qui fut inhumé en l'église de Saint-Germain de Rennes le 22 mars 1671 (Archives communales, registre 15, p. 380).

Registres d'Essé : Jan-Alain Jarret, fils de messire Pierre Jarret et de damoiselle Anne Lambert, seigneur et dame de la Trousselière, fut né le vingtiesme apvril 1658 et baptizé et tenu sur les ss. fons par escuyer Jan Godet (1), sieur de la Trapardière, et dame Hélène Douillet, dame du Boishamon, le vingt et deuxiesme dudit mois d'apvril mil six cent cinquante et huict. René de Gouesse, Pierre Jarret.

3° RENÉE JARRET, baptisée le 3 octobre 1659 à Essé.

Registres d'Essé : Le vingt et troisiesme octobre 1659 a esté tenu sur les saincts fondz de baptesme Renée, fille de messire Pierre Jarret et de dame Anne Lambert, seigneur et dame de la Trousselière, parrain Toussainct de Lorgeril, escuyer, seigneur de la Houssaye, et marraine damoiselle Renée Legoust, et baptisée par moy Louis Préobert, sieur recteur de la paroisse. Toussainct de Lorgeril, Renée Legouz, Ch. Legouz, L. Preobert, Pierre de Lespinay, René de la Tullaye, Jan de Lespinay, Pierre Jarret, Morel.

4° CATHERINE JARRET, née le 14 avril 1661, à Essé, où elle fut inhumée le 23 janvier 1664.

Registres d'Essé : Catherine, fille de messire Pierre Jarret et damoiselle Anne Lambert, seigneur et dame de la Trousselière, fut née le quatorziesme jour d'apvril mil six cent soixante et un, baptizée et tenue sur les ss. fons par messire René de Beaucé, chevalier et seigneur de Chambellé, et dame Catherine de Lorgeril, dame dud. lieu ; les cérémonies faictes par vénérable et discret Jacques Négrier, doïen de Châteaugiron et recteur de Saint-Pierre de Janzé. Catherine de Lorgeril, René de Beaucé, Joachim de Beaucé, François Lambert, Jan de Beaucé, J. Négrier, Hélène Le Douillet, Pierre Jarret, Perrine de Lespinay.

Idem. — .... D[lle] Catherine Jaret, agée de deux ans neuf mois, a esté enterrée dans l'église d'Essé proche leur banc le 23 janvier 1664.

(1) Ce doit être en qualité de parent que Jean Godet de la Trapardière fut parrain de Jean-Alain, fils de Pierre Jarret, et on peut en conclure que Charlotte Godet, deuxième femme de Charles Jarret et grand'mère du baptisé, appartenait à cette famille qui porte : *de sable à la croix alesée d'argent, accompagnée en chef de deux coquilles de même et en pointe d'une étoile à huit rais d'or*, et non à celle des Godet de Baux dont on lui a attribué les armoiries page 23 de cette généalogie d'après l'*Armorial de l'Arsenal*, cité par P. de Courcy. Cette remarque s'applique également aux armoiries attribuées à Julienne Godet, dame du Rozay, page 20.

Du Rouvray : *D'azur à 3 merlettes d'or.*

De Lezormel : *Bandé de 6 pièces d'argent et d'azur.*

René JARRET, écuyer, seigneur de la Trousselière et du Menant, né à Essé le 11 février 1657 (1), tenait noblement à foy et hommage le Menant, de la seigneurie de la Rigaudière, et est cité en cette qualité dans l'aveu de cette terre rendu au Roi le 14 août 1679 par René de Lopriac. Il fut parrain de la grosse cloche d'Essé le 26 février 1679 ; il épousa :

1° Au Theil, le 29 novembre 1681, Claude-Agnès du Rouvray, dame du Bois-Rouvray, y demeurant et âgée de vingt et un ans, baptisée le 12 septembre 1660 en l'église Toussaint à Rennes, fille de messire François de Rouvray et de dame Marguerite Glet, décédée au Rouvray le 11 novembre 1689, inhumée le lendemain en l'église d'Essé (2). Le 8 avril 1684, il fournit déclaration des terres tombées à rachat à la châtellenie de la Rigaudière par le décès de Pierre Jarret, son père. Ils ont eu cinq enfants : Claude-Joseph, François-René, Charlotte, Anne-Françoise et Pierre.

2° Le 27 octobre 1692 à Saint-Étienne de Rennes, Jeanne de Lezormel, dame de Rosnivynen, qui avait épousé en premières noces Barthélemy Pinart, écuyer, sieur de Lostersnen, en deuxièmes, le 8 avril 1683, à Saint-Georges de Rennes, messire Baptiste de Rosnyvinen, chevalier, seigneur de la Gromillais, paroisse de Guébriac, veuf de Julianne de Saint-Meen. Elle survécut à son troisième mari, mourut âgée d'environ quatre-vingt-seize ans le 4 mars 1709, et fut inhumée le lendemain en l'église Saint-

(1) Le 27 juillet 1673 René Jarret nomme à Essé, avec d[lle] Marguerite de Boisadam demeurant à Rennes, René, fils de n. h. François Le Tort, sieur de la Godinière, et de d[lle] Louise du Boisadam.

(2) Sa mère, baptisée à l'église Toussaint de Rennes le 22 février 1626, était fille de n. h. Pierre Glet, sieur de la Hurlais, avocat au Parlement, et de demoiselle Marguerite Chauvel.

Étienne de Rennes. On n'a pu retrouver ni le lieu ni la date du décès de René Jarret. Il est nommé le 2 mai 1708 ainsi que sa fille Anne-Françoise dans le codicille de Renée Jarret, femme de François de la Barre. Il serait donc mort entre cette date et le 4 mars 1709.

Paroisse d'Essé. Escuyer René Jarret, fils de messire Pierre Jarret et de damoiselle Anne Lambert, seigneur et dame de la Trousselière, fut né l'onziesme febvrier 1657, et tenu sur les ss. fons par messire René de Lopriac, seigneur baron de Coëtmadeu, conseiller en la Cour, et damoiselle Mathurine Lambert, dame de Villeguerye, le treziesme mars oudit an mil six cent cinquante et sept. René de Lopriac, Mathurine Lambert, Renée Jarret, François Lambert, René de la Moussaye, Pierre de Lespinay, Garé, Pierre Jarret, J. Prodault.

Registres d'Essé. Le vingt-sixiesme jour de feubvrier 1679, soussigné recteur d'Essé, j'ay fait la bénédiction de la grosse cloche dud. Essé par permission de Mgr de Rennes, dont je suis resté porteur, en datte du 29e novembre 1678 ; à laquelle cloche on a donné le nom de Perrine-Renée, son parein a esté escuyer René Jarret, seigneur de la Troussellière, la mareinne dame Perrine Bonnier, dame de la Jaroussaye, lesquels ont signé, presens les soussignés : Jul. Préobert, F. Bazouin, rect. d'Essé, Perrine Bonnier, René Jarret, Bertrand des Vaulx, Pierre de Lespinay, Guillaume de la Tullaye.

Registres du Theil, 29 novembre 1681. Messire René Jaret, seigneur de la Trousellière, demeurant à sa maison noble de la Trousellière, paroisse d'Essé, âgé de vingt et quatre ans, et damoiselle Claude-Agnès de Rouvray, dame du Boisrouvray, demeurant à la maison du Boisrouvray, paroisse du Teil, âgée de vingt-un ans, aprais deux proclamations de leur futur et espéré mariaige faictes au prosne de la grande messe d'un dimanche et d'une faiste solemnelle, tant du Teil que d'Essé, ont ce jour vingt et neufe du mois de novembre 1681 reçeu la bénédiction nuptialle dans l'église du Teil par moy prestre soubsigné de la paroisse de Nostre-Dame d'Essé, par l'ordre de missire Georges Bodin, substitué curé en l'absance de M. le recteur du Teil. Et ont esté présents à ladite cérémonie les soussignés et autres. René Jarret, Claude-Agnès du Rouvray, Anne Lambert, Marie-Marthe de la Martinière, Pierre de l'Espinay, Bodin, prêtre et curé du Teil, Jullien Préobert, prêtre.

Paroisse Toussaint de Rennes. Claude-Agnès du Rouvray, fille de mess. François du Rouvray et de dame Marguerite Glet, a été baptisée en Toussaint de Rennes le 12 septembre 1660, et tenue sur les fonts par messire Jean Pinson, chevalier de l'ordre du roi, sr de Cacé, et par dlle Claude Carré, de de la Salle.

Paroisse d'Essé. Dame Claude-Agnès du Rouvray, en son vivant dame de la Trousselière, aagée de vingt et huict ans, y décéda l'onziesme de novembre 1688 et fut le lendemain ensépulturée dans la chapelle de Mauperier et de la Boestelière-Hardi, au costé de l'espiztre et contigüe le chanceau de l'église d'Essé ; présens les souzsignés et plusieurs autres. J. Monnier. F. Hameau, M. Moulin, Berthelot, Rr du Teil, F. Bazouin, rect. d'Essé.

Titres du Ménant, à Mme Fouqueron, à Rennes, 8 avril 1684. Minute et déclaration des terres tombées à rachat à la châtellenie de la Rigaudière, par le décès de deffunct écuyer Pierre Jarret, vivant seigneur de la Troussellière, à écuyer René Jarret, seigneur du dit lieu, son fils et héritier principal et noble, fournit au sieur procureur d'office de la juridiction de la Rigaudière... scavoir est des deux tiers des terres cy-après eu égard au douaire de dame Anne Lambert, ve d'écuyer Pierre Jarret. Le lieu, maisons de Ménant.... » R. DELANOE et J. GAULAY, notaires.

Paroisse S. Etienne de Rennes, 1692, fol. 34. « Le 27 octobre 1692, aprèz les fiançailles et les deux premières proclamations de bans de mariage faites sans oposition entre messire René Jaret, seigneur de la Trousselière, aagé de 35 ans, de la paroisse d'Essé, et dame Janne de Lesormel, dame de Rosnevinen, aagée de 50 ans, de cette paroisse; veu le certificat du sieur recteur d'Essé, en date du jour d'hier, signé : F. Bazouin, recteur d'Essé, la dispense du 3e ban dattée de ce jour, signée : Bouessay et Hyacinthe de la Perche, et insinuée ce jour, signée Roulleau, j'ay receu leur mutuel consentement par paroles de présent, les ay conjoints en mariage et leur ay administré la bénédiction nuptiale en présence des soubssignants : René Jarret, Janne de Lesormel; Marguerite de Villeneufve ; Françoise-Charlotte de Valleaux ; Villeneufve Lodin ; C. Le Duc ; Monneraye, recteur de Saint Estienne.

Etat civil de St-Etienne de Rennes. Dame Janne de Lesormel, veuffve de deffunct escuyer René Jaret, sieur de la Trousselière, aagée d'environ 96 ans (1), décédée du 4e mars 1709, a esté enterrée dans l'église le 5e du dit mois, présents Pierre Guillon et Gilles Cesson, qui ne signent. P. Chuchery, prêtre, sacriste de Saint Étienne.

1o Claude-Joseph JARRET, né le 8 mars 1683, baptisé le même jour à Saint-Jean de Rennes, décédé le 25 août 1690 et inhumé le 27 dans la chapelle de Mauperrier, en l'église d'Essé.

Paroisse Saint-Jean de Rennes. Claude-Joseph, file d'écuyer Pierre Jarret, seigneur de la Trouselière, et de dame Claude-Agnès du Rouvray, sa compagne, est né le huitiesme mars 1683, et a esté le mesme jour tenu sur les ss. fonds de baptesme par écuyer Joseph-Placide Ferron et dame Claude Carré, dame du Tiengo, parrein et marreine, Le baptesme par moy curé qui soussigne lesd. jour et an que dessus. Claude Carré; Joseph-Placide Ferron ; Catherine Leduc ; G. Bourien, p. c.

(1) Si elle avait 96 ans au moment de son décès, c'est bien à tort qu'elle est seulement dite âgée de 50 ans en 1692, lors de son mariage avec René Jarret de la Trousselière.

Paroisse d'Essé. Escuyer Joseph-Claude, fils de messire René Jarret et de dame Claude-Françoise du Rouvray, seigneur et dame de la Trousselière, aagé de huict ans, décédà le 25 aoust et fut enterré le 27... 1690, dans la chapelle de Mauperier, et ce par la permission du seigneur de Mauperier ; présents : Jan Chevrel, Julien Pommerais, Pierre Guéret, Julien Morel, qui ne signent, et les soussignés, les touts, paroisse d'Essé. F. Bazouin.

2° Charlotte Jarret, née à Essé le 19 mars 1685.

Paroisse d'Essé. Charlotte Jarret, fille d'escuyer René et de damoiselle Claude-Agnès du Rouvray, seigneur et dame de la Trousselière, née le dix-neuviesme mars 1685, receut le sacrement de baptesme avec les cérémonies dans l'église d'Essé, par moy recteur soubzsigné, le vint et uniesme desdicts mois et an. Son parein messire Charles Jarret, seigneur du Baryl, sa mareinne damoiselle Anne Lambert, dame douarière de la Trousselière ; et les soubzsignés : Anne Lambert, le Boullay-Jarret, F. Bazouin, rect. d'Essé, Pierre de Lespinay, Suzanne de Lespinay, Julien Préobert, prêtre.

3° Anne-Françoise Jarret, née le 16 août 1686, est mentionnée le 5 juillet 1701 dans le testament de demoiselle Renée Jarret, demeurant alors à Patience en St-Martin-du-Limet et devenue en 1703 Madame de la Barre du Buron.

« Pour l'amitié qu'elle porte à damoiselle Anne-Françoise Jarret, sa parente « fille de Monsieur de la Trousselière, demeurant à Rennes, elle lui donne la « jouissance de son lieu de Patience et la propriété aux enfants qui pourront naître « d'elle en légitime mariage à condition qu'elle ne se mésaliera pas. Et si elle « voulait être religieuse, elle lui donne le fonds et la propriété pour sa dot ; mais « en cas de mésalliance ce don n'aura aucun effet et Patience retournera à ses « héritiers ». Elle la nomme encore dans son testament du 26 avril 1704 et son codicille du 2 mai 1708, mais sans lui imposer les mêmes conditions pour Patience, dont elle ne devait avoir la jouissance qu'après la mort de son père qui n'existait plus dès avant le 4 mars 1709 alors que la testatrice n'est décédée qu'en 1711. Il a été impossible de découvrir si Anne-Françoise avait pu prendre possession du legs qui lui avait été fait, ni ce qu'elle était devenue.

Paroisse d'Essé. Anne-Françoise Jarret, fille de messire René et de damme Claude-Agnès du Rouvray, seigneur et damme de la Trousselière, fut née le séziesme aoust 1686 et baptisée par moy recteur soussigné le dix-huictiesme dudit moys et an. Son parain a esté noble homme François Gentil, sieur des Hayes, avocat en Parlement, sa marainne Anne Le Viconte, damme de Lorgeril. Anne Le Vicomte, F. Gentil, Mathurin Lambert, Pierre de l'Espinay, René Jarret, F. Bazouin, rect. d'Essé.

4° François-René JARRET, né à Essé le 5 septembre 1687.

Paroisse d'Essé. François-René, fils de messire René Jarret et de damme Claude-Agnès du Rouvray, seigneur et damme de la Troussellière, né le cinquiesme septembre 1687 à Essé, baptisé le 7e desdits moys et an par moi recteur soussigné ; son parain a esté escuyer René de la Tullaye, seigneur du Boysroger, sa marainne damme Marie-Françoise Dauvet des Marets, damme comtesse de Pendreff. Marie-Françoise Dauvet, René Jarret, de la Tullaye, François Dondel, Suzanne de Lespinay, Janne Cormier, F. Bazouin, recteur d'Essé.

5° Pierre JARRET, né le 9 septembre 1688 à Essé, mort le 14 juillet 1689, inhumé le lendemain en l'église d'Essé.

Paroisse d'Essé. Pierre Jarret, fils de messire René Jarret et de dame Claude-Agnès du Rouvray, seigneur et damme de la Troussellière, né le neufiesme septembre 1688, fut le lendemain baptisé par moy recteur d'Essé soussigné ; son parain a esté Pierre de L'Espinay, escuyer, sieur de Maupoirier, sa marainne dame Pétronille de la Corbinaye, dame de la Tremblaye (1). Pétronille de la Corbinaye, F. Bazouin, rect. d'Essé, Pierre de L'Espinay, René Jarret, Nicolas Mellet, Suzanne de L'Espinay.

Idem. Pierre Jarret, fils de messire René et de damme Claude-Agnès du Rouvray, seigneur et damme de la Troussellière, âgé d'onze moys ou environ, mourut le 14e juillet 89, fut inhumé le lendemain dans l'église d'Essé. F. Bazouin, rect. d'Essé, J. Préobert, prêtre.

(1) Fille de messire René de la Corbinaye et de Marguerite de la Motte-Baracé, avait épousé par contrat du 9 mai 1674 Nicolas Mellet de la Tremblaye. Ils eurent une fille, Françoise-Perrine, mariée le 2 février 1725 à René d'Achon, chevalier, seigneur des Rigaudières.

BRANCHE D'HALLEBEUF & DE MONCHENIN

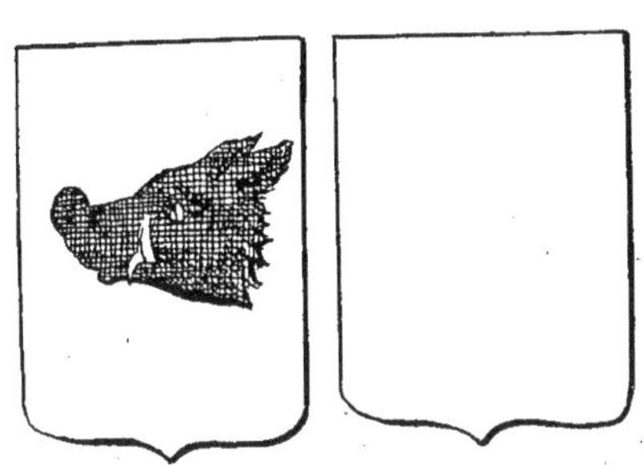

Xe DEGRÉ

ARTHUR JARRET, écuyer, seigneur de la Roche (1) et d'Hallebeuf (2), deuxième fils de Louis Jarret, seigneur de la Trousselière, des Roches-Jarret et de Louise de la Roche (*Généalogie*, p. 17), habitait avec très-haut et très-puissant seigneur Charles de la Trémoïlle (3), baron de Mauléon, de l'Isle (4) et de Doué, lorsqu'en sa présence, le 25 janvier 1550, par contrat (5) passé au chastel de

(1) On ignore quel est ce fief de la Roche, qu'il ne faut pas confondre avec les Roches-Jarret.

(2) Ancien domaine entouré de bois, commune de Forges, entre la levée Brochard, dite du baron de Doué, et l'ancienne voie de Cunault à Doué (Port, *Dictionnaire de Maine-et-Loire*).

(3) Il entra dans les ordres, devint Protonotaire du Saint-Siège, abbé de Saint-Laon et de Notre Dame de Chambon près Thouars. Il était fils de François de la Trémoïlle, prince de Thalmond, et d'Anne fille de Guy XV de Laval et de Charlotte de Craon, princesse de Tarente.

(4) Catherine de l'Isle-Bouchard en épousant, en 1425, Louis-Georges de la Tremoïlle, grand chambellan de France, lui apporta les seigneuries de Doué et de l'Isle-Bouchard.

(5) Reçu par F. Grignon, notaire à Doué (Grosse originale en papier). La minute est signée Charles de la Trémoïlle et des autres personnes présentes (T. G., p. 16). Il fut ratifié à Doué le 9 février 1550, par Hardy, frère aîné de Louis Jarret, seigneur des Roches-Jarret, en présence du commandeur Jehan Audebert, de Jehan de Champagné, écuyer, de maître Jehan de la Garenne, châtelain de Doué et de Hardy, frère puîné de Louis Jarret.

Doué, il épousa Gasparde PINET, fille unique de Me Estienne Pinet et de Renée Thoueret, seigneur et dame d'Hallebeuf. En faveur de ce mariage Louis Jarret son père et noble personne Louis Le Brun, seigneur de Villaines, demeurant au lieu et maison noble des Roches-Jarret, tant en leurs noms, qu'en se faisant forts d'Hardy Jarret, frère aîné d'Arthur, promettent payer au sieur et à la dame d'Halbeuf, avant les épousailles 1.200#, dont ceux-ci serviront une rente de 80#, amortissable, cinq ans après la mort d'un des conjoints, s'il décédait sans enfants, et assise sur le lieu d'Hallebeuf, qui, faute de paiement, serait laissé à Arthur Jarret, sans autorité de justice. La future épouse aura son douaire, suivant les pays où les biens sont situés, tant en Anjou, Poitou, qu'autres provinces. Assistaient à ce mariage : noble religieux frère Jean Audebert, commandeur de La Lande-des-Verchers (Anjou) et d'Arthins (Touraine), sire Yves Hamelin, noble homme Jean Panetier, seigneur de la Gerbaudière et Me Jacques Chevrié, licencié ès loix, oncle de l'épouse.

Par une transaction du 13 juin 1567, il reçut de son frère aîné la part qui lui revenait dans les biens de leur père et de leur mère (T. G., pp. 7 et 16). Gasparde Pinet fut séparée de biens d'avec son mari par sentence de la sénéchaussée de Saumur du 20 octobre 1581. Elle lui reprochait « d'avoir vendu sans raisons valables deux terres « l'une à Saint-Florent-le-Viel, l'autre en Bretagne, et pour 4.000# « de biens à elle appartenant cédés à François de Lavau. » Ils habitaient Halbeuf et donnèrent, le 10 juin 1604, déclaration des héritages qu'ils tenaient de la seigneurie de Douces (1) (T. G., p. 17). On ignore l'époque de leur mort. Ils laissèrent un fils, Jacques Jarret, qui, bien qu'il soit dit (T. G., p. 7) marié comme unique héritier, paraît avoir eu une sœur Jeanne Jarret (2).

(1) *Archives de Maine-et-Loire*, G 453 : Titres de Douces, contrats, t. 1er, fol. 180.

(2) Jeanne Jarret, qualifiée veuve de Christophe Le Pauvre, écuier, sieur de Lavau, qui avec dlle Tragineau, devait à Jacques Jarret et Marthe Le Bigot une somme de 1.600#, par acte devant Bourdon, notaire à Doué, le 9 juin 1629, somme faisant partie des 6.000# du remploi cité note 1, page suivante.

LE PAUVRE : *d'argent à la bande de sinople brisée d'un lambel d'azur.*

XIe DEGRÉ

JACQUES JARRET, premier du nom, écuyer, seigneur d'Halbœuf du chef de sa mère, épousa à Doué, par contrat (1) du 27 septembre 1595, Marguerite, fille de N. LE BIGOT et de Marie Bellanger.

Elle fut marraine à Doué le 4 décembre 1599, où elle est qualifiée honnête damoiselle femme de noble homme Jacques Jarret, seigneur de la Roche-Halbœuf, demeurant à Forges et où elle signe Marthe Le Bigot.

Il transigea le 12 mars 1603 au sujet d'une maison sise à Doué, rendit aveu à la châtellenie de Douces le 10 juin 1604 (T. G., p. 17). Sa femme était décédée avant le 17 novembre 1631, lors du remploi fait par son mari en faveur de ses six enfants (2). Ils en avaient eu sept qui suivent :

(1) Ce contrat de mariage manquait en 1668 lors de la production à Voisin de la Noiraye, on y suppléa par trois autres pièces (T. G., p. 16). De Monchenin, le 27 septembre 1786, Henri-Armand Jarret écrivait à René-Antoine Jarret de la Mairie, curé de Nogent-le-Bernard : « Entretenons-nous maintenant de la recherche que j'ai faite du contrat de mariage de « Jacques Jarret avec Marthe Le Bigot, ou plutôt de quelques titres justificatifs de leur « union, car je savais qu'il me manquait et j'espérais le trouver chez vous et c'est ce qui « a différé ma réponse. Voici note de ce que j'ai pour en constater.

« Un acte du dernier mars 1635 de Messieurs les commissaires généraux députés pour « la recherche de la noblesse, en la généralité de Tours (T. G., p. 6), par lequel il appert sur « la représentation des titres des Jarret, qu'Arthur Jarret marie son fils Jacques, son unique « héritier, avec d[lle] Marthe Le Bigot. Ce contrat est du 27 septembre 1595, signé du Loyde. « Un contrat d'acquit du sieur Jarret-d'Halbeuf et de Marthe Le Bigot son épouse, du « 19 octobre 1609. Contrat de mariage de Marthe Jarret, fille de Jacques et de Marthe « Le Bigot, avec André Guéniveau, écuyer, seigneur de la Galpézière, du 11 mai 1621 ; autre « de Claude de Chardon, écuyer, seigneur de Beauvais, avec d[lle] Renée Jarret, fille de Jacques, « sieur de la Roche et de Marthe Le Bigot, du 3 février 1633. Autre du 6 septembre suivant « de Claude Jarret, fille de Jacques, sieur d'Halbeuf, et de Marthe Le Bigot. » Voir pour ce contrat de mariage la transaction du 17 novembre 1631 rapportée ci-après.

(2) T. G., p. 17 et aussi copie collationnée le 25 mars 1644 sur une copie en papier à la

1° Jacques Jarret, deuxième du nom, qui continue la filiation.

2° Louis Jarret, auteur de la branche de la Mairie, seule subsistante aujourd'hui, et rapportée après celle d'Hallebeuf.

3° Charles Jarret, mort sans postérité, maintenu le 6 juillet 1624 (T. G., p. 6).

4° Marthe Jarret épouse, par contrat du 11 mai 1621 (1), André Guéniveau (2), écuyer, seigneur de la Galpésière en Denezé-sous-Doué, décédé entre le 20 juillet 1632 et le 20 février 1634. Elle fut maintenue avec Jacques, son frère, le 31 mars 1635 (T. G., p. 6).

5° Claude Jarret, dame des Terres-Noires, épousa Pierre de Maliverné (3), écuyer, seigneur d'Estourbe, par contrat du 6 septembre 1633, elle mourut avant le 26 juillet 1638, car à cette date, par acte reçu par Louis Gigot, notaire à Saumur, son mari, veuf et habitant Cizay, transige pour le don qu'elle lui avait fait, avec ses beaux-frères Jacques Jarret et Louis de Fay. De la sorte ceux-ci, héritiers de

requête de Louis Jarret, seigneur des Roches-Merie (époux d'Anne Moreau de la Mairie) auquel elle a été rendue. 17 novembre 1631. Au rapport de Jean Besson, notaire à Doué, transaction et acte de remploi entre Jacques Jarret, écuyer, sieur de la terre et seigneurie de Halbeuf, y demeurant paroisse de Saint-Laurent-de-Forges, Jacques Jarret, écuyer, sieur des Terres-Noires, demeurant à la seigneurie de Bellevue, paroisse de Verchers, André Guéniveau, l'esné, sieur de la Galpesière et d[lle] Marthe Jarret, son épouse, demeurant à Doué, d[lles] Claude, Renée et Marie Jarret, enfants du dit Jacques Jarret, seigneur d'Halbeuf, et de feue d[lle] Marthe Le Bigot son épouse, par laquelle il leur accorde les 6.000# auquel il était tenu par son contrat de mariage avec la dite défunte Marthe Le Bigot du 27 septembre 1695, passé par du Loide, notaire à Doué, pour qu'elles soient partagées également entre eux « sans préjudice aux aultres droitz des parties, qui sont la succession de deffuncte Marie « Bellanger déjà eschue et celles à eschoir non partagées et par le moyen des présentes le dit « sieur des Terres-Noires fils a remis ez mains de son dit père la terre et métairie du dit lieu « de Terre-noires qu'il lui avait donnée en avancement du droit successif.

« Fait à Halbeuf en présence et par l'avis de Messire Urbain Turpin, baron de la Fresnaie, « demeurant en la maison noble de la Tremblaye, Jacques de Boussiron, écuier, sieur de « Grandry et noble homme Jehan Marsellier, sieur de Beaulieu, demeurant à Saumur comme « arbitres et amiables compositeurs, suppliés par les parties de ce faire et Jacques de Pigousse, « écuier, sieur de la Roche-Galevin, témoin, » qui ont signé ainsi que les susdits et J. Besson, pour copie.

(1) D'après une lettre de M. Jarret de Monchenin du 27 septembre 1786, indiquant la liste des titres de famille qu'il possédait, il avait ce contrat et ceux de Claude et de Renée. Ces deux dernières ne sont pas présentes le 24 février 1634 au contrat de mariage de leur frère Louis, mais elles y sont nommées et, ainsi que leurs maris, existaient à cette époque.

(2) Guéniveau : *d'or à la fasce danchée de gueules, accompagnée en chef de 3 croix pattées de même et en pointe de 3 losanges aussi de gueules.*

(3) De Maliverné : *d'azur au chevron d'or accompagné en chef de 2 levrettes d'argent affrontées.*

leur sœur Claude Jarret, rentrèrent en possession de la seigneurie des Terres-Noires, qu'elle avait acquise de Jacques Jarret, son père, le 3 octobre 1630, par acte reçu par Besson, notaire à Saumur. En 1637 il fut parrain à Saint-Just-des-Verchers, de Pierre Jarret, fils de Jacques et de Marguerite Bérault.

6° Renée JARRET épousa, par contrat du 3 février 1633, Claude de Chardon (1), écuyer, seigneur de Beauvais.

En 1654, il était dû 800# à leurs héritiers par les enfants de Jacques Jarret et de Marguerite Bérault *(Titres de Monchenin)*.

7° Marie JARRET, femme de Louis de Fay (2), écuyer, seigneur de la Noue. Le 14 novembre 1643 elle signe sur les registres de Verchers et son mari le 9 juin 1647.

En 1637, Louis Jarret, sieur de la Mairie, leur réclamait 200# pour restitution sur le partage de la succession de Marthe Le Bigot leur mère. Ils habitaient en 1638 paroisse de Forges, et en 1644 les Verchers. L'année précédente, le 14 novembre, Marie Jarret y était marraine.

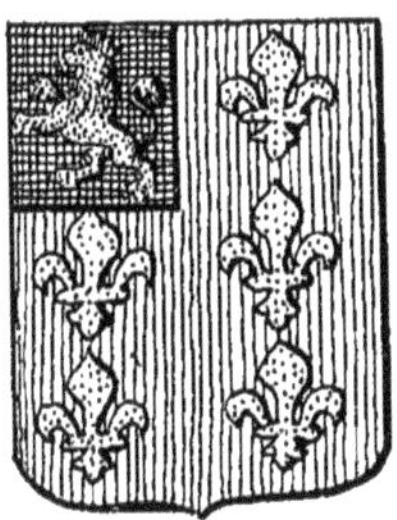

BÉGAULT :
De gueules à 5 fleurs de lys d'or en pal 2 et 3, au franc canton de sable un lion d'or, armé, lampassé, couronné de gueules.

BÉRAULT :
De gueules au loup cervier d'argent accompagné de 3 coquilles de même 2 et 1.

XIIe DEGRÉ

JACQUES JARRET, deuxième du nom, écuyer, seigneur des Terres-Noires, de Bellevue et d'Halbeuf, épousa : 1° par contrat passé à Vouzailles (3) le 16 juillet 1621, Louise BÉGAULT, fille de feu

(1) CHARDON DE BEAUVAIS (Touraine) : *d'azur à 3 chardons fleuris d'or, tigés, feuillés de même, 2 et 1.*

(2) DE FAY : *de gueules à 3 renards d'argent, 2 et 1.*

(3) Vouzailles et Cherves (Vienne, canton de Mirbeau).

Claude Bégault (1), écuyer, sieur du Cherve et de Lucresse Allanday (2). On la trouve signant sur les registres comme marraine aux Verchers de 1623 à 1630.

2° Par contrat reçu le 10 janvier 1633, par Pillet, notaire de la baronnie de Gilbourg (3), Marguerite Bérault, fille puînée de Louis Bérault, écuyer, seigneur des Monceaux, de la Gespière (4) et d'Eslie de Fesque.

Il paraît dans l'acte de remploi du 7 novembre 1631, tant en sa faveur qu'en celle de ses frères et sœurs. Le 31 mars 1635 il fut maintenu, avec sa sœur Marthe, par M. d'Estampes et de Bragelonne, commissaires députés à Angers pour la recherche des usurpateurs de noblesse (T. G., p. 7).

Le 13 décembre 1639, Jacques Jarret, sieur d'Albeuf et des Terres-Noires, signa la déclaration de ce qu'il tenait de la châtellenie de Doulces (*Archives de Maine-et-Loire*, G. 489, p. 252).

Le 24 août 1654, Marguerite Bérault, veuve de Jacques Jarret et femme en deuxièmes noces de Jacques Rallet, demeurant à la Garnerie, paroisse de Terré, en Poitou, transige avec ses enfants au sujet de son douaire. Elle aura sa vie durant la jouissance des Terres-Noires et renonce à la restitution de ses deniers dotaux. Cet acte passé devant François Vau, notaire aux Verchers, fut fait en présence de Pierre Reveillé, écuyer, sieur de Loue, tuteur de ses enfants; Louis de Fay, sieur de la Noue, oncle paternel; Mathurin de Gennes, sieur de la Canonnière, cousin germain du côté maternel (*Titres de Monchenin*).

Il eut de son second mariage cinq enfants :

1° Louis Jarret, qui suit.

2° Charles Jarret, écuyer, seigneur de Bellevue et d'Halbeuf, bap-

(1) Claude Bégaud, écuyer, seigneur de la Tour de Travaize, fils puîné de Jean Bégaud et de Madeleine Mauclerc, épousa par contrat du 16 janvier 1580, Lucrèce Alliday, dame de Gherves, fille de Pierre, chevalier de l'ordre du roy et l'un des cent gentilshommes de sa chambre (Beauchet-Filleau, *Dictionnaire des familles du Poitou*).

(2) T. G., p. 17, *Alliday* ; Beauchet-Filleau, *Dictionnaire des familles du Poitou*.

(3) Gilbourg, commune de Faye, canton de Thouarcé.

(4) Guipière, à Faye, acquise le 24 janvier 1609, par Louis Bérault, mari d'Eslie de Fesque (*Dictionnaire de Maine-et-Loire*).

tisé le 23 août 1637 (1), épousa : 1° Catherine de Forges. Il habitait Halbeuf, lorsque par contrat reçu par Jean Carré, notaire à Angers, le 18 juin 1683, il contracta une seconde alliance avec Michelle de la Hune (2), veuve de Messire Louis de Champlais, chevalier, seigneur de la Bourdellière, et demeurant à Boisraganne, en Saint-Georges-des-Sept-Voies (3). Maintenu avec son frère le 29 février 1668 (T. G., p. 15).

Il était mort sans postérité dès avant le 27 mai 1702.

3° Pierre JARRET, écuyer, baptisé le 20 août 1637 (4), décédé avant le 24 août 1654.

4° Marie JARRET.

5° Marguerite JARRET, épousa honorable homme Jacques Lizée, Maître chirurgien à Thouarcé. Le 27 mai 1702, elle vendit à Louis Jarret, son neveu, sa part en la succession immobilière de Charles Jarret, sieur d'Halbeuf, son frère, se réservant diverses rentes et une somme de 200#, qui fut payée à Maître Michel Lizée, prieur curé de Notre-Dame de Gizeux, le 6 juillet 1712. Elle était morte avant cette date *(Titres de M. Brunet de la Charie)*.

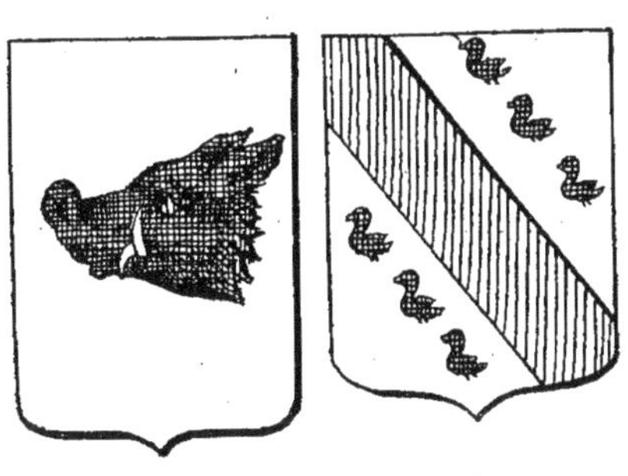

CARRÉ : *D'argent à la bande de gueules accompagné de 6 merlettes de sable 3 en chef et 3 en pointe.*

XIIIe DEGRÉ

LOUIS JARRET, premier du nom, écuyer, seigneur des Terres-

(1) *Paroisse de Saint-Just des Verchers.* « 23 août 1637, baptême de Charles, fils de Jacques Jarret et de Marguerite Brault ; parrain, Charles Jarret, écuyer, sieur du Boulay ; marraine, Elye de Fiesques ».

(2) DE LA HUNE : *d'argent à 2 chevrons de sable accompagnés de 3 coquilles de gueules.*

(3) *Archives de Maine-et-Loire,* E. 2.913. Ce contrat fut passé en présence de Messire Albert du Chastel, écuyer, seigneur de Billé, paroisse de Coutures, dame Honorée de la Hune, épouse de Jean Jousselin, écuyer, demeurant à Saint-Georges-des-Sept-Voies.

(4) *Paroisse de Saint-Just des Verchers.* « 20 août 1637, baptême de Pierre, fils des mêmes parrain Pierre Maliverné, écuyer, sieur de Destourbe, marraine Hélène Descoublant. »

Noires, Bellevue, baptisé à Doué le 8 février 1634 (1), partagea son frère et ses sœurs en 1654 (2) par acte passé devant Vau, notaire à Doué. Il épousa, par contrat du 21 septembre 1656, reçu par Joseph Gougeon, notaire de Chemillé, Renée CARRÉ, dame de Langardière, fille de feu Julien Carré, écuyer, seigneur de Maubuisson et de Valentine de Brossard (3).

Il fut maintenu le 29 septembre 1668, par Voisin de la Noiraye (T. G., p. 15). L'année suivante il fit sa déclaration pour ses biens à Douces (4). Il était mort avant le 2 août 1704, jour où sa veuve fut marraine de son petit-fils, Giles-René. En 1659, elle le fut d'une cloche, aux Verchers (5), et mourut le 1er juillet 1719. Ils avaient eu de leur mariage cinq enfants :

1° Joseph-Louis, écuyer, seigneur des Terres-Noires, d'Halbeuf et de Bellevue, baptisé le 26 octobre 1661 (6), curé de Saint-Michel en Touraine, de la fin de 1695 jusqu'en 1714, puis du Coudray-Macouard. Il y mourut en 1727, après deux ans de maladie. Le 17 novembre 1716 il assista, à Magé, au contrat de mariage de René-Antoine Jarret de la Mairie et d'Ambroise de Malaunay, son cousin

(1) *Registres de Doué.* Le 8 février 1634, baptême de Louis, fils de Jacques Jarret, écuier, sieur des Terres-Noires et d'Halbœuf, et de damoiselle Marguerite Bérault, paroissiens de St-Laurent de Forges, lequel enfant a été apporté en nourrice dans la paroisse de Doué et a été baptisé par Mire Mathurin Boutin, prêtre habitué, en l'église de la dite paroisse, et ont été parrain et marraine Louis Jarret et Françoise Gueniveau. Signé : M. Boutin, prêtre. Louis Jarret.

(2) et (3) Ancienne liste des archives de Monchenin. — Langardières (les), hameau, commune du Marillais. *Dictionnaire de Maine-et-Loire.*

(4) Déclaration des choses héritaux que Louis Jarret, écuyer, sieur des Terres Noires et de Bellevue, héritier de deffunt Jacques Jarret, écuyer, son père, tient au dedans de la chastellenie de Doulces.

Premièrement. Sa maison du Bouchet, vulgairement appellée des Terres Noires, située en la dite paroisse, couverte d'ardoise et de thuille, composée de chambres et greniers au dessus, granges, estables, court, jardins.... contenant 12 boissellées et en outre de nombreuses terres et patis.... pourquoi il était dû à la feste Notre-Dame 21 sols de cens et devoir féodal et 2 bianes et corvées.... pour voiturer les blés de la dite seigneurie en la ville d'Angers.... (signature), le 9 décembre 1669 (*Archives de Maine-et-Loire*, G., 494, p. 163).

(5) J'ay esté beniste par Messire Louis des Roches, curé de céans, et parrain Messire Pierre de Cuissart, chevalier, sieur de Mareil, mari de Gilberte de Bussy, dame des Fontaines, et marraine dlle Renée de Carré, épouse de Louis Jarret, chevalier, sieur des Terres noires, 1659.

(6) *Paroisse de Chanzeaux.* « Le 26e octobre 1661 a été baptisé en l'église de céans, par moi prêtre soussigné, Joseph-Louis Jarret, fils de Louis Jarret, équier, seigneur de Terre noire et de dlle Renée de Carré, son épouse, a été parrein Raoul Petit, chevalier, sieur de la Rouayrie et de Gastines, et marreine dlle Marguerite Jarret ; la minute signée Raoul Petit et F. Guignard, prêtre. »

issu de germain, comme porteur de la procuration de Jeanne du Pas, mère du futur.

En juillet 1719, il annonçait à son cousin, René-Antoine Jarret de la Mairie, la mort de sa mère, décédée le premier jour de juillet. « Je suis « seul, ma sœur de Bellevue est à Albeuf avec ma sœur de la Roulière « qui est inconsolable.... »

2° Louis Jarret, qui suit.

3° Anne Jarret, de Bellevue, marraine à Saint-Just-des-Verchers, le 2 mai 1709, de sa nièce, Marie-Anne Antoinette Jarret, épousa Jean Artus de Cissay (1), écuyer, qui, le 4 février 1735, fut parrain de Marie-Louise-Renée Jarret, sa nièce, à Saint-Just-des-Verchers. Elle testa le 10 mai 1757, et mourut avant le 25 août 1758 (2).

4° Charlotte-Jeanne Jarret, dame de la Roullière, signe à un baptême aux Verchers le 30 janvier 1693, et le 21 octobre 1705 fut marraine de Charles-Joseph Jarret, son neveu.

5° Renée Jarret, épousa à Forges, le 30 janvier 1703, Joseph Desturmy, sieur de Villecourt, ancien garde du corps du roi, et y mourut le 27 avril 1709.

Le Jeune : *De gueules au créquier d'argent de 8 branches la branche supérieure senestre chargée d'un écusson d'argent à 2 fasces de sable.*

XIVe DEGRÉ

2° Louis JARRET deuxième du nom, chevalier, seigneur de la

(1) De Cissay : *d'azur à 3 bandes d'argent, à l'étoile d'or posée en chef au canton senestre* (Beauchet-Filleau).

(2) Par son testament, reçu par Charles Cercler, notaire à Saumur, elle léguait à sa petite nièce, Marie-Madeleine-Henriette Jarret (qui épousa par la suite J.-C.-G. Brunet de la Charie), 500#, six couverts et un goblet d'argent.

Roullière, Bellevue, de Beaumont, baptisé le 18 août 1672 (1), épousa, par contrat du 12 mars 1701 (2), Marie-Sainte Le Jeune, de Bonnevaux, fille de messire Gilles Le Jeune, chevalier, sieur de Bonnevaux et d'Assigné et de Marguerite Porcheron de Sainte-Gemmes. Ce mariage fut célébré le 19 mai, dans la chapelle de Beaumont, en Saint-Jean-des-Mauvrets (*Archives de Maine-et-Loire*, t. II. Supplément, E. p. 300). En 1702 il demeurait à Angers, paroisse de la Trinité.

Il mourut le 8 mars 1735 (3), et sa femme le 12 janvier 1710 (4), laissant cinq enfants.

1° Henri-Louis Jarret, qui suit.

2° Gilles-René Jarret, né le 31 juillet 1704, baptisé le 2 août (5).

3° Charles-Joseph Jarret, né le 20 octobre 1705, baptisé le lendemain, mort le 20 décembre suivant (6).

4° Joseph-Marie-Étienne Jarret, mort le 8 mars 1708 à l'âge de deux mois (7).

5° Marie-Anne-Antoinette Jarret, dame de Beaumont, baptisée le 2 mai 1709 en la paroisse de Saint-Just-des-Verchers où elle fut inhu-

(1) *Paroisse de Douces.* « 1672, 18 août, baptême de Louis, fils de noble homme Louis Jarret, sieur des Terres-Noires, parain Messire Claude de Chardon, doyen du Puy Notre-Dame. » (*Archives de Maine-et-Loire*. Supplément E. p. 11).

(2) Devant Martin Gaudicher, notaire à Angers (*Protocole de Deville*). *Bibliothèque d'Angers*, mss. n° 1004, t. X, p. 227.

(3) D'après une lettre de son fils annonçant sa mort à son cousin, M. de la Mairie.

(4) *Paroisse des Verchers.* « Le dimanche 12 janvier 1710 a été inhumé dans l'église de cette paroisse, le corps de feue dame Marie Le Jeune de Bonnevaux, agée de quarante-deux ans, ont assisté à la sépulture Messire Louis Jarret, chevalier, sieur de la Roullière, son veuf, et plusieurs autres parans et amis de laditte dame deffunte. Signé : R.-J. Peschin. »

(5) *Idem.* « Le 2 août 1704, Gilles-René, né du 31 du mois dernier, fils de Messire Louis Jarret, chevalier, sieur de la Roullière et de dame Marie-Sainte Le Jeune, a été baptisé par nous soussigné, chapelain de Sainte-Croix, parain Messire Gilles Le Jeune, chevalier, sieur de Bonneveau et maraine Dame Renée de Carré, veufve de Messire Louis Jarret, écuier, sieur des terres noires. Signé : Louis Jarret, G. Le Jeunne, Renée de Carré, Mauxion, curé de Saint-Pierre de Verché, R. J. Peschin, curé de Saint-Just de Verché. »

(6) *Saint-Just-des-Verchers.* « 21 octobre 1705, a été baptisé Charles-Joseph, né d'hier (fils des mêmes), parain Jean-Henri Le Meignen, chevalier, sieur de Monchenin, maraine Charlotte-Jeanne Jarret, fille de deffunt Messire Louis Jarret et de dame Renée de Carré, de la paroisse de Forges, ont signé : Louis Jarret, Jean-Henri le Meignen, — enterré dans l'église le 20 décembre 1705. »

(7) « Le 8e jour de mars 1708 a été inhumé à Saint-Pierre des Verchers par nous soussigné le corps de Joseph-Marie-Etienne Jarret, âgé de deux mois (fils des mêmes). Mauxion, curé de Saint-Just-des-Verchers.

mée le 16 avril 1733 (1). Elle avait signé à des baptêmes aux Verchers de l'année 1728 à 1732. Le 16 juin 1732, elle assistait au mariage d'Henri-Louis Jarret et de Marie-Anne de la Clau.

DE LA CLAU : *Écartelé fascé d'or et d'azur de 6 pieces et d'azur à la colombe d'argent, à la clef de même brochant sur le tout* (Poitou).

XVe DEGRÉ

HENRI-LOUIS JARRET, chevalier, seigneur d'Hallebeuf, de la Roullière, Monchenin, Paillé, Beaumont, né le 30 juiliet 1702 (2), épousa en la chapelle du château de Montreuil-Bellay, le 13 juin 1732, Marie-Anne-Françoise DE LA CLAU, fille de feu Jean-Armand de la Clau, chevalier, sieur de la Roche-Maupertuis, et de dame Marie Amiraud *(Preuves XXV).*

Le 6 juin 1743, ils vendirent la Jarnotière, en Saint-Nicolas-de-Bourgueil, à messire Jean-François Blondeau, de Saumur, pour 3.250#, employées à payer la terre de Paillé acquise par eux, le

(1) *Saint-Just-des-Verchers.* « Le jeudi 2e jour de may 1709, a été baptisée Marie-Anne-Antoinette (fille des mêmes),a été parrain Messire Marc-Antoine de Gennes, aumosnier de l'église d'Ambillou, et la maraine d[lle] Anne Jarret de Bellevue, tante de l'enfant qui ont signé, présents le père et les autres personnes parents et amis : Louis Jarret de la Roullière, Marc-Antoine de Gennes, Anne Jarret, D. Mauxion, curé de Saint-Pierre, R.-J. Peschin, curé. »

Idem. « 16 avril 1733. Sépulture de Marie-Anne-Antoinette, fille de Messire Louis Jarret, chevalier, sieur de la Roullièrre, âgée de vingt-quatre ans. »

(2) *Paroisse des Verchers.* « Le jeudi 13 août 1602, a été baptisé à Saint-Just par nous curé soussigné, Henri-Louis, né le dimanche 30 juillet, fils de Messire Louis Jarret, chevalier, sieur de la Roullière et de Marie-Sainte Le Jeune de Bonnevaux, parain Messire Joseph-Louis oncle paternel, chevalier, sieur d'Albeuf, curé de la paroisse de Saint-Michel en Touraine, et maraine Marguerite Porcheron de Sainte-Gemme, ayeule maternelle de l'enfant, veuve de Messire Gilles le Jeune, chevalier, sieur de Bonnevaux et d'Assigné présents : Dame Renée de Carré, aieul paternelle. Signatures. »

26 mai 1742. Elle avait vendu le 16 avril 1774 avec son fils, Henri-Armand, la terre d'Hallebeuf, à Messire Joseph-François Foullon, seigneur de Chaintré et le Pont-de-Varennes *(Preuves XXVI)*.

Il fut inhumé le 10 juillet 1762 *(Preuves XXVII)*, elle décéda le 20 mai 1780 (1). Ils avaient eu :

1° Henri-Armand JARRET, qui suit.

2° Marie-Louise-Renée JARRET, baptisée le 4 février 1735, morte le 12 novembre 1736 (2).

3° et 4° Louise et Anne JARRET, nées le 28 décembre 1735, mortes le lendemain (3). Leur marraine devait être Ambroise de Malaunay, femme de Henri-Antoine Jarret de la Mairie.

5° Louis JARRET, baptisé le 31 mars 1739, capitaine commandant au régiment de Rouergue-Infanterie, chevalier de l'ordre royal et militaire de Saint-Louis, mort le 7 avril 1781 (4).

(1) *Paroisse Saint-Just des Verchers.* « Le 21 mai 1780 a été inhumé dans le cimetière de ce lieu par nous curé soussigné, le corps de feue Dame Marie de la Clau, veuve de Messire Louis Jarret, chevalier, sieur de Monchenin, décédée d'hier agée de soixante-trois ans. Ont été présents les soussignés D. Joubert, curé de Saint-Pierre de Verché, Chamart, vicaire, F. Brizard, curé de Saint-Just de Verché, Brunel, curé de la Lande. »

(2) *Idem.* « Le 4 février 1735, Marie-Louise-Renée, fille de Messire Henri-Louis Jarret, chevalier, sieur de la Roullière et de Dame Marie-Anne-Françoise de Laclau, a été baptisée par nous soussigné. A été parrain Messire Jean Artur de Sissay, écuier, oncle paternel, et marraine dame Renée Lamiraut, cousine maternelle, qui ont signé avec nous. »

Idem. « Le 12e jour de novembre 1736 a été enterrée dlle Marie Jarret, agée de vingt-deux mois. Mauxion, curé de Saint-Pierre. »

(3) *Idem.* « Le 29e jour de décembre 1735 sont décédées en la maison de la Joubardière, en cette paroisse, dlles Louise et Anne Jarret, nées et baptisées le jour précédent et enterrées aujourd'hui dans l'église de Saint-Just par nous curé, à la prière et réquisition des parents. Mauxion, curé de Saint-Pierre. »

(4) *Paroisse de Nueil.* « Le 31 mars 1739, baptême de Louis, fils des mêmes. Parain Messire Marc-Antoine de Gennes, écuyer, sieur des Monceaux, de Baugé, et maraine dlle Jeanne Hardouin. »

Idem. « Le 8 avril 1781 a été inhumé au cimetière de cette paroisse, le corps de Messire Louis Jarret, écuyer, chevalier, capitaine commandant au régiment de Rouergue-infanterie, chevalier de l'ordre royal et militaire de Saint-Louis, décédé hier, âgé de quarante-deux ans, à Monchenin, en présence de Messire Henri-Armand Jarret, écuyer, sieur de Monchenin et autres lieux, son frère, de Messire Jean-Charles-Gabriel Brunet, écuyer, sieur de la Charie, son beau-frère, de Messire Gabriel-Louis-Marie Brunet, écuyer, sieur de Brossay, son neveu maternel, de Messire André-Jean-Gabriel Brunet, écuyer, sieur de la Charie, de Messire Louis-Gabriel Brunet, écuyer, sieur de la Rivière, ses neveux maternels, de Messire Jean de la Selle, écuyer, sieur d'Echevilly, de Jacques Rhimbault, du sieur Denis Joubert, curé de Saint-Pierre des Verché. »

6° Marie-Madeleine-Henriette JARRET, baptisée le 17 octobre 1740 (1), épousa, par contrat reçu par Thomas Loiseleur, notaire à Saumur, le 25 août 1758, Messire Jean-Charles-Gabriel Brunet, chevalier, seigneur de la Charie. Ce mariage fut célébré à Saint-Pierre des Verchers le 25 septembre suivant et avait été ratifié le 2 par devant les notaires de la baronnie de Monfaucon, par Messire Louis Brunet, chevalier, seigneur du Meslier, veuf de Dame Suzanne Moreau de la Robinière (2). *(Preuves XXVIII.)* Il mourut le 18 mars 1789.

7° Louise JARRET, née le 27 janvier 1747 et baptisée le lendemain, morte le 7 avril suivant et inhumée en l'église des Verchers le 8 (3).

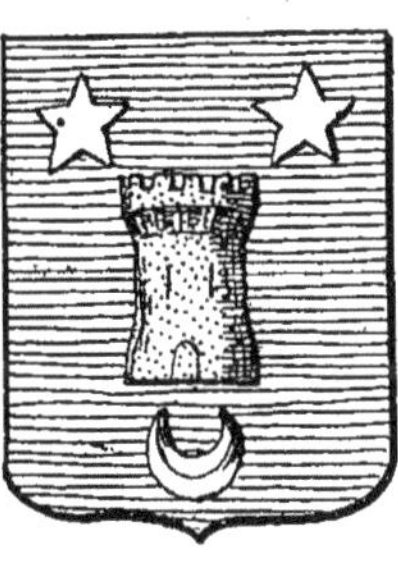

BRUNET : *D'azur à la tour d'or accompagnée en chef de 2 étoiles d'argent et en pointe d'un croissant de même.*

XVIe DEGRÉ

HENRI-ARMAND JARRET, chevalier, seigneur de Monchenin, Bellevue, La Pacaudière (4), Paillé (5), Piquentin, né le 10 mars 1733, fut baptisé le lendemain à Saint-Pierre de Montreuil-Bellay (6).

(1) *Paroisse de Nueil* « Aujourd'hui 17e octobre 1740, Magdeleine-Marie-Henriette, née du jour, fille de Messire Henri-Louis Jarret, chevalier, seigneur de Monchenin et a été baptisée par nous prêtre soussigné. A été parrain Messire Henri-Armand Jarret et maraine Damoiselle Magdeleine de la Barre qui ont déclaré ne savoir signer. Le père a signé avec nous Jarret de la Roullière, A. Poupard, prêtre. »

(2) Parmi leurs enfants, Henri-Jacques-Gabriel, époux en 1790 de Victoire de Crozé, grand-père d'Henri Brunet de la Charie, lieutenant de vaisseau, chevalier de la Légion d'honneur, marié en 1859 à Marthe, fille de Félix Le Tessier de la Pomerie et de Caroline Jarret de la Mairie.

(3) *Idem.* « Le 28 juin 1747, baptême de Louise Jarret, née d'hier (fille des mêmes). Parain Nicolas Cuissard, maraine Marie-Anne Chereau. »

(4) La Pacaudière, commune des Verchers : ancien fief à Henri-Armand Jarret en 1776 *(Dictionnaire de Maine-et-Loire).*

(5) Paillé, commune de Nueil-sous-Passavant.

(6) *Registres de Montreuilbellay.* « L'11e jour de mars 1733 a été baptisé dans cette église paroissiale de Saint-Pierre, par nous, Estienne Delorme, chanoine dans l'église collégiale du château de Montreuil-Bellay, Henri-Armand, né de ce jour, fils légitime de Messire Henri-

Il épousa, en juin 1780, sa cousine-germaine, Marie-Adélaïde Brunet, née le 14 février 1765 à Montreuil-Bellay, fille de Jean-Gabriel Brunet, chevalier, seigneur de la Charie et de Marie-Madeleine-Henriette Jarret. Le 16 avril 1764, sa mère et lui vendent à Messire Joseph-François Foullon, la terre d'Halbeuf. Il fut convoqué, parmi les gentilshommes de la sénéchaussée de Saumur, pour la nomination des députés de la noblesse aux États-Généraux de 1789 (1). Il mourut à Monchenin le 6 novembre 1792, laissant cinq enfants.

Sa veuve ne tarda pas à être mise en arrestation, ses propriétés furent dévastées et ses meubles pillés. Elle épousa en secondes noces, le 25 décembre 1794, Jean-Baptiste Cadeot, qui, dit-on, lui avait sauvé la vie et qui, sous la Restauration, est devenu procureur du roi à Cayenne (2).

Ils habitaient, en 1805 et 1809, la Trochoire, ancien château à Couziers (Indre-et-Loire).

1° Henri-Louis Jarret, qui suit.

2° Adélaïde-Monique-Henriette Jarret, née le 2 avril 1782 (3), décédée à Beaufort sans postérité le 1er août 1877, veuve de Jean Rocher.

3° Élisabeth-Henriette Jarret, née le 29 novembre 1783, baptisée le lendemain (4), épousa, par contrat reçu par Sarret, notaire à Laval,

Louis Jarret de la Roullière, chevalier, sieur de Beaumont et de Dame Marie-Anne-Françoise de la Clau. Ont été parain et maraine Messire Louis Jarret, chevalier, sieur de la Roullière et Dlle Marie Amirault, veuve de Messire Armand-Jean de Laclau, chevalier, sieur de la Roche-Maupertuy, qui ont avec nous signé et qui sont ayeul et ayeule dudit enfant..... Signatures. Delorme, prêtre chanoine prieur.

(1) La Roque et Barthelemy, p. 25.

(2) Ils eurent un fils, Jean-Baptiste-Armand Cadeot, né à Nueil le 26 messidor an III. Il a été Ordonnateur à Cayenne et a laissé postérité.

(3) *Nueil-sur-Passavant.* « Le 2 avril 1782, a été baptisée Adelaïde-Monique-Henriette, née ce jour de Messire Henri-Armand Jarret, écuyer, sieur de Monchenin et autres lieux et de Dame Marie-Adelaïde Brunet. Ont été parrain Messire Jean-Charles-Gabriel Brunet, écuyer, sieur de la Charie, aïeul maternel et marraine Dlle Monique Brunet, chargée de procuration de Dlle Ambroise-Perrine Jarret de la Mairie, passée devant Jean-François Mauguin, notaire royal au Maine, à la résidence de Nogent-le-Bernard, en date du 10 mars dernier, ladite Dlle Brunet, tante maternelle. En présence de Messire Henri-Armand Jarret, père et de Messire Gabriel-André-Jean Brunet, écuyer, sieur de la Charie et Henry Brunet, écuyer, oncles maternels. »

(4) *Idem.* « Le 30 novembre 1783 a été baptisé Élisabeth-Henriette, née d'hier, fille des mêmes.

le 1er février 1809, Pierre-Louis-Marie Vannier. Ils ont eu un fils, Edmond-Pierre Vannier, avocat, décédé sans alliance à Laval le 26 janvier 1893.

4° Henriette-Honorée JARRET, née le 29 octobre 1786, baptisée le lendemain (1), morte le 2 octobre 1789.

5° Flore JARRET, née le 15 novembre 1787 et baptisée le 26 (2).

DE BUZELET : *D'argent au croissant d'argent accompagné de 3 roses d'or 2 et 1.*

XVIIe DEGRÉ

HENRI-LOUIS JARRET, chevalier, seigneur de Monchenin, né à Nueil-sous-Passavant (3), le 28 mars 1781, y fut baptisé le lendemain et y mourut le 21 avril 1821. Il avait épousé, en l'église de Cerizay, le 1er août 1809 (4), Charlotte-Henriette DE BUZELET, fille de feu

(1) *Nueil-sur-Passavant.* « Le 30 octobre 1786 a été baptisée Henriette-Honorée, née d'hier, fille des mêmes. »

(2) *Idem.* « Le 16 novembre 1787 a été baptisée Flore, née d'hier, fille des mêmes. »

(3) *Paroisse de Nueil.* « Le 29 mars 1781 a été baptisé Henri-Louis, fils de Messire Henri-Armand Jarret, écuyer, sieur de Monchenin et de Dame Marie-Adelaïde Brunet, née d'hier. Ont été parrain Messire Louis Jarret, capitaine commandant au régiment de Rouergue-infanterie, chevalier de l'ordre royal et militaire de Saint-Louis, représenté par Messire Gabriel-Louis-Marie Brunet, écuyer, sieur du Brossay et marraine Marie-Madeleine-Henriette Jarret, épouse de Messire Jean-Charles-Gabriel Brunet de la Charie, écuyer, sieur de la Charie, les susdits parrain et marraine, oncle et grand'mère de l'enfant, en présence du susdit Brunet de la Charie, beau-père du susdit Henri-Armand Jarret, père de l'enfant, de Messire Gabriel-Guy-Marie Brunet, chevalier, oncle maternel de l'enfant et d'Alexandre-Louis d'Ailly, gendarme écossais, son cousin-germain et autres. »

(4) Par une lettre datée de Douai, 19 juillet 1809, il annonçait son mariage à son cousin, Henri Jarret de la Mairie : « Je suis bien heureux et flatté qu'un événement aussi heureux « que le futur mariage que je vais contracter le 1er août, me procure l'honneur de renouer « et renouveler connaissance avec une famille qui porte mon nom et mes armes et que « les malheurs de la Révolution avaient forcée, par l'éloignement, à ne plus penser à se voir.

Jacques-César-Dominique-Alexandre de Buzelet, ancien page du roi, capitaine d'artillerie, chevalier de Saint-Louis, et de Marie-Rose Bodet de la Fenêtre. Son mariage civil (1) avait eu lieu à Cerizay le 30 juillet en présence de sa mère, d'Henri-Jacques-Gabriel Brunet de la Charie, son oncle, demeurant au Coudray-Macouard, de Pierre-Alexandre Gourdon de Larchenon, demeurant à Saint-Aubin du Plain, oncle paternel de la future, et Charles-Adrien-Henri Bodet de la Forêt, son oncle maternel.

Elle est décédée à Nueil le 25 juin 1850, âgée de soixante-seize ans.

Ils eurent :

1° Henri-Louis-Alexandre JARRET de Monchenin, qui suit.

2° Mélanie-Caroline JARRET, née à Neuil le 28 juillet 1819, décédée le 4 juin 1880 à Monchenin, avait épousé, le 15 novembre 1836, Charles Regnard, mort le 12 juillet 1883.

XVIIIe DEGRÉ

HENRI-LOUIS-ALEXANDRE JARRET de Monchenin, né le 7 mars 1816 à Nueil, où il est mort sans alliance le 30 avril 1836.

« Vous vous êtes, Monsieur, rapproché de l'ancienne terre de mes pères que je vais sous peu « de temps habiter, j'espère être assez heureux pour vous y recevoir.

« J'épouse Mademoiselle de Buzelet de la Roche, une des plus anciennes femilles du « Poitou..... Votre très humble et obéissant serviteur, H. JARRET. »

(1) Mariage civil, commune de Cerizay. 30 juillet 1809. Ont comparu : Henri-Louis-Jarret, âgé de 28 ans, demeurant à Brossay, commune de Cleré, fils d'Armand Jarret et de dame Marie-Adélaïde de Brunet, demeurant à la Trochoire, commune de Crouzier, actuellement femme de J.-B. Cadeau, et demoiselle Catherine-Henriette de Buzelet, âgée de 24 ans, fille majeure de défunt Jacques-César-Dominique-Alexandre de Buzelet et de feue dame Marie-Rose Bodet de la Fenestre, en présence de sa mère, des personnes déjà citées, de Jules-Maximilien Gain, maire de Montreuil-Bellay.

BRANCHE DE LA MAIRIE

Xe DEGRÉ

Louis JARRET, écuyer, seigneur de la Roche ; connu sous le nom « des Roches-Jarret », et seigneur de la Mairie, du chef de sa femme, était fils de Jacques Jarret et de Marguerite Le Bigot (voir page 57). Il naquit à Halbeuf, en Saint-Laurent-de-Forges, près Doué, vers 1607. Il habitait cette paroisse, et vraisemblablement chez son frère, lorsque le 24 février 1634, par contrat reçu par René Gautron, notaire à Marcilly, il épousa demoiselle Anne Moreau de la Mairie, fille mineure de feu Félix Moreau, écuyer, seigneur de la Mairie, maréchal des logis de la reine Marguerite de Valois et de Jacqueline de Meaulne. Son père et sa mère n'existaient plus ; il était assisté de Jacques Jarret, écuyer, seigneur d'Halbeuf, son frère aîné, et de Marthe Jarret, veuve de n. h. André Guéniveau, sieur de la Galpesière, sa sœur (1), demeurant à Doué, paroisse de

(1) Leur fils, Nicolas Guéniveau, fut baptisé en l'église Saint-Pierre, à Doué, le 31 mai 1623. Il eut pour parrain : n. h. Nicolas Jarret, écuyer, sieur des Roches-Jarret, et damoiselle Marthe Le Bigot.

Saint-Pierre, et Anne Moreau, de Jacqueline de Meaulne, sa mère, de Jacques de Meaulne, écuyer, seigneur de la Vallée, de Louis de Meaulne, écuyer, seigneur des Fourneaux, de la paroisse de Braye, de Mathurin de Loré, écuyer, seigneur de la Maillardière en Meigné-le-Vicomte, époux de Marie de Meaulne (1), ses oncles, et de Pierre de Meaulne, écuyer, son cousin. Les apports de Louis Jarret étaient de 2.100 livres (2). Jacqueline de Meaulne (3) se départ de toute prétention sur les biens de son mari, ses deniers dotaux, de son douaire et de la succession en usufruit qui lui est échue par le décès de Gilbert Moreau, son fils, à condition qu'elle sera nourrie et entretenue par les futurs époux suivant sa qualité, et pour le cas où ils ne pourraient s'accommoder de cette clause, ils lui feraient 100# de rente. Ce contrat fut passé à la Mairie en présence des personnes déjà citées, de Charles de Meaulne, écuyer, seigneur de Civray, de Laurent Adam, écuyer, seigneur de la Roche, l'un des cent gentilshommes de la maison du Roy, de n. h. Estienne Druillet, sieur du Clos, de Me René Peschet, notaire à Braye, et de Me Michel Hardouin, notaire à Montreuil-Bellay, témoins. (4).

D'après ce mariage, la communauté de biens devait exister entre les futurs époux ; « pour la nécessité de leurs affaires », ils y renoncèrent le 10 mai 1634, devant le bailli de la châtellenie de Braye (5). La bénédiction nuptiale leur fut donnée en l'église de Braye le 26 juillet par le curé de cette paroisse (6).

(1) Décédée veuve et inhumée le 17 février 1658 dans l'église de Braye devant l'autel de Notre-Dame.

(2) 500# de la succession de son père, 1.600# de celles de sa mère, Marthe Le Bigot, et de son aïeule, Marie Bellanger, sur lesquelles 600# étaient dues par Marthe Jarret, sa sœur, d'après une transaction du 20 février 1634 passée devant Besson, notaire à Doué, mais elle refusa de les payer avant qu'il eût prouvé avoir 25 ans accomplis. Comme il ne put retrouver son acte de naissance sur les registres de Forges, il eut recours à diverses attestations de témoins (*Preuves XXIX*). Sur les apports de Louis Jarret, 400# devaient être employées pour le réméré du contrat de la vente au sieur de la Chaize du fief de la Saullaye (Villiers-au-Bouin) consentie par Jacqueline de Meaulne et sa fille.

(3) Dans son livre de compte, on trouve cette curieuse mention : « Le 13e décembre 1623, Maistre Antoine, tailleur du Lude, m'a apporté la robe de ma fille, de camelot gris de lin cramoisy, toute chamarrée de veloutay incarnat et gris, ouverte, les manchons à bouillons de tafetas incarnat d'Espagne. Il a fourni le tout, et pour ma robe de serge il l'a fourny de tout fors de la serge. Le tout me coute 60 livres, deux douzaines d'avoine, 3 boisseaux de seigle. »

(4) Original en papier avec signatures autographes.

(5) *Preuves XXX*.

(6) *Livre-journal de Louis Jarret*.

Avant son mariage, « il avait continuellement été vu à Forges, fors quelque temps qu'il était aux guerres ». Il servait en 1635 dans l'arrière-ban d'Anjou, sous Charles du Bellay, marquis de Thouarcé, qui lui donna congé le 15 novembre, d'après les ordres qu'il avait reçus du Roi au mois d'octobre de la même année. Le 24 août 1640, le roi Louis XIII, étant à Angers, lui donna commission pour lever et mettre sus, le plus diligemment qu'il lui sera possible, une compagnie de 100 hommes de guerre à pied françois, au régiment du chevalier de Montécler. Le 20 décembre 1642, il se trouvait à Doullens où, par sentence rendue ce jour par le conseil de guerre, quatorze déserteurs de sa compagnie étaient condamnés par contumace à être pendus. On voit par deux certificats du chevalier de Montécler, du 8 mai 1643 et du 14 novembre 1644, qu'il était encore à Doullens, servant bien le roi (*Preuves XXXI-XXXIV*). Il fut sans doute, dans ces circonstances, obligé à de grandes dépenses, et, le 9 décembre suivant (1), il empruntait 300# de Pierre Le Gouz, écuyer, seigneur du Plessis (*Preuves XXXV*). Le 14 avril 1665, il était à Paris où il avait élu domicile en l'hôtel de Monsieur l'évêque d'Auxerre, Isle Notre-Dame, rue de Bretonvilliers ; il comparaît au bureau des saisies réelles et, tant en son nom que comme mari d'Anne Moreau, héritière en partie de Marie-Lucresse de Meaulne, sa tante, déclare faire opposition à la vente de la terre et seigneurie de Fourneaux-en-Braye, saisie sur Pierre de Meaulne, écuyer, sieur de la Goupillère, et demoiselle Jeanne de Ceylus, son épouse. Il fut maintenu dans sa noblesse par Voisin de la Noiraye le 19 septembre 1668, en s'aidant de l'arrêt obtenu le 29 février précédent par Louis Jarret, seigneur des Terres-Noires. (*Titres Généraux*, p. 15).

(1) Par acte passé à la Mairie par René Gaultron, notaire à Marcilly, Louis Jarret, écuyer, seigneur des Roches-Merye, capitaine d'une compagnie entretenue du régiment de Monsieur le Chevalier de Montécler, et Anne Moreau, ont constitué sur tous leurs biens à Pierre Le Gouz, écuyer, seigneur du Plessis, la rente de 16# 13 s. 4 d. contre le versement de 300#. Pour la rembourser, Anne Moreau, avec la procuration de son mari donnée le 20 juin 1644 devant le même notaire, transporte, par acte reçu de lui le 8 novembre 1644, audit Pierre Le Gouz la somme de 514# 3 s. 10 d. qui étaient dues à son mari par Louis de Fay, écuyer, sieur de la Noue, de la paroisse des Verchers, et sur laquelle, après s'être payé de 300# et de quatre années d'intérêts, il a versé le reste.

Précédemment, pendant un de ses séjours à Paris, sa femme lui avait adressé un inventaire de titres à présenter aux commissaires de Sa Majesté (*Preuves XXXVI*). La tradition rapporte que, se trouvant de passage à Château-la-Vallière à l'hôtel de l'*Écu*, il avait tué d'un coup d'épée quelqu'un qui l'avait grossièrement insulté. On en trouve confirmation dans le Registre pour servir aux délibérations du Conseil de Madame la duchesse de la Vallière du 26 décembre 1667 (1) : « Sur ce qu'un gentilhomme nommé « des Roches-Mairie avait été condamné par le baillif de Châteaux « d'avoir la tête tranchée et 150# d'amende envers M[e] la duchesse, « lequel depuis aurait obtenu sa grâce par laquelle le Roy le remet « dans ses biens et honneurs ensemble toute amende, a été arrêté « de poursuivre le paiement de la dite amende, le Roy, par ses « lettres de rémission (2), n'ayant pu comprendre ce qui ne lui « appartient pas. »

On ignore l'époque de sa mort. On sait qu'Anne Moreau était veuve dès avant le 10 juillet 1671 (3) et qu'elle vivait encore le 11 juin 1672. Ils eurent :

(1) Ce conseil était composé de Messieurs Gomont, Bilain, Le Fouin, Prieur et Testu, secrétaire. A Paris, le 8 janvier 1668, il fut tenu chez Colbert. Ces délibérations sont contenues dans un registre en papier de 86 feuilles, recouvert d'une peau de daim. Sur les plats sont coloriées, sur papier, les armes de la duchesse, dans un losange surmonté d'une couronne ducale entourée de deux palmes. Le lion léopardé, coupé d'argent et de sable, est *couronné*, ce qui n'est pas mentionné dans la description des armoiries de la duchesse donnée par J. Lair, membre de l'Institut, auteur de *Louise de la Vallière*, ni par Eugène Le Brun dans *Les Ancêtres de Louise de la Vallière*, quoique les deux publient, l'un une carte du duché, l'autre un portrait de la duchesse, où se trouve son écusson avec le lion couronné. Il en est de même pour les armoiries gravées de la duchesse de la Vallière, née de Noailles, qui, comme un *ex-libris*, figurent sur des volumes donnés en prix : Ex MUNIFICENTIA J. D. M. T. DE NOAILLES D. D. DE LA VALLIÈRE. Ce registre, communiqué par Me Play, notaire à Château-la-Vallière, a été conservé par lui lorsqu'il a cédé son étude.

(2) Les recherches les plus actives n'ont pu faire retrouver les lettres de rémission.

(3) Elle est qualifiée veuve de Louis Jarret, dans l'assignation remise le 10 juillet 1671, à son fils René-Antoine, pour qu'elle eut à comparaître aux assises de la châtellenie des Huraudières, paroisse de Thorée (Sarthe). Dans un acte reçu le 24 septembre 1671 par Joseph Goupilleau, notaire de la châtellenie et prévôté de Braye, y demeurant, est nommée comme à cette date habitant la Mairie damoiselle Anne Moreau, veuve de deffunct Louis Jarret, écuyer, sieur de la Roche-Meirie, fondatrice de la chapelle St-Adrien et jouissant du revenu temporel d'icelle. Le 11 juin 1672, elle comparaît, aux mêmes qualités, devant le même notaire qui résidait alors à Marcilly.

Il paraît certain qu'Anne Moreau a dû mourir avant le 30 janvier 1776, car, s'il en eût été autrement, son fils, le Père des Roches (Claude-Louis Jarret), Jésuite, en écrivant à cette date à son frère à la Mairie, n'eût pas manqué, comme il l'avait fait précédemment, de parler d'elle.

1° Félix Jarret, né vers 1635, parrain à Braye le 10 juin 1649, fut, sur la présentation de son père, nommé le 9 avril 1650 (1), par les vicaires généraux d'Angers, chapelain de la chapelle Saint-Adrien, desservie en l'église de Braye et dite chapelle de la Mairie (2). Il y fut enterré dès le 18 octobre suivant (3).

2° René-Antoine, qui suit.

3° Anne Jarret, baptisée le 10 octobre 1643, eut pour parrain Martin de Savonnières, seigneur de la Bretesche, et pour marraine Marguerite de Bourdeille, femme de Jacques de Broc, chevalier, baronde Saint-Mars-la-Pile, de Broc, de Lisardière, qui avait été fille d'honneur de la reine Marie de Médicis ; le 24 février 1713 elle est présente au contrat de mariage de sa nièce, Jeanne-Marie Jarret, avec Pierre de Sarcé, meurt le 21 janvier 1716 et est inhumée le lendemain en l'église de Braye (4).

4° Claude-Louis Jarret, né le jour de la fête Saint-Vincent 1647 (5), baptisé à Braye le 25 décembre 1648, élève de rhétorique au collège des Jésuites de la Flèche de 1662 à 1663, entra en 1664 dans la Compagnie où il était connu sous le nom de Louis des Roches : d'abord professeur de sixième à la Flèche (1668-1669), et de cinquième (1669-1670), il fut ensuite envoyé à Rennes (6) pour y professer la quatrième (1670-1671), puis la troisième (1671-1672), et enfin la deuxième (1672-1673). L'année suivante, il revint à la Flèche pour y étudier la théologie et y mourut, car les fatigues de l'enseignement de Rennes, où il dirigeait une classe de plus de 300 élèves, avaient miné sa santé. Il est

(1) Provisions de la chapelle de la Mairie. (Original en parchemin).

(2) Fondée en 1507 par Guillaume de la Mairie (T. G., p. 32).

(3) « Aujourd'hui 18 octobre 1650 a été ensépulturé dans la chapelle de la Merie, proche le chœur de l'église de Brais, par nous curé, Félix Jaret, chapelain de la dite chapelle, fils de Louis Jaret, écuier, sieur des Roches-Merie. Signé : Louis Fournier, curé. » Il avait succédé comme chapelain de la Mairie à Antoine Guérin, ci-devant curé de Mennetou en Berry, qui, le 2 mars 1650, fut inhumé dans le chœur de l'église de Braye. (*Registres de cette paroisse.*)

(4) *Registres de Braye.*

(5) « Ce jourd'hui 25 décembre 1648 a esté baptisé en l'église de céans, par moi curé de Braies, Claude-Louis, fils de Louis Jarret, écuyer, sieur des Roches-Merie, et de demoyselle Anne Moreau, et ont été parrain et marraine Claude Richer, conseiller du Roy et assesseur civil et criminel au siège royal de Baugé, et damoyselle Jeanne de Caillus. Lequel enfant est né le jour de la St Vincent 1647. Signé : Jeanne de Ceylus, Cl. Richer, L. Fournier, curé de Braies. » (*Registres de Braye*).

(6) Fondé vers 1586, le Collège des Jésuites de Rennes compta jusqu'à 4.000 écoliers et ne fut fermé qu'à la suppression de la Société, en 1764. (Ogée, *Dict. de Bretagne*).

qualifié « scholastique » dans la liste des Jésuites ensevelis dans le caveau ouvert sous la chapelle du Collège, où il fut inhumé le 26 octobre 1677. (Renseignements donnés par le P. de Rochemonteix.)

Voici les extraits de deux lettres qu'il adressait à la Mairie à son frère René-Antoine :

A Rennes, 10 may 1671. — Je commence par vous dire que je n'eusse pas esté si longtemps sans vous faire scavoir de mes nouvelles, si je n'eusse espéré retourner à la Flèche parce que j'avais de la peine à me remettre après une fiebvre continue de 36 jours qui m'a bien pensé envoyer en l'autre monde, mais enfin il a plu à Dieu de me rendre une parfaite santé pour me réserver à de grandes peines et me faire continuer dans la plus rude régence qui se puisse imaginer. Ce n'est pas que les écoliers de ce pays n'y soient plus difficiles à gouverner que les autres, tout au contraire, il ne se peut rien voir de plus obéissant, mais c'est parce que la multitude m'accable : j'en ay près de 350, dont la pluspart sont gentilshommes... J'ay trouvé icy ce que je n'eusse jamais espéré, c'est un de nos parents qui porte nostre nom (Pierre Jarret, seigneur de la Trousselière). Il m'est venu voir plusieurs fois... il n'a qu'un garçon, qui sera l'année prochaine mon écolier. Plust à Dieu que vous puissiez passer par icy en allant à Paris, je m'assure qu'il vous recevroit autant bien qu'on le puisse faire... Vous pouvez dire à maman que je suis très content et que je ne me suis jamais mieux porté. Quand je retournerai à la Flèche faire ma répétition de philosophie, je passerai par chez vous.

A la Flèche, 30 janvier 1676. — Je vous écrivis et à ma sœur aussy quelque temps devant les vacances des basses classes, apparemment mes lettres ne vous ont pas esté rendues...; je suis heureux d'estre sorty de Bretagne, car, en vérité, il n'y fait pas bon. On a tellement chargé la pauvre cité de Rennes qu'il luy faut plus de 20 ans pour se remettre. Il a passé depuis quatre à cinq mois par la Flèche plus de 8.000 soldats, ce qui a causé bien du désordre. On ne respire que la paix... il n'y a pas longtemps que je soutins une thèse de théologie devant notre nouveau recteur qui m'a toujours beaucoup aimé depuis ce temps-là. Il est d'une des meilleures familles d'Angers; il s'appelle Ayrault. Adieu...

L.-C. DES ROCHES, d. l. c. d. J.

Elève de troisième en 1661, il avait obtenu un 1er prix de discours grec, comme le prouve la mention suivante sur un volume appartenant à Mme de Cyresme :

« *Ego infra scriptus studiorum præfectus Collegii Henricœi flexiensis Societatis Jesu testor ingenuum adolescentem Ludovicum Jarret hoc volumen in 3a scholâ in primum solutæ orationis græcæ prœmium meritum et in publico ejusdem Collegii theatro consecutum esse liberalitate et munificentiâ Christianissimi Regis Ludovici decimi quarti perpetui Agonotetæ. Die vigesimâ nonâ augusti anno Domini 1661.*

« LUDOVICUS NIVELLE, s. p. »

Du Pas de la Grée : *D'azur à la fasce d'argent, au chef d'or chargé d'une hure de sanglier de sable.*

XIe DEGRÉ

René-Antoine JARRET, premier du nom, écuyer et aussi qualifié chevalier, seigneur de la Mairie, né le 29 septembre 1646, fut baptisé le 15 décembre 1648 en l'église de Braye (1). Le 17 novembre 1682, il épousa (2), par contrat reçu par Attoyer, notaire à Saint-Aubin-de-Luigné, Jeanne du Pas de la Grée, fille de feu François du Pas, écuyer, seigneur de la Grée (paroisse de Sauteron, comté Nantais) et de Jacquine Blondeau, qui habitait à Angers, paroisse Saint-Aignan, mais qui était alors en sa maison à Saint-Aubin-de-Luigné. Il servit dans l'arrière-ban d'Anjou depuis le 25 mai 1693, « que la troupe est sortie d'Angers pour aller servir sur les côtes de Bretagne, à Carhaix, jusqu'au 19 septembre, qu'elle est revenue par

(1) *Archives de la famille.* Cejourd'hui 15e de décembre 1648, a été baptisé en l'église de céans par nous curé, René-Antoine, fils de Louis Jarret, escuier, sieur des Roches-Merie, et de damoiselle Anne Moreau. Ont esté parrain et marreine Anthoine Fouquet, chevalier, conseiller du roy au Parlement de Paris, seigneur de Crocy et de Marcilly, et dame Marie Hurault, dame de Chevigné. Le dit René-Antoine est né le jour de la Saint-Michel 1646. Et sont signés A. Fouquet, M. Hurault, R. Fournier, curé de Braye.

Tiré du papier baptismal de Braies, ce trentiesme septembre 1655, par nous Louis Fournier, curé de Braies. Signé : L. Fournier, curé de Braies.

Antoine Fouquet était fils de Charles Fouquet, conseiller du roy, receveur général de ses finances à Tours, qui, le 22 mai 1608, par contrat reçu par J. Perque et Ph. Cothereau, notaires du roy en son chastelet de Paris, avait acheté pour 40.000# la terre, châtellenie de Marcilly, mouvant à foy et hommage du comté de Montsoreau, des enfants et héritiers de François de Senecterre, chevalier de l'ordre du roy, conseiller en ses conseils d'état et privé, capitaine de 50 hommes d'armes de ses ordonnances, seigneur de la Ferté-Nabert, et de dame Jeanne de Laval, fille de Gilles de Laval, deuxième du nom, seigneur de Loué, de Marcilly, et de Louise de Sainte-Maure.

(2) *Preuves XXXVII.*

(3) On peut voir quelle était la composition de l'arrière-ban d'Anjou d'après la montre qui en fut faite le 7 juin 1693 (*Preuves XXXVIII* à la suite des certificats des services de René-Antoine Jarret).

ordre du roi » (3). Mais le 20 août, sur l'affirmation des apothicaires et chirurgiens de Carhaix qu'il avait la fièvre carte et était hors d'état de servir, congé lui fut donné « pour se retirer où il lui plaira et s'y faire traiter, à condition toutefois que s'il se guérit, il reviendra rejoindre le quartier et continuer le service ». En 1695, il était à Vitré; en 1697, à Vannes. Au mois de septembre de cette même année, il obtint un certificat constatant qu'il avait fait toute la campagne, sous les ordres du maréchal d'Estrées. général des armées du Roi en Bretagne. *(Preuves XXXVIII).*

Dame Jeanne du Pas, épouse non commune en biens de Antoine Jarret, et Me René Roulleau, avocat au parlement, achetèrent, le 15 septembre 1701, de Marie Salier, veuve de messire François Dain, chevalier, seigneur de Ris, et de ses enfants, demeurant au château de Chesnaye, à Athée en Touraine, les fiefs du Theil, la Bigotière (en Couesme), relevant de Montigny, et le Patisseau, relevant du duché de la Vallière, ès paroisses de Châteaux, Souvigné et Coesmes, pour 3.700#. Les partages de ces biens acquis en communauté eurent lieu le 7 avril 1710; le Theil échut à Jeanne du Pas.

Le 9 octobre 1684, il nomma P. de Launay à l'office de sergent ordinaire de sa prévôté et châtellenie de Braye, sur la démission de Antoine Royer, nommé par Louis Jarret en 1670. Le 21 novembre 1707 et le 1er janvier 1708, il est parrain à Braye et nommé des Roches-Jarret.

Il mourut le 24 décembre 1709 et fut inhumé le lendemain dans la chapelle Saint-Adrien de l'église de Braye (1). Anne du Pas s'était fixée au Lude; elle y testa le 20 septembre 1724 (*Preuves XXXIX*), y mourut le 22 avril 1729 et y fut inhumée le 23, en la chapelle de Notre-Dame des Vertus (2).

(1) *Registres de Braye* : « Le 25 décembre 1709, René-Antoine Jarret, écuier, sieur de la Mairie, vivant epoux de damme Jeanne du Pas, décédé d'hier, a été inhumé dans la chapelle de cette église, en présence de R. Cadoreau, prêtre curé de Marcilly, de René Jouault, prêtre vicaire de Marcilly, d'Abel Sophier, desservant de Villiers, lesquels ont signé avec nous. Signé : R. CADOREAU, R. JOUAULT, SOPHIER. J. LAIR, curé. »

(2) *Registres du Lude* : « Jeanne du Pas, veuve de messire Antoine Jarret, écuier, vivant seigneur de la Mairie, agée de... (*sic*) et décédée d'hier, a été inhumée dans la chapelle de Notre-Dame des Vertus de ceste ville par nous soussigné, le 23e jour du mois d'avril 1729, en présence de Gaspard Brosnier, sacriste, et de Pierre Baudry, sacriste. Signé : CEBRON, prêtre, curé. »

Ils laissèrent :

1° René ANTOINE, deuxième du nom, qui suit.

2° Jeanne-Marie JARRET, baptisée (1) à Braye le 28 janvier 1692, y est marraine le 13 juin 1707 avec Antoine Le Gouz, chevalier, seigneur du Plessis-le-Vicomte, et le 2 janvier 1708 avec André de Santo-Dominge, de la paroisse de Villiers. Elle épousa le 24 février 1713, par contrat reçu à la Mairie par Pierre Grudé, notaire à Chalonnes (2), Pierre de Sarcé, chevalier, fils de feus François de Sarcé, chevalier, seigneur dudit lieu, et de dame Gabrielle de Vallée (3). Leur union fut bénie le 27 du même mois en l'église de Braye par Boissourdy, curé de Sarcé (4), en présence de Jeanne du Pas de la Grée, de François-Scipion de Sarcé, chevalier et seigneur dudit lieu, frère aîné de l'époux, de Louis de Ségraye, écuyer, seigneur de Sarceau, de Anne Jarret, tante de la mariée, de Madeleine de Meaulne, sa cousine germaine, de René Roulleau, procureur-général du duché de la Vallière, de Marie et de Jeanne Roulleau. Le 9 juin 1713, devant Nicolas Adam, notaire à Villiers, elle transigea ainsi que son frère avec leur mère pour les biens de leur feu père, dont les partages nobles eurent lieu le 7 juillet 1713, et de nouveau, en y réunissant ceux lais-

(1) *Archives de la famille de Sarcé à la Sauvagère, Chemiré-le-Gaudin, Sarthe.* — « Le 28 janvier 1692 a été baptisée par nous, curé soussigné, Marie-Jeanne, fille d'Antoine Jarret et de dame Jeanne du Pas de la Grée. A été parrain : Charles Adam, écuyer, s[r] du Pont, et marraine : dame Marie de Plainchesne, femme de Monsieur de Santo-Dominge, qui ont signé : C. Adam du Pont, Marie de Plainchesne, R. A. Jarret, Le Saine, curé. »

Extrait des registres de l'église de Braye, collationné à l'original le 6 octobre 1720 par J. Lair, curé de Braye. Cet acte n'existe plus dans les registres de Braye.

(2) Elle se mariait avec tous les droits qui lui étaient échus de la succession de son père et conservait l'administration de ses biens; elle recevait en outre, en avancement d'hoirie sur ses droits maternels, la Morinière, les Moquets, la Lieurie, les Petites et Grandes-Hussardières en Villiers-au-Bouin provenant de sa grand'mère Jacquine Blondeau, veuve de François du Pas; diverses rentes; une somme de 1.500#; la cinquième partie dans la moitié du contrôle des jugements du siège royal de Baugé dont jouit actuellement Messire Maître Charles Hirly; 500# pour être employées en habits nuptiaux et également un trousseau de 500#; et, si elle venait à mourir sans hoir, sa mère rentrerait en possession de tout ce qu'elle lui donne. Le futur époux lui faisait donation de tous ses biens meubles et du tiers de ses propres.

(3) Il avait été baptisé à Saint-Martin de Sarcé le 18 juillet 1660 et, par contrat reçu le 11 mars 1696 par Jacques Tessier, notaire à La Flèche, dans lequel il est qualifié capitaine d'infanterie au Régiment de Touraine, il avait épousé Marie-Gabrielle de Bautru, veuve de Jacques Deniau, écuyer, major de la bourgeoisie de la ville de Bretelle, fille de feu Guillaume de Bautru, chevalier, seigneur de Cherelles, et de dame Marguerite Nivard.

De Sarcé : *d'or à la bande fuselée de sinople.*

(4) *Registres de Braye.*

sés par leur mère le 26 juin 1730 au Lude par acte sous seing privé. Ils eurent un fils unique, Louis-Pierre-Antoine, marié en 1735 à Eléonore, fille de feu François Bardon de Moranges, écuyer, et de Louise-Julie-Julienne Denizot. De leur union descendent les diverses branches de la famille de Sarcé.

DE MALAUNAY : *De gueules à la fasce d'argent accompagnée de 6 merlettes de même, 3, 2 et 1.*

XIIe DEGRÉ

RENÉ-ANTOINE JARRET, deuxième du nom, écuyer, seigneur de la Mairie et de Magé, ondoyé le 5 mars 1688, ne reçut les cérémonies du baptême que le 1er août 1695 (1). En 1702, il était en troisième au collège de La Flèche, et, en 1705, y faisait sa réthorique (2). Le 24 février 1713, il signe à la Mairie au contrat de mariage de sa sœur avec Pierre de Sarcé et inscrit son approbation à cette union, au bas de l'acte de sa célébration à laquelle,

(1) « Le 1er août 1695 ont été administrées les cérémonies du baptême à René-Antoine, fils d'Antoine-René Jarret, écuier, sieur de la Mairie et de Jeanne du Pas de la Grée ; a été parrain Jean de Meaulne, écuier, et marraine demoiselle Anne de Meaulne ; lequel a été ondoyé le 5 mars 1688 avec la permission de Mgr l'Evêque d'Angers du 25 décembre 1687. Signé : Musart, et le dit enfant est né le 5 mars 1688, par nous curé soussigné en présence des soussignés Jean de Meaulne, Anne de Meaulne. J. de la Grée du Pas, Le Saine (curé de Braye). ».

« Extrait du registre des baptêmes, mariages et sépultures de l'église de Braye, diocèse d'Angers. Collationné par nous curé soussigné le 19 juin 1712, Lair, curé de Braye. Vu l'extrait de baptême cy dessus, certifions à tous qu'il appartiendra être écrit et signé de la propre main du sieur curé de Braye et que foy y doit estre adioutée. Donné par nous Urbain Gilbert, advocat au Parlement, juge ordinaire civil et criminel de la prévôté et châtellenie de Braye. Ce 18 décembre 1714. Signé : GILBERT. »

Si René-Antoine Jarret n'assiste pas au baptême de son fils, il devait être à Vitré, servant au ban d'Anjou ; on sait qu'il s'y trouvait le 18 juin et le 18 août 1695.

(2) Mentions portées sur ses livres classiques.

le 27 du même mois, il n'avait pas assisté. Le 7 juillet, il partagea noblement avec elle la succession de leur père (1) et le 12 janvier 1715 il fut maintenu en sa noblesse par Bernard Chauvelin, intendant de Touraine; est parrain à Braye le 21 février 1719.

Il épousa par contrat, passé devant Charrault et Duplessis, notaires à Airvault, en Poitou, le 17 novembre 1716, Ambroise de MALAUNAY, fille de Henri de Malaunay, écuyer, seigneur de Magé, paroisse de Louzy en Poitou, et de feue dame Marie Roy, sa première femme (2). Voici le récit d'une prise de possession de la chapelle de la Mairie :

Le 19 mai 1727, devant Jean Auvray, notaire apostolique du diocèse d'Angers, résidant au Lude et pour lors présent à Braye, comparut devant la grande porte et principale entrée de l'église paroissiale de Saint-Pierre de Braye, Jean Lair, prêtre, curé du dit Braye, qui, en conséquence de la présentation de lui faite par messire Antoine Jarret, écuyer, seigneur de la Mairie, par acte du 10 du présent mois, reçu par le même notaire et visée par l'autorité ecclésiastique, a pris pocession corporelle réelle et actuelle de la chapelle Saint-Adrien, fondée et desservie en la dite église de Saint-Pierre de Braye, et de tous ses droits, fruits, profits, et cela par libre entrée de la dite église, aspersion de l'eau bénite aux personnes pré-

(1) Le 7 juillet 1713, devant Pierre Amellon, notaire au Lude, partages nobles entre René-Antoine Jarret et Jeanne-Marie, sa sœur, épouse de M. Pierre de Sarcé... Il prit pour ses deux parts, la Mairie, diverses rentes, le droit de présentation de la chapelle Saint-Adrien, en l'église de Braye, le banc qui en dépendait, le cierge de cire blanche du poids d'un demi-quarteron qui devait lui être présenté allumé en sa chapelle de la Mairie le jour de la Purification par les possesseurs du Petit-Rosier, en Braye, le droit de faire planter des bornes pour diviser les héritages. Le 26 juin 1730, de la succession de sa mère il retint le fief du Teil-les-Nains, paroisse de Couesmes.

Un extrait d'arpentage contrôlé à Château-la-Vallière le 20 novembre 1726 prouve que René-Antoine Jarret avait seul droit de faire planter des bornes en la paroisse de Braye pour diviser les héritages. « Nous nous sommes transportés au lieu et maison seigneuriale de la Mairie du dit Braye où étant avons prié et requis messire René-Antoine Jarret, chevalier, seigneur du dit lieu et seigneur maire de la dite paroisse de Braye, qui, en cette qualité, est seul qui puisse permettre d'en planter dans la dite paroisse... »

(2) Il se mariait avec tous les biens échus de la succession de son père auxquels sa mère avait renoncé d'après la procuration donnée à Joseph-Louis Jarret, prêtre, curé du Coudray-Macouard, cousin issu de germain de l'époux. De son côté, Ambroise de Malaunay était héritière de tous les biens de sa mère et recevait de son père 600# le jour de la bénédiction nuptiale. Les droits de chacun des conjoints étaient évalués à 12.000#. Ce contrat fut signé à Magé, en présence de Michel de Malaunay, seigneur du Boisbadran en Louzy, d'Olivier de Brissac, écuyer, seigneur des Loges, demeurant à Parnay, paroisse de la Coindrie, oncles de la mariée, de Pierre Laspais, écuyer, seigneur de Maransay à Tezé, de Pierre de Sarcé, beau-frère de l'époux, de Marc-Antoine de Gennes seigneur de Mousseaux, paroisse de Saint-Pierre des Verchers, son cousin issu de germain, d'Henri Jarret, écuyer, seigneur de la Roullière, aussi son cousin, et de beaucoup d'autres parents et amis, au nombre desquels Pierre Roy, Elisabeth, Marie, Jeanne, Louise, Charlotte et Claude de Malaunay, René de l'Estoille, J. N. P. Lestoille de Sainte-Nerge, C. Jarret, Anne Jarret.

sentes, génuflection et prières devant le grand autel, baiser du dit autel, lecture dans le missel trouvé dessus, séance dans une des chaises du chœur, affectée au titulaire de la chapelle Saint-Adrien, où furent ensuite réitérées les mêmes cérémonies, son des cloches et gardé les autres solennités en tel cas requises. La prise de possession ainsi effectuée fut publiée à haute et intelligible voix, et, comme personne ne s'y opposa, acte en fut décerné au dit Jean Lair, sur sa réquisition, pour lui servir et valoir ce que de raison. Ce fut jugé, fait, et arrêté au devant de la grande porte de l'église de Saint-Pierre de Braye, en présence de messire Jacques Vaudeleau, prêtre, curé de la Chapelle-aux-Choux et de messire Charles Foucher, aussi prêtre, vicaire de Marcilly.

En 1726, il partagea, comme époux d'Ambroise de Malaunay, les biens de Louise Roy des Arnollières avec Pierre Roy, écuyer, seigneur de Parnay demeurant à la Roche de Luzay et Olivier de Brissac, mari de Renée Roy. Le 2 septembre 1764, il avait été, avec Madeleine Gremy, épouse de Julien Denisot, parrain à Sarcé de René-Alexandre, fils de Pierre de Sarcé et d'Eléonore Bardon de Moranges, sœur de Julie-Victoire, mariée en 1734 à René-Jacques Le Mayre de Millières (1).

Cachet aux armes des Jarret et Malaunay, apposé sur un certificat de 1743, 10 mars, par lequel il atteste aux bureaux de péage que sept charges de différents blés et orges qu'il fait amener de sa terre de Magé à la Mairie pour la nourriture de sa maison sont de sa récolte.

Ambroise de Malaunay, décédée le 17 janvier 1759 (2), fut inhumée

(1) Leur deuxième fils, André Le Mayre de Millières, officier au Régiment de Bourbon, épousa Charlotte du Bois de Maquillé; une de leurs filles, Julie, se maria en 1799 avec René d'Achon, chevalier de Malte, ancien capitaine au Régiment de Normandie.

(2) *Extrait des registres de la paroisse de Braye, en Anjou.* « Le 18 janvier 1759 a été inhumée dans l'église de ce lieu, par moi, curé soussigné, le corps de dame Ambroise de Malauné, décédée d'hier, âgée d'environ 70 ans, femme de messire René-Antoine Jarret, écuyer. Signé : Rocher, curé de Braye.

« Le 27 septembre 1762 a été inhumée dans l'église de ce lieu par nous, curé de Marcilly soussigné, du consentiment de Monsieur le curé de Braye, le corps de messire René-Antoine Jarret, vivant écuyer, sieur de la Mairie, décédé de hier, âgé de 75 ans. Ce en présence de messire Joseph Derouineau, prêtre, vicaire de Marcilly, de messire François Rocher, curé de cette paroisse soussignés... Collationné à l'original, que je certifie y être conforme. A Braye, ce 28 octobre 1763. Signé : Rocher, curé de Braye. »

« Nous, Louis Devauze, avocat général fiscal et ducal du duché pairie de la Vallière et procureur fiscal de la châtellenie et prévôté de Brais, faisant pour l'absence de M. le Sénéchal du dit duché et bailly de cette châtellenie et prévôté certifions que maître François Rocher qui a signé les extraits est curé de Brais et que sa signature est véritable. A Château-la-Vallière, ce 28 octobre 1763. Signé : Devoze. »

le lendemain en l'église de Braye, où fut également enterré le 27 septembre 1672 René-Antoine Jarret, mort la veille.

Ils laissèrent :

1° HENRI-RENÉ, qui suit.

2° Ambroise-Perrine JARRET, née le 9 novembre 1718, ondoyée le même jour à Braye, reçut le supplément des cérémonies du baptême le 11 septembre 1719. Son parrain fut Pierre de Sarcé, chevalier, seigneur du lieu, et sa marraine dame Louise de Sarcé, femme de Louis-François Frain de la Vrillière, chevalier, seigneur de Chemans, lieutenant général de Baugé ; elle vivait encore le 7 septembre 1776 (1).

3° Marie JARRET, née le 4 mars 1720, baptisée le 12, eut pour parrain Henri-Louis Jarret, le fils, écuyer, sieur de la Roullière, de la paroisse de Saint-Just des Verchers, et pour marraine demoiselle Marie de Malaunay, de Saint-Pierre de Louzy (2) ; elle mourut avant les partages du 16 février 1763.

4° Marie-Henry JARRET, née le 24 mai 1724, baptisée le lendemain, eut pour parrain Henri-René Jarret, son frère, et pour marraine demoiselle Marie Lair, morte avant les partages du 16 février 1763.

5° Jeanne JARRET, née le 31 août 1725, assista ainsi que sa sœur Ambroise en 1776 au mariage de leur neveu Henri-René-Julien avec Philippe-Madeleine de Boisjourdan. Elle mourut sans alliance à Chanay

le 23 septembre 1823. On trouve cet écusson sur des couverts d'argent qui lui ont appartenu.

(1) et (2) *Registres de Braye.*

6° René-Antoine Jarret de la Mairie, né vers 1726, dit le chevalier Jarret, était élève au collège de la Suze en 1742, à La Flèche en novembre 1744, et y faisait sa réthorique en 1746 (1); il entra la même année au séminaire d'Angers ; fut présenté par son père à l'Evêque d'Angers le 30 août 1747 pour être pourvu de la chapelle Saint-Adrien de Braye. En 1751 et 1752 il était vicaire à Soulaines (2), en 1756 à Beaucouzé, puis curé de Nogent-le-Bernard, au Maine, avant le 11 août 1761, il fit en partie rebâtir le presbytère l'année suivante. Forcé d'émigrer au moment de la Révolution, il mourut à Reading, comté de Berksen (Angleterre), et y fut enterré en la paroisse de Saint-Gilles, le 4 février 1801, âgé de 74 ans. (*Certificat délivré le 30 mai 1801 par John Farrer, curé*).

Une lettre datée de Nogent-le-Bernard, le 21 décembre 1761, et adressée à son père, porte ce cachet.

(1) Sous les RR. PP. Poncet et du Parc. Deux de ses cahiers sont conservés chez M. de Jeux, à Bordes. Le P. de la Rochemonteix, dans son *Histoire du Collège de La Flèche*, t. III, p. 48, s'exprime ainsi à leur sujet : « Plusieurs poésies et discours latins montrent que le jeune rhétoricien est rompu à toutes les souplesses de la composition et au génie de la langue des Romains. Il n'y a rien de comparable dans les devoirs de nos modernes rhétoriciens... Les sujets de discours et de vers latins sont tirés, pour la plupart, de l'Ecriture sainte, de l'histoire ancienne, des fêtes de l'année et des événements contemporains... Citons : la prise de Montalban, de Château-Dauphin et de Demont, en 1744, par le prince de Conti. *Laus principis Contii ;* la bataille de Fontenoy, à laquelle le Roy prit part en 1745, *in Ludovicum triumphantem.* Cette dernière pièce a plus de cent hexamètres. »

(2) Le 20 avril 1745, René-Antoine Jarret, le jeune, chevalier, est parrain à Braye avec sa sœur Jeanne, il signe : René-Antoine le chevalier Jarret. Le 26 septembre 1751, il fait à Braye une sépulture du consentement du curé; le 30 octobre, il assiste à une autre; le 17 octobre 1752, il fait un mariage, et à ces deux dernières dates est qualifié vicaire de Soulaines.

DENISOT :
D'azur à 3 épis de blé d'or issants de la pointe.

XIIIe DEGRÉ

HENRI-RENÉ JARRET, écuyer, seigneur de la Mairie et de Magé, né et ondoyé (1) le 26 octobre 1717, fut baptisé à Braye le 8 novembre suivant. Il fit ses études au collège de la Suze et à l'Oratoire d'Angers. Il épousa au Mans, par contrat du 30 décembre 1744 (*Preuves XL*), Catherine-Scolastique DENIZOT, née au Mans le 3 août 1718, et baptisée le jour même (2), fille de Julien Denizot (3), officier de Monseigneur le duc d'Orléans, et de dame

(1) *Registres de Braye.* « Le 8 novembre 1717 ont été suppléées les cérémonies du baptême par moi, curé soussigné, à Henri-René, né le 26 octobre dernier et ondoyé le même jour par permission de Monseigneur l'Evêque d'Angers, du 1er octobre, fils de René-Antoine Jarret, écuier, seigneur de la Meirie, et d'Ambroise de Malaunay, sa femme. Parrain messire Henri de Malaunay, seigneur de Magé, paroisse de Louzy en Poitou, marraine dame Jeanne Dupas, veuve d'Antoine Jarret de la Meirie, de la ville du Lude, qui ont signé avec nous le père présent : H. de Malaunay, J. du Pas, Madelaine de Meaulne, Jean de Savonnières, R.-A. Jarret, de la Bernardière Martineau, J. Lair, curé. »

Registres de Braye. « Le 26 octobre 1717 a été ondoyé par nous, curé soussigné en cette église, un enfant né aujourd'hui fils de René-Antoine Jarret, écuier, et d'Ambroise de Malaunay, son épouse, habitants de cette paroisse, suivant permission de Monseigneur l'Evêque, du 1er de ce mois. »

(2) *Livre-Journal de Julien Denizot*, page 674. « Le 3 août 1718, entre six et sept heures du matin, est né le septième de mes enfants, qui est une fille. Elle a été baptisée le même jour par Me Poirier, curé du Crucifix, et a eu pour parrain François Denizot, mon fils, et pour marraine Madeleine Denizot, ma fille, qui l'ont nommée Catherine-Scolastique. »

Denizot, bonne et ancienne famille du Perche (Le Paige, t. II, p. 247), famille de jurisconsultes. Jean, avocat, nommé procureur de l'Hôtel de Ville du Mans, 1530, conseiller au Présidial, 1551. — René, sieur de la Noiraie, échevin de cette ville, 1588. — Nicolas, connu sous le nom de comte d'Alsinois, célèbre à la cour de François Ier comme peintre et comme poète, était né au Mans en 1515 de Jean Denizot, bailli d'Assé, mort le 19 février 1539.

(3) Julien Denizot, né le 15 décembre 1669, officier de M. le duc d'Orléans, est mort le 28 décembre 1746 et a été inhumé le 29 dans l'église des Cordeliers, au Mans. Il y avait épousé, le 24 janvier 1703, demoiselle Madeleine Gremy, née le 9 mai 1679, fille de François Gremy et de Catherine Le Tessier, décédée veuve le 31 octobre et inhumée dans l'église de Saint-Benoît, au Mans. *Notes ajoutées au livre-journal de Julien Denizot.*

Madeleine Gremy. Il était assisté de son père, tant en son nom qu'en celui d'Ambroise de Malaunay, sa femme, de messire Pierre de Sarcé, chevalier, seigneur de Sarcé, Bossé, le Colombier, et de dame Éléonore de Bardon de Moranges, son épouse. De son côté, Catherine Denizot avait près d'elle son père, sa mère, son frère, François-Alexandre Denizot, conseiller du Roy et son procureur au siège présidial de l'Élection du Mans, et aussi, en qualité de cousine-germaine, Éléonore de Bardon, épouse du seigneur de Sarcé. Il reçut en dot la seigneurie de Magé, paroisse de Louzy en Poitou, telle que sa mère l'avait eue de la succession de son père, Henry de Malaunay, et aussi de celle de Marie de Malaunay, sa sœur, femme de messire de Laspaye, et la promesse d'avoir en plus cent livres de rente à compter de la naissance de son premier enfant. La future épouse recevait diverses terres (1), rentes, 1.000# de meubles et, en raison de ces avantages, renonçait à sa part de la succession de Julien Denizot, son frère.

Les clauses de ce contrat et particulièrement la donation de Magé furent ratifiées par Ambroise de Malaunay, à la Mairie, le 3 janvier 1745, par acte reçu par René Moreau, notaire à Saint-Germain-d'Arcé, en présence de Louis-Alexandre de Mailly, seigneur de la Cour-de-Broc. Le 18 du même mois, au Mans, le docteur Philippe-René Cabaret de la Bouchardière, chanoine de Saint-Julien, donna aux époux la bénédiction nuptiale à l'autel paroissial du Crucifix. Elle testa au Mans le 5 juillet 1752, elle y mourut le 8 juillet (2) suivant, et bien qu'elle eût demandé à être enterrée dans le grand cimetière, elle fut inhumée dans l'église des Cordeliers.

Par acte sous seings privés signé à la Mairie le 16 février 1763, Henry-René Jarret partagea noblement avec son frère, le curé de Nogent-le-Bernard, et ses sœurs, Ambroise et Jeanne, les biens de

(1) La Rasterie en Ivré-l'Evêque, la Séchètière en Saint-Martin du Vieil-Bellême, les Prez en Saint-Denis des Coudrais, la Morellerie en Chérancé, Loizellière, près l'église de Bonnétable.

(2) Par son testament autographe, elle avait demandé à être enterrée au grand cimetière du Mans, à avoir une vingtaine de prêtres à sa sépulture, point de communauté, un luminaire propre, sans flambeaux, six messes le jour de son enterrement et six le jour du service ; elle prie son mari, pendant qu'il vivra, de lui faire dire tous les ans, au jour de son décès, une grand'messe aux Cordeliers, et qu'aussitôt sa mort, on mette sa fille à la Visitation et qu'on donne 300# aux pauvres.

leur père et de leur mère. Dans les deux tiers qui composaient sa part, il avait la Mairie avec ses annexes, les droits honorifiques, celui de présentation de la chapelle Saint-Adrien, au troisième tiers était employée la seigneurie de Magé (*Preuves XLI*).

Il décéda à la Mairie, le 1er mai 1762, et fut enterré le lendemain dans le cimetière de Braye (1) en présence de son frère, de Pierre-Victoire de Sarcé, chevalier de Saint-Louis, de René-Alexandre de Sarcé, ancien garde du corps de Monsieur, oncle à la mode de Bretagne. Ils ont eu :

1° Henri-René-Julien, qui suit.

2° Madeleine-Marie Jarret, morte au Mans le 3 octobre 1754 et inhumée aux Cordeliers. (*Livre-journal de Julien Denizot*). Sa mère avait demandé en son testament qu'aussitôt son décès, elle fut mise à la Visitation.

De Boisjourdan : *D'or semé de fleurs de lis d'azur à 3 losanges de gueules, 2 et 1.*

XIVe DEGRÉ

1° Henri-René-Julien JARRET, chevalier, seigneur de Lépine (2), puis de la Mairie après la mort de son père, né au Mans le 3 décembre 1751, baptisé (3) le lendemain en l'église du Crucifix,

Guiteau du Lattay : *d'azur au chevron d'or accompagné en Chef de 2 soleils d'argent et en pointe d'une aiglette d'or.*

(1) *Registres de Braye.* « Le 31 mai 1782 a été inhumé, dans le cimetière de cette paroisse, le corps de messire René Jarret, chevalier, seigneur de la Mairie, en son vivant veuf de demoiselle Catherine Denizot, décédé hier, muni des sacrements de l'église... »

(2) En Savigné-l'Evêque (Sarthe), terre provenant de la succession de demoiselle Marie Gremy, décédée le 7 février 1744.

(3) Etat-civil du Mans.

élève au collège de La Flèche, fut admis le 31 juillet 1773 dans la 2e compagnie des mousquetaires à cheval de la garde ordinaire du Roy (mousquetaires noirs) commandée par le comte de Montboissier, lieutenant-général des armées de Sa Majesté, chevalier de ses Ordres. « *Il y servit* (1) *avec honneur et exactitude et sans interruption jusqu'au 23 décembre 1775 qu'il a plû au Roy de licencier cette compagnie* (2). »

Le 7 novembre 1776, au château des Courans, il épousa par contrat (3), où il est qualifié, chevalier seigneur de l'Épine, demeurant au Mans, rue des Chapelains, paroisse du Crucifix, en l'hôtel de son père, demoiselle Philippe-Madeleine de BOISJOURDAN, née le 12 octobre 1751, fille de Louis-François-Séraphin de Boisjourdan, chevalier, seigneur de Longuefuye, des Courans, la Forêt-d'Aubert, des Jumelains, et de Madeleine Guiteau du Lattay, dame du Pertre, de la Marche et de Mazière. Il se mariait avec tous ses droits et la future avait 24.000# de dot. Son union (4) fut,

(1) Certificat délivré à Paris, le 1er mai 1776, signé Monboissier.

(2) « La soubreveste des mousquetaires les fait facilement reconnaître, car cette cuirasse, ajustée absolument comme si elle était de fer, est en drap bleu doublé de rouge, garni d'un double bordé d'argent, et devant et derrière de la croix d'argent fleurdelisée avec ses flammes rouges et argent dans les angles, ressort bien sur l'habit qui est tout écarlate, ainsi que la doublure et les parements, que naturellement la soubreveste empêche de voir. Le ceinturon est galonné d'or en plein, le chapeau est bordé d'or : c'est encore de l'or qui garnit l'équipage écarlate du cheval. C'est l'or qui distingue la première compagnie de la seconde, dont tous les galons, bordés, boutons, sont d'argent. Les chevaux sont aussi d'uniforme : ceux de la première compagnie sont tous gris, ceux de la seconde sont tous noirs, de là le surnom des mousquetaires gris et mousquetaires noirs. Ils n'ont que cent hommes par compagnie et on prétend que l'on se montre plus difficile pour la naissance dans le recrutement des *noirs* que des *gris*. (*Nos Pères : Mœurs et coutumes du temps passé*, par le marquis de Belleval, in-8°. Paris, Olmer, 1879, page 201.

(3) Reçu par Julien Baudouin, notaire à Grez-en-Bouère, en présence du père de l'époux, du père et de la mère de l'épouse, de messire René Jarret, curé de Nogent-le-Bernard, oncle, de demoiselles Ambroise et Jeanne Jarret tantes, de Louis-Marie du Boisjourdan, chevalier, seigneur de Chânay, frère aîné de la future, de Madelaine-Françoise-Victoire de Pierre, son épouse, de Marc-Prosper de Girard de Charnacé, chevalier, seigneur du Plessis d'Auvers-le-Hamon, ancien capitaine au régiment de Bourgogne, chevalier de Saint-Louis, gouverneur du Lyon-d'Angers, et de Nicole-Madelaine-Jacinthe du Boisjourdan, son épouse, demeurant au château des Courans, ainsi que demoiselle Marie-Elisabeth-Jacquine du Boisjourdan. La minute est signée, outre les parties, de Marianne de Marcé, le chevalier de Cumont, Ambroise Jarret, Jarret, Jeanne Jarret, de Clinchamps, curé de Grez-en-Bouère, Guiteau de Cossé, Guitau, lieutenant-général (de Châteaugontier), Martineau de Fromentière, F. du Boisjourdan.

(4) *Registres de Longuefuye* : « 26 novembre 1776 ont été conjoints par René-Antoine Jarret, curé de Nogent-le-Bernard, Henri-René-Julien Jarret, chevalier, seigneur de l'Epine, et Philippe-Madeleine du Boisjourdan, en présence également du père de l'époux, du père et de

le 26 du même mois, bénie en l'église de Longuefuye par son oncle René-Antoine Jarret de la Mairie, curé de Nogent-le-Bernard. Le 17 novembre 177, il assiste au Lude au mariage de son neveu à la mode de Bretagne, Louis-Pierre-Antoine de Sarcé, et de Charlotte Damour. Ils mourut au Mans le 12 novembre 1781 (1) et fut le lendemain inhumé au grand cimetière, en présence de Julie Bardon de Moranges de Millières, Genevièvre Le Mayre de Millières, J. du Bois des Cours, de Mondagron, Le Pelletier de Frémusson, Prud'homme de la Boussinière, etc.

Ecussons gravés sur des couverts d'argent.

Philippe-Madeleine du Boisjourdan (2), en qualité de mère et de garde noble de ses enfants, donne au Mans, le 30 mars 1785, procu-

la mère de l'épouse, de son frère, de Marc-Prosper Girard de Charnacé, de François-Simon Guitteau, chevalier, seigneur de Cossé-en-Champagne y demeurant, de Jacob-Nicolas-Mathieu Guitteau, chevalier, seigneur de Bannes, lieutenant-général en la sénéchaussée de Château-Gontier, Pierre-Victoire de Sarcé, chevalier, seigneur de Bossé et de Dissé, Jean Etienne de la Haye, chevalier, seigneur de la Bachelotière en Saint-Aignan. »

(1) *Registres du Mans*, paroisse du Crucifix. « Le 12 novembre 1781 est décédé messire Henri-René-Julien Jarret de la Mairie, ancien mousquetaire, né en cette paroisse le 3 décembre 1751. Son corps a été inhumé le lendemain au grand cimetière de la ville. » — *Mémoires du chanoine Nepveu de la Manouillière.* « Le 12 novembre 1781, M. Jarret de la Mairie est mort d'une fièvre maligne. Il avait épousé une demoiselle de Boisjourdan, elle est aussi bien malade de la même maladie et grosse de plusieurs mois. »

(2) La famille du Boisjourdan est fort ancienne. Elle possédait la terre de ce nom depuis la fin du XIe siècle. Jeannin du Boisjourdan se croisa en 1143 ; ses descendants prirent pour devise : *A Jordane decus avorum.*

Il y a une soixantaine d'années, on trouva la matrice du sceau de Philippe du Boisjourdan, vivant en 1506, septième aïeul de Philippe-Madeleine. Antoinette de Beaubigné épousa en 1610 François du Boisjourdan et lui apporta la terre de Chânay. On y conserve son portrait ; en côté se trouve son écusson : *d'argent à 3 chevrons de gueules.*

ration à Jean Fouqué, son fermier, pour qu'il se transporte au château de Grand-Champ pour y rendre la déclaration de la Morellerie, en Chérancé, appartenant à ses enfants de la succession de leur père. Ils furent émancipés le 3 germinal an VI (25 mai 1798) par sentence du juge de paix des sections de la Liberté et de l'Unité de la commune du Mans.

Pendant son veuvage, elle acquit pour 2.400#, le 2 novembre 1782, le lieu de l'Enclos, en Braye, et le 15 octobre 1788, de Louis-Jacques Rolland, comte des Escottais, maréchal des camps et armées du Roi, et de Marie-Louise-Françoise de Plas, son épouse, pour la somme de 95.000# la terre et seigneurie de Chantilly, paroisse de Courcelles, relevant du duché de la Vallière. (*Preuves XLII*).

Il lui fut décerné un certificat de résidence à Sablé le 3 vendémiaire an VI (24 septembre 1797) pour y avoir demeuré du 20 avril au 28 octobre 1796 dans la maison du citoyen Louis Davy-Descourbes. Elle eut en partage la terre de Chânay, fit reconstruire le château, y mourut le 4 novembre 1840, et fut inhumée dans la chapelle du cimetière de Grez-en-Bouère. Par acte du 13 décembre 1834 reçu par Quinefault, notaire à Château-Gontier, elle fit donation entre vifs à titre de démission de tous ses biens en s'en réservant la jouissance (1). Ils ont eu :

1° HENRI-RENÉ-LOUIS, qui suit.

2° LOUIS-AMBROISE-AUGUSTIN, dont l'article viendra page 101.

(1) Le 1er lot, accepté par Henri-René-Louis Jarret de la Mairie, se composait des métairies de la Chéluère, du Grand-Breil, de l'Erable, de la Talvassière en Gennes, la Quantinière et le Tertre-Colin en Longuefuye ; le 2e, attribué à Madame de Brullon, composé de la Cormeraye, de la Comproutière en Grez-en-Bouère, de la Retaudière en Bierné, de la maison de la Challerie, au bourg de Bierné, de Malaby en Bouère, de la maison rue Dorée, à Château-Gontier ; le 3e, attribué à Louis-Ambroise-Augustin Jarret, composé de Chânay, domaine, chapelle, ornements, métairie, la Petite-Motte, les Brosses, la Roullée en Grez-en-Bouère.

GAULTIER DE BRULLON : *D'azur à la rose d'argent accompagnée en chef de 2 étoiles d'or et en pointe d'un croissant de même.*

3° Marie-Philippe JARRET de la Mairie, née et baptisée au Mans le 11 mai 1782, morte au Boisjourdan le 28 mai 1866, inhumée à Chaumont, près de son mari, dans le caveau de famille, épousa, le 21 juin 1813, Augustin-Alexandre GAULTIER de Brullon, fils de Louis-Jean-Jacques Gaultier de Brullon et de Brigitte-Madeleine du Bois de Maquillé. Ils ont eu Mesdames Bidault de Glatigné, Armand Bernard de la Fosse, Philippe Jarret de la Mairie et Marie-Augustin Gaultier de Brullon, marié, le 13 février 1854, à Léopoldine de Quatrebarbes.

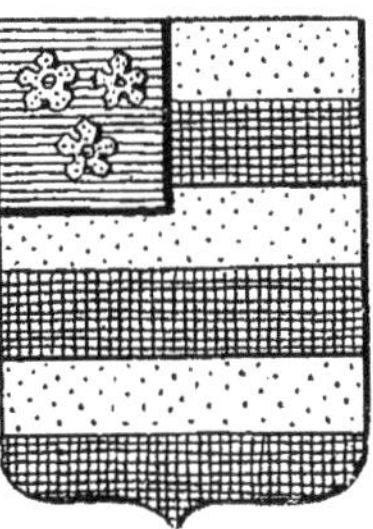

LE GOUZ : *Fascé d'or et de sable de 6 pièces, au franc canton d'azur chargé de 3 quintefeuilles d'argent.*

XVe DEGRÉ

HENRI-RENÉ-LOUIS JARRET, chevalier, seigneur de la Mairie, né le 11 novembre 1778 au château des Courans, baptisé le même jour par son grand-oncle, René-Antoine Jarret, curé de Nogent-le-Bernard, eut pour parrain son grand-père, Henri-René-Julien Jarret, chevalier, seigneur de la Mairie, et pour marraine Madeleine

Guitau du Boisjourdan, sa grand'mère (1). A peine âgé de seize ans, il prit part aux opérations militaires de la Chouannerie, commencées dans l'arrondissement de Château-Gontier à la fin d'août 1794. Dès que son grand-père, M. de Boisjourdan, âgé de quatre-vingts ans, eut été incarcéré dans les prisons de cette ville, il alla avec son cousin, Henri de Charnacé, servir dans la compagnie de Fromentières commandée par Gareau, dit Petit-Auguste, et, quoique grièvement blessé au bras, ne cessa point de combattre (2). Il demeurait au Mans, chez sa mère, lorsqu'il épousa, le 27 nivôse an IX (17 janvier 1801), par contrat (3) passé devant Desvignes et Cailliot, notaires à Baugé, et à la mairie (*Preuves XLIII*), le 29 (4), Augustine-Marie Le Gouz du Plessis, née et baptisée (5) au Vieil-Baugé, le 30 novembre 1780, fille de Augustin-François Le Gouz, chevalier, seigneur du Plessis, en Meigné-le-Vicomte, et de Marie-Anne-Charlotte de la Noue (6), sa seconde femme (7), décédée à

(1) *Registres de Longuefuye (Mayenne)* : En présence de messire Louis-Séraphin du Boisjourdan, seigneur des Courans et autres lieux, de d[lle] Marie du Boisjourdan, tante de l'enfant, de Prosper de Girard de Charnacé. Signé de Latour, curé.

(2) *Lettres sur la Chouannerie*, Duchemin-Descepeaux, t. II, p. 182.

(3) En présence de Louis-Ambroise-Augustin Jarret, Marie-Philippe Jarret, fille, frère et sœur germains, Marc-Antoine-Prosper Girard de Charnacé, cousin germain, Hyacinthe-Urbaine-Suzanne-Renée Hardouin Girouardière, veuve d'Alexandre-Louis-Michel de Broc la Ville au Fourier, Alexandre et Madeleine de Broc, enfants de la dite citoyenne Hardouin, veuve de Broc, et de Jeanne-Anne La Haye Mongazon, parents du futur ; de Louis et d'Alexandre-François-Joseph Le Gouz, ses frères consanguins, Albert, Amédée et Marie-Angèle Le Gouz, ses frères et sœur germains, Catherine-Marguerite de Saint-Offange, René-François de Champagné, Jeanne-Françoise Tahureau, son épouse, Anne Nau-Letang, veuve Timoléon Savonnière, Charlotte Savonnière, leur fille, Claire-Henriette-Charlotte du Pont Lauberdière, parents paternels de la future ; de Marie-Anne-Léon, veuve Charles-Nicolas de la Noue, aïeulle maternelle, Nicolas-François de la Noue, Marie Bonneau, sa femme, oncle et tante, Marie Emée de la Noue, cousine germaine, François-Jean Léon, son grand-oncle, Catherine-Marie Léon, femme de François du Bois, tante à la mode de Bretagne, Joseph-Adam Coucher, veuf de Madeleine de la Noue, tante maternelle.

(4) Etat civil de Baugé.

(5) *Registres du Vieil-Baugé* : En présence de Marie Léon, sa grand'mère, veuve de messire Nicolas-François de la Noue, sieur de la Noue et du Cornillé, de messire Nicolas-François de la Noue, sous-lieutenant au régiment du Commissaire-général-cavalerie, son oncle, de Marie-Augustine Le Gouz, sa tante.

(6) Ainsi désignée dans tous les actes, bien que seulement nommée Marie-Charles dans son acte de baptême, extrait le 24 juillet 1811 des *Registres de Châteaudun, paroisse de Saint-Valérien* :

« Le 10 novembre 1748 a été baptisée en l'église de St-Valérien, à Châteaudun, Marie-Charles, née d'hier à la Chapelle du Noyer, fille de Charles-Nicolas de la Noue, ancien capitaine au régiment du Limousin, et de dame Marie-Anne Léon. »

(7) Il avait épousé à Baugé, par contrat du 30 janvier 1769, Marie-Françoise Le Gouz, sa cousine au 7e degré, fille d'Alexandre-Sébastien, chevalier, seigneur de Bordes, et de Marie-

Baugé le 26 août 1835. Ce mariage y fut célébré le 19 janvier 1801 par G.-F. Voisin, prêtre catholique, en présence de la plupart des personnes déjà citées au contrat. Il habita Chantilly, en Courcelles, jusqu'à la mort de Louis Le Gouz, frère consanguin de sa femme, capitaine au 3e régiment des Gardes d'honneur à cheval, chevalier de Saint-Louis, qui succomba, le 4 mai 1814, des suites de ses blessures, au combat de Reims, après lui avoir laissé la terre de Bordes, où, bien qu'elle ait eu ensuite le Plessis de la succession de son père, elle se fixa avec son mari et où ils moururent, elle le 28 octobre 1849, et lui le 16 décembre 1858. Ils furent inhumés dans le cimetière de Pontigné. Louis XVIII le fit chevalier de la Légion d'honneur le 30 mars 1822 pour prendre rang à compter du 19 mars 1815. Il fut maire de Pontigné de 1816 à 1830; il avait, le 20 août 1824, remplacé au Conseil général M. de Maillé de la Tour-Landry. ils ont eu 5 enfants :

1° Augustine-Henriette Jarret de la Mairie, née à Baugé le 16 avril 1802, baptisée le même jour (1), morte à Bordes le 3 janvier 1826.

2° Henri, qui suit.

4° Louis-Marie-Augustin, marié à Agathe de Saint-Rémy. (Voir p. 99).

5° Charles-Albert Jarret de la Mairie, né à Bordes le 2 novembre 1818, mort à New-York le 18 octobre 1847.

Anne Le Clerc de la Ferrière, inhumée le 23 mars 1771 dans l'enfeu de Bordes, en l'église de Baugé.

(1) « Le 26 du mois de germinal an X (le 16 avril 1802, vieux style), a été baptisée par moi, prêtre catholique approuvé dans le diocèse d'Angers, soussigné, Augustine-Henriette Jarret de la Mairie, née cejourd'huy, fille de Henri-René-Louis Jarret de la Mairie, et d'Augustine-Marie Le Gouz du Plessis, son épouse, demeurannt en la ville de Baugé, département de Maine-et-Loire. A été parrain Louis-Ambroise-Augustin Jarret de la Mairie (oncle paternel, demeurant au Mans), et marraine Marie-Anne Léon de la Noue (aïeule maternelle), épouse de feu Nicolas-François La Noue, demeurant en la commune du Vieil-Baugé, en présence du père, des parents et amis qui ont signé : Léon Ve de la Noue, L. Jarret, H. Jarret, Augustin-François Le Gouz, A. Le Gouz, Marie-Anne de la Noue Le Gouz, De la Noue, Louis Le Gouz, des Varannes de la Noue, Angèle Le Gouz, Aimée de la Noue, G.-F. Voisin, prêtre catholique.

LE TESSIER DE LA POMERIE : *De gueules à l'agneau passant d'argent, au chef cousu d'azur chargé de 3 étoiles d'argent.*

3° Caroline-Louise JARRET de la Mairie, née à Baugé le 21 novembre 1809, décédée au château du Plessis (Meigné-le-Vicomte) le 9 juin 1888, épousa en la chapelle de Bordes, le 13 janvier 1833, Étienne-Jacques-Félix LE TESSIER de la Pomerie, officier de cavalerie (1), né à Château-du-Loir le 1er août 1799 (2), fils d'Étienne-Pierre Le Tessier de la Pomerie, lieutenant-colonel au corps royal du génie, chevalier de Saint-Louis et de Françoise-Renée Nepveu de Bellefille, mort au Plessis le 16 juillet 1853, laissant trois filles : Madame Brunet de la Charie, Mademoiselle Marie de la Pomerie et Madame C. d'Achon.

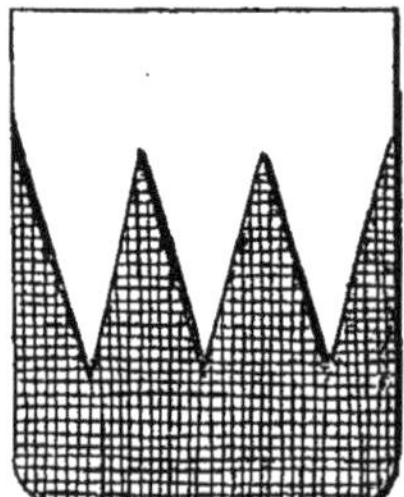

DU BOIS DE MAQUILLÉ : *Emmanché d'argent et de sable de 2 pièces et deux demies.*

RONDEAUX : *D'argent au chêne terrassé de sinople accosté de deux annelets de gueules, au chef d'azur chargé de 3 étoiles d'argent.*

XVIe DEGRÉ

HENRY JARRET de la Mairie, né à Baugé le 12 ventôse an XII (3 mars 1804), après avoir passé par les Écoles militaires de Saint-

(1) Sous-lieutenant aux chasseurs de l'Orne (16e régiment), 28 février 1816. Démissionnaire le 22 juillet 1820.

(2) Baptisé le 15 juillet 1800 par son grand-oncle, le chanoine Nepveu de la Manouillère, en la chapelle du château de Bellefille (Chemiré-le-Gaudin).

Aujourd'hui 20 octobre 1815, le Roi étant à Paris prenant une entière confiance en la valeur, bonne conduite et la fidélité du sieur Le Tessier de la Pomerie (Félix), Garde de la Porte titulaire, Sa Majesté lui a conféré le grade de sous-lieutenant, pour tenir rang, à dater du 24 août 1814. Mande Sa Majesté à ses officiers généraux et autres à qui appartiendra de reconnaître le sieur Le Tessier de la Pomerie en cette qualité. Donné le présent brevet à Paris, le 24 octobre 1815. Par ordre du Roi, le Ministre secrétaire d'Etat et de la Guerre, duc de Feltre.

Cyr et de Saumur, servait en qualité de sous-lieutenant au 6e cuirassiers lorsqu'éclata la révolution de 1830. Il n'hésita pas alors à briser une carrière qu'il aimait et, pour refus de serment, fut rayé des contrôles de l'armée (1). Il accepta, le 28 août 1848, d'être membre du conseil général de Maine-et-Loire, mais, sous l'empire, il refusa d'en faire partie. Il contracta deux alliances : son premier mariage avec Laure du Bois de Maquillé eut lieu à Angers, le 24 janvier 1831, en présence d'Albert-Joseph Le Gouz du Plessis, d'Amédée Le Gouz du Plessis, chevalier de Saint-Louis, officier de la Légion d'honneur, chef d'escadron, oncles au maternel et témoins de l'époux; de Charles-André du Bois, comte de Maquillé, oncle au paternel de l'épouse, et de Jean-Guy-René Petit de Chemellier, cousin issu de germain de l'épouse, ses témoins. Assistaient encore à ce mariage : Laure du Bois de Maquillé (tante), Caroline Jarret de la Mairie, Charles et Louis Jarret de la Mairie, Henri de Maquillé, Marie de Chemellier. Il fut célébré le lendemain 25 en l'église de Saint-Barthélemy. Laure de Maquillé était née le 14 décembre 1807, paroisse Saint-Martin du comté des Atakapas, diocèse de la Nouvelle-Orléans (Louisiane), fille de Guillaume-Constant du Bois de Maquillé et de Louise Boisdoré, décédée le 19 janvier 1811 à Saint-Martin. Elle mourut à Angers le 12 février 1839, ayant eu quatre enfants. Il épousa en secondes noces à Rouen, le 25 août 1845, Aimée-Lucienne Rondeaux de Setry (veuve de Pierre Turgis, décédé à Elbeuf le 30 avril 1840), née à Rouen le 12 janvier 1810, morte à Angers le 20 février 1891, fille de Jean-Baptiste-François-André Rondeaux de Setry et de Monbray, officier de la Légion d'honneur, chevalier de l'ordre royal de l'Aigle de Prusse, consul de Prusse, ancien député, mort le 13 novembre 1864 à Saint-Étienne-du-Rouvray, dans sa 90e année, et d'Aimée-César Thieullan, fille du baron Thieullan, ancien administrateur du département de

(1) Le Ministre secrétaire d'Etat de la Guerre prévient M. Jarret de Lamairie (Henry), sous-lieutenant en non-activité, sortant du 6e de cuirassiers, et qui n'a pas prêté le serment prescrit par la loi du 31 août 1830, qu'aux termes de l'article 2 de ladite loi, et en exécution de l'Ordonnance en date du 2 juillet 1832, il est déclaré démissionnaire et rayé des contrôles de l'armée. Paris, 28 juillet 1832.

la Seine-Inférieure et premier président à la Cour d'appel de Rouen. Il mourut le 26 janvier 1872 à Marolles, commune de Pontigné, où il habitait depuis son second mariage, laissant, a dit l'abbé Barrau, supérieur du collège de Baugé, *le souvenir d'une des nobles existences, qui consolent la terre et réjouissent le ciel. (Preuves XLIV).*

Il avait eu de sa première femme :

1° Laure, morte à l'âge de trois ans environ.

2° Henri, à dix mois.

3° Henri-Constant-Marie, qui suit.

4° N. Jarret de la Mairie, mort peu de temps après sa naissance.

et de la seconde :

1° Marie-Laure Jarret de la Mairie, née à Marolles le 24 décembre 1846, religieuse à la Visitation de Nantes.

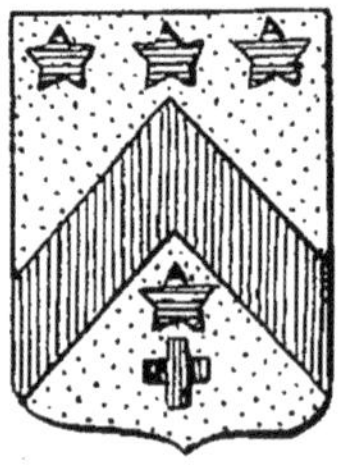

De Vernot de Jeux : *D'or au chevron de gueules surmonté de 3 étoiles d'azur et accompagné d'une quatrième soutenue d'une croisette de gueules en pointe.*

2° Blanche-Lucienne-Marie Jarret de la Mairie, née à Marolles le 12 novembre 1849, morte à Bordes le 15 octobre 1875, avait épousé, en la chapelle du château de Marolles, le 4 août 1869, Pierre-Vivant-Louis de Vernot de Jeux, fils de Charles-Vivant-Louis de Vernot de Jeux, ancien garde du corps des rois Louis XVIII et Charles X, mort à Blois le 2 août 1885, et de Marie-Charlotte de Belot, morte aussi à Blois le 16 juillet 1892. Ils ont eu :

1° Marie, née au Mans, morte à Montcontour (Côtes-du-Nord) en février 1871, quelques mois après sa naissance.

2° JOSEPH-MARIE-MICHEL-VIVANT, né à Blois le 2 juin 1871, lieutenant au 26e régiment d'artillerie, épousa à Lyon, le 24 janvier 1901, Élisabeth JACQUIER de Terrebasse, d'où : Hélène de Jeux, née le 22 mai 1902 à Terrebasse, baptisée le 24 juin à Ville-sous-Anjou.

3° MARIE-LAURE, née le 18 août 1872 au Mans, morte à Niort le 9 décembre 1888 et inhumée le 13 à Pontigné.

4° MARGUERITE-MARIE, née à Bordes en janvier 1874, (1) y épousa en la chapelle, le 4 août 1897, le vicomte Paul de LORGERIL ; ils ont : Marie, Louis, Lucienne, Cécile, Clotilde et Elisabeth.

5° LOUISE-MARIE, née à Bordes le 8 octobre 1875, religieuse de Marie-Réparatrice.

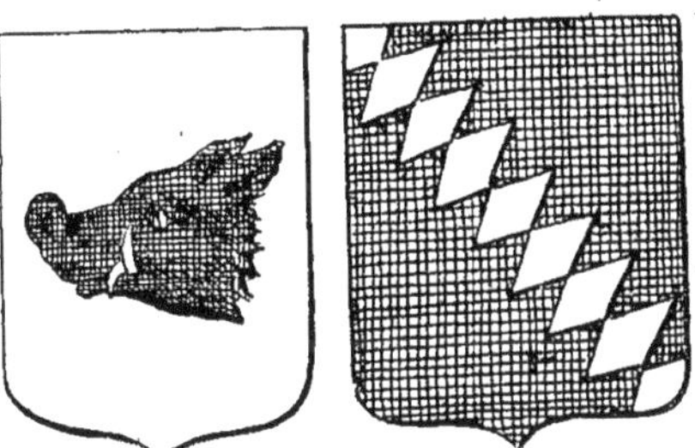

DE BROC : *De sable à la bande fuselée d'argent de 7 pièces et deux demies.*

XVIIe DEGRÉ

2° HENRI-CONSTANT-MARIE JARRET DE LA MAIRIE, né le 6 juin 1835, rue Saint-Blaise à Angers, au domicile d'Amélie-Charlotte Louet de la Boutonnière, veuve d'Ambroise-Séraphin du Bois de Maquillé, sa bisaïeule maternelle (décédée à Angers le 27 décembre 1839, dans sa 79e année), mort au château du Puyz, le 2 octobre 1898, étant maire de Saint-Martin-de-Connée. Il avait épousé, le 31 janvier 1861, en l'église de Vernoil-le-Fourrier, Marie-Charlotte-Léonie DE BROC, décédée à Angers le 12 avril 1889, dans sa 54e année, fille d'Alexandre-Armand-Edouard, marquis de Broc de la Ville-au-Fourier, mort à Angers le 29 avril 1869, et de Félicité-Rose-Léonie de Grimaudet de Rochebouët, mariée en 1830, morte à Angers en 1883, fille de François de Grimaudet de Rochelouët et de Félicité Poulain de la Marsaulaye. Ils ont eu :

(1) Elle est décédée au Chau de la Motte Beaumanoir en Pleugueneuc (Ille et Vilaine) le 7 mars 1910

1° Henry JARRET de la Mairie, mort à Bordes à l'âge de deux mois.

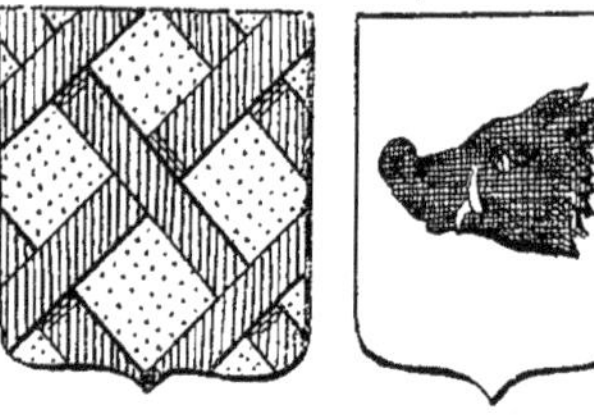

DE LA COUSTURE-RENOM DE BÉREIX : *D'or fretté de gueules.*

2° Marie-Marguerite-Léonie JARRET de la Mairie née le 23 août 1862 à la Ville-au-Fourier, épousa à Angers, le 12 mai 1886, René de la COUSTURE-RENOM, baron de Bereix, fils de Alexandre-Joseph-Sylvain de la Cousture-Renom, baron de Bereix, et de Louise-Caroline Benoist de Lostende. Ils ont Antoinette, Germaine et Renée de Bereix.

3° HENRI-JOSEPH-MARIE, qui suit.

4° Renée-Marie-Laure JARRET de la Mairie, née le 29 mai 1865 à la Ville-au-Fourier, fille de la Charité de Saint-Vincent de Paul.

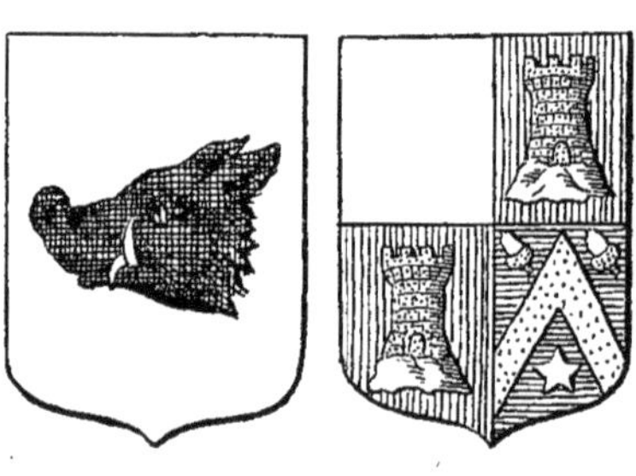

GOURLEZ DE LA MOTTE : *Écartelé : au 1er d'argent plein, aux 2e et 3e de gueules au rocher d'argent sommé d'une tour d'or, maçonnée de sable, au 4e d'azur au chevron d'or accompagné en chef de deux glands d'argent, les coques et queues d'or, posés en bande, et en pointe d'une étoile d'argent.*

XVIIIe DEGRÉ

3° HENRI-JOSEPH-MARIE JARRET DE LA MAIRIE, né à la Ville-au-Fourier le 4 août 1863, élève à l'Ecole militaire de Saint-Cyr, sous-lieutenant au 41e d'infanterie de ligne, lieutenant au 154e, chevalier de la Légion d'Honneur pendant la campagne de Chine qu'il avait faite comme capitaine au régiment de zouaves de marche, commandant-major au 25e régiment d'infanterie et chef de bataillon, épousa, en l'église Saint-Pierre du Gros-Caillou, à Paris, le 10 janvier 1906, Anne GOURLEZ de la Motte, fille d'Alfred Gourlez de la Motte, et de Marie de Montaigu.

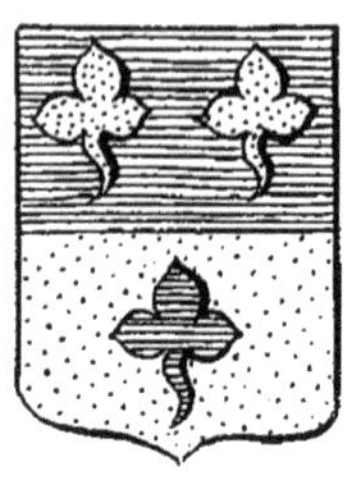

GAUDIN DE SAINT-RÉMY
Coupé d'azur et d'or à 3 trèfles de l'un en l'autre.

XVIe DEGRÉ (Voir p. 93)

4° LOUIS-MARIE-AUGUSTIN JARRET DE LA MAIRIE, fils d'Henri-René-Louis Jarret de la Mairie et d'Augustine-Marie Le Gouz du Plessis, né à Bordes, le 21 juillet 1816, épousa, en l'église de la Chapelle Saint-Remy, le 12 avril 1842 Marie-Agathe GAUDIN de Saint-Rémy, née au château de Courvalain, le 24 janvier 1822, fille d'Auguste-Alexandre Gaudin de Saint-Rémy, chevalier de Saint-Louis, et d'Adèle-Marie-Madeleine de Vanssay. Il mourut au château de Puyz, maire de Saint-Martin-de-Connée, le 29 décembre 1882, et sa femme, le 19 mars 1900. De ce mariage :

DE CYRESME :
De sinople à 3 faux d'argent emmanchées d'or, 2 et 1.

1° Marie-Adèle-Louise JARRET de la Mairie, née à Bordes, le 6 mars 1844, morte le 23 avril 1907 à Puyz, en Saint-Martin-de-Connée, y avait épousé le 9 janvier 1866 Lionel-Marie de CYRESME, né à Martragny (Calvados) le 28 août 1842, fils de Gabriel de Cyresme, ancien capitaine d'état-major, décédé à Caen le 31 janvier 1899, et d'Isabelle Ogier d'Ivry, décédée aussi à Caen le 16 août 1880. Il mourut à Puyz, maire de Saint-Martin-de-Connée, le 30 novembre 1877. De cette union, outre Joseph-Marie et Marie-Françoise, décédés, sont issus : Marie-Anne de Cyresme et Joseph, marié le 29 septembre 1896 à Antoinette de la Monneraye, fille du vicomte Alphonse de la Monneraye, lieutenant-colonel au 2e chasseurs, et de la vicomtesse, née Renée de Jourdan, d'où : Lionel, Georges et Gabriel de Cyresme.

Du Bourg : *D'azur à 2 molettes d'or en chef et une merlette de même en pointe.*

2° Louise-Marie-Elisabeth Jarret de la Mairie, née à Bordes, le 6 juillet 1846, épousa, à Saint-Martin-de-Connée, le 11 août 1869, Paul-Georges-Marie du Bourg, né à Laval, le 14 novembre 1843, fils de Paul du Bourg et de Adelaide-Marguerite Léziard du Dézerseul. Ils ont : Maurice du Bourg et Marie-Thérèse, mariée à Tony de Sèze, lieutenant au 13e hussards, puis au 7e chasseurs, d'où : Maurice, Henri, Raymond, Antoinette et Michelle de Sèze.

3° Joseph-Marie Jarret de la Mairie, né à Bordes, le 8 janvier 1848, y mourut le 8 mai 1850.

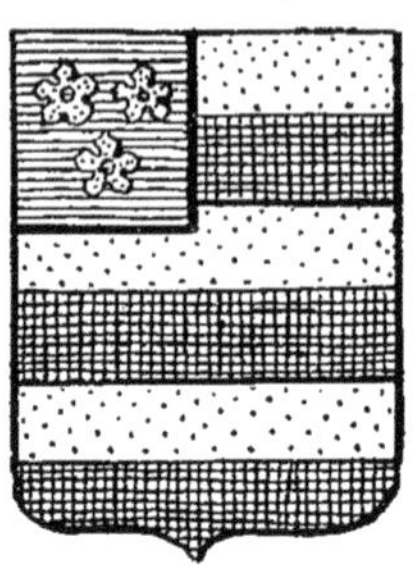

Le Gouz : *Fascé d'or et de sable de 6 pièces, au franc canton d'azur chargé de 3 quintefeuilles d'argent.*

XVe DEGRÉ

Louis-Ambroise-Augustin JARRET de la MAIRIE, fils puîné de Henri-René-Julien Jarret de la Mairie, et de Philippine-Madeleine de Boisjourdan (voir p. 89), né au château des Courans, le 28 août 1780, baptisé à Longuefuye, eut pour parrain Louis-Séraphin de Boisjourdan, son grand-père, et pour marraine Ambroise Jarret, sa grand'tante (1). Lorsque la Révolution éclata, il était destiné à l'Ordre de Malte (2) ; il eut une enfance des plus mouvementées au milieu de la guerre civile et de la Terreur. Il passa cette époque aux Courans, caché avec un vieux et digne prêtre qui fut son premier précepteur ; ils y restaient tant qu'ils s'y croyaient en sûreté, et sitôt qu'ils prévoyaient un danger, ils allaient chercher refuge parmi les bandes royalistes (3). Il épousa à Baugé, le 16 juillet 1811, Marie-Angèle Le Gouz, sœur de la femme de son frère, née et baptisée le 19 décembre 1787 au Vieil-Baugé, fille de Augustin-François Le Gouz, chevalier, seigneur du Plessis-le-Vicomte, le Bois, le Ménil, alors maire de Baugé, conseiller général de Maine-et-Loire, et de Marie-Anne-Charlotte de la Noue. Il eut en partage la terre de Chanay. Sa femme y mourut le 3 octobre 1841 et lui le 14 octobre 1872. De ce mariage sont nés :

(1) Assistaient à son baptême : dame Madeleine Guiteau de Boisjourdan, son aïeule, demoiselle Marie de Boisjourdan, dame Renée-Françoise-Madeleine de Vaujours (lisez Françoise-Renée-Madeleine de Boisjourdan, fille de Louis-René-Marc de Boisjourdan et de Francoise-Charlotte-Thérèse Gaultier de Brulon, dame de Longuefuye et des Courants, veuve en premières noces de Louis Morant, seigneur de Rougemont, remariée en 1734 à Ambroise-César du Bois de Maquillé, seigneur de la Buronnière et de Vaujours) de Louise de Vaujours, de Marc-Prosper Girard de Charnacé, chevalier de Saint-Louis.

(2) Le formulaire pour ses preuves avait été envoyé par Pontois fils, généalogiste et archiviste de l'ordre de Malte à Poitiers.

(3) *Lettres sur la Chouannerie.* Duchemin-Descepeaux.

1° ANATOLE-AUGUSTIN, qui suit.

2° Marie-Françoise JARRET de la Mairie, connue sous le nom de *Fanny*, née à Baugé, le 4 mai 1813, morte à Château-Gontier le 3 avril 1907.

3° Marie-Angèle JARRET de la Mairie, née à Baugé, le 22 juillet 1814, mariée (1) en la chapelle du château de Chânay, le 28 juin 1841, à Charles BARBEU du Boulay, né à Angers, le 14 juin 1800, décédé à Mauny (commune de Champigné), le 14 novembre 1867, fils de Mathurin Barbeu du Boulay et de Victoire-Félicité Loyseau de Mauny. Ils ont eu une fille Marie, morte sans alliance.

4° Paul-Marie JARRET de la Mairie, né à Baugé le 10 juin 1817, décédé en mars 1890 à Saint-Nazaire du Var.

5° Marie-Arsène JARRET de la Mairie, née à Baugé, le 8 janvier 1819.

HOCHEDÉ DE LA PINSONNAIS : *D'azur au chef d'argent chargé de 3 trèfles de sinople.*

6° Louise-Marie JARRET de la Mairie, née à Baugé, le 22 octobre 1823, épousa à Chânay, le 25 août 1856, Edmond-Vincent-Marie HOCHEDÉ de la Pinsonnais, en Nozay, fils de François-Marie Hochedé de la Pinsonnais, décédé le 4 juillet 1870, et d'Antoinette Duchesne de Chédouet, morte le 19 octobre 1890, à l'âge de 80 ans. Ils ont eu : Edmond de la Pinsonnais, qui épousa à Angers, le 29 mai 1890, Louise de Villoutrays. Ils ont : Guy, Jean et Yvonne.

(1) En présence de Victor-Emmanuel de Sarbourg, ancien officier du génie, chevalier de Saint-Louis, de la Légion d'honneur et de Saint-Ferdinand, d'Armand-René-Louis de Crochard de Milon, beaux-frères de l'époux, d'Henri Girard de Charnacé, cousin de l'épouse, et d'Henri-René-Louis de la Mairie, son oncle.

GAULTIER DE BRULLON : *D'azur à la rose d'argent accompagnée en chef de 2 étoiles d'or et en pointe d'un croissant de même.*

7° Philippe-Marie JARRET de la Mairie, né à Baugé, le 7 janvier 1825, élève à l'école militaire de Saint-Cyr, lieutenant au 2e grenadiers de la garde impériale, épousa au château de Vaux (commune de Chaumont), le 28 avril 1857, Hortense-Marie GAULTIER de Brullon, née à Vaux le 11 janvier 1827, fille d'Augustin-Alexandre Gaultier de Brullon et de Marie-Philippe Jarret de la Mairie, mort le 11 juin 1902 au château de Boisjourdan sans postérité.

8° Amédée-Charles JARRET de la Mairie, né à Baugé, le 3 novembre 1826, élève à l'Ecole militaire de Saint-Cyr, capitaine au 33e de ligne, épousa à la mairie du Mans, le 25 novembre 1856, et, le 26, dans la chapelle du château d'Ardenay (Sarthe), Hyacinthe-Louise-Henriette CHEVALIER, fille de Louis-Ambroise-Charles Chevalier et de Henriette de Nadot. Il mourut au Mans, le 21 juin 1903, et elle également au Mans, le 15 août 1907. Ils ont eu :

SEURRAT DE LA BOULAYE : *D'azur au lion d'or soutenu d'un chien passant d'argent supportant de la dextre une tour carrée d'argent, maçonnée de sable.*

A. — Marie-Angèle-Amélie JARRET de la Mairie, née à Besançon le 8 janvier 1858, épousa en l'église de la Couture du Mans, le 27 novembre 1877, Andéol-Marie-Augustin SEURRAT de la Boulaye, né à Orléans le 5 janvier 1850, fils d'Andéol-François-de-Sales-Félix Seurrat de la Boulaye, décédé à Orléans le 18 août 1901, et de Louise-Noémie Savart, décédée aussi à Orléans le

19 avril 1899, fille de François-Henri Savart, écuyer, et de Philippine Colas des Francs. Ils ont : Jean, Michel, Marguerite-Marie, Geneviève et Madeleine.

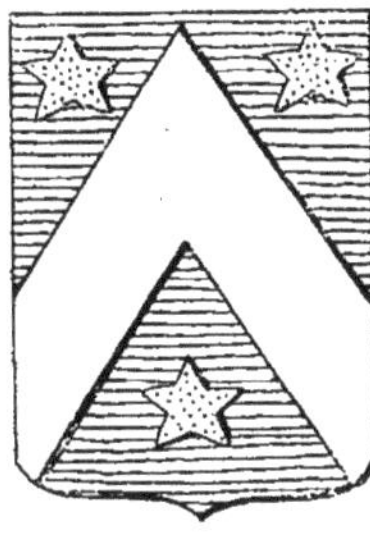

DE CAÏEU : *D'azur au chevron d'argent accompagné de 3 étoiles d'or, 2 et 1.*

B. — Louis-Amédée-Marius JARRET de la Mairie, né à Marseille le 1er avril 1859, épousa en l'église de Saint-Jacques d'Abbeville, le 20 juillet 1893, Louise-Marie de CAIEU, morte sans postérité en cette ville, le 15 novembre 1895, dans sa 33e année ; fille d'Edmond de Caïeu et d'Amélie Cherbonnier.

C. — Fernand-Marie-Anatole JARRET de la Mairie, né à Alençon le 2 août 1860, décédé au Bois-Hébert (Saint-Longis, Sarthe) le 21 juin 1883.

D. — Berthe-Marie-Hortense JARRET de la Mairie, née au Bois-Hébert, le 26 octobre 1866, morte le 6 novembre de la même année.

LE MOTHEUX : *D'azur au chevron d'or accompagné de 2 étoiles en chef et d'une aiglette aussi d'or en pointe.*

E. — Marthe-Marie-Henriette JARRET de la Mairie, née à la Genouillerie (Saint-Brice, Mayenne) le 19 octobre 1868, épousa en l'église de la Couture du Mans, le 10 octobre 1894, Hubert LE MOTHEUX du Plessis, né le 25 janvier 1868, fils d'Eugène Le Motheux du Plessis et d'Aline Mahot de Gemmasse. Ils ont : Aline, Marguerite-Marie, Hubert, Anne-Marie.

9° Ambroise-Henri JARRET de la Mairie, né à Baugé le 9 février 1831.

DE RAVENEL : *De gueules à 6 étoiles d'or, 3 et 3 en pal, soutenues d'un croissant de même, une 7e étoile d'or en pointe.*

DUREY DE NOINVILLE : *De sable au rocher d'argent surmonté d'une croisette de même.*

XVIe DEGRÉ

1° ANATOLE-AUGUSTIN JARRET de la Mairie, né à Baugé le 1er mai 1812, élève démissionnaire de l'École militaire de Saint-Cyr en 1830, s'associa à la prise d'armes ordonnée par la duchesse de Berry, prit part au combat de Chânay *(Preuves XLV)* soutenu par la troupe de Pierre Gaullier, colonel, commandant la province de la Mayenne sous le général baron Clouet; à la suite de ces événements, il fut condamné à mort et resta caché longtemps chez M. Guays des Touches, à Villette, près Longuefuye; épousa : 1° à la Flèche, en juillet 1838, Augustine de RAVENEL, fille de Théodore-Auguste de Ravenel de Boisteilleul et de Charlotte-Claudine de Quatrebarbes, morte sans enfants à la Flèche, le 3 mars 1841; 2° le 4 août 1845, à la Cressonnière (Calvados), Marie-Thérèse-Pauline DUREY de Noinville, fille de Bernard-Louis-Joseph Durey, comte de Noinville, lieutenant-colonel au corps royal d'état-major, chevalier de Saint-Louis et de l'ordre noble de Hohenlohe, et de Anne-Thérèse-Éléonore Le Cornu de Ballivière.

Elle mourut à Chânay, le 11 novembre 1877, dans sa 57e année, et lui le 14 janvier 1890 (1), dont : 1° Anatole, 2° Humbert, 3° Yvonne.

(1) « Le 17 janvier a eu lieu, à Grez-en-Bouère, l'enterrement de M. Anatole-Augustin Jarret de la Mairie, enlevé en quelques heures à l'affection des siens par une attaque de diphtérie.

« Un grand nombre d'amis avaient tenu à venir apporter à ses enfants l'expression de leurs regrets. M. le vicomte de Villebois-Mareuil a exprimé, en termes émus, la douleur unanime de tous les habitants de la commune de Grez-en-Bouère, qui perd en même temps qu'un bienfaiteur, un homme bon, affable, d'un conseil sûr et discret » *(Gazette de Château-Gontier).*

De Valori : *Écartelé aux 1er et 4e de sable à l'aigle d'argent semée de croissants de sable et chargée en cœur d'une croisette pattée de gueules, aux 2e et 3e d'or au laurier arraché de sinople au chef de gueules.* Supports : *deux aigles portant deux gonfanons aux armes de France et d'Angleterre.*

XVIIe DEGRÉ

1° Anatole-Louis-Marie Jarret de la Mairie, né à la Cressonnière le 2 juillet 1846, sous-lieutenant dans la Garde mobile de la Mayenne, chevalier de la Légion d'honneur le 17 septembre 1871, après avoir été blessé le 11 janvier à la bataille du Mans, épousa à Caen, le 1er décembre 1874, Bathilde-Alphonsine-Marie de Valori, née le 1er juillet 1854, fille de Joseph-René, comte de Valori, colonel commandant le 161e d'infanterie, officier de la Légion d'honneur, mort à Caen, le 8 avril 1905, dans sa 92e année, et d'Adélaïde-Suzanne-Eugénie Dupont-Longrais, aussi décédée à Caen, le 19 décembre 1885, dans sa 62e année, dont :

A. — Joseph Jarret de la Mairie, né à Tourville (Calvados), le 9 août 1870, mort le 10.

De Thomas de la Barthe : *D'or à 3 renoncules de gueules feuillées de sinople, au chef d'azur chargé d'une fleur de lis d'or.*

B. — Marie-Thérèse Jarret de la Mairie, née à Tourville, le 8 septembre 1877, épousa à Caen, le 26 juillet 1899, Marc-Raphaël-Raymond de Thomas, vicomte de Labarthe, né à Rennes le 10 novembre 1866, fils de Marie-Raphaël-Henri de Thomas, comte de Labarthe, et de Marie-Amélie-Marguerite Pigault de Beaupré. Ils ont : Gérard, Jean et Louis de Labarthe.

C. — Suzanne Jarret de la Mairie, née à Caen, le 18 février 1879, décédée le 26.

3° Marie-Joséphine-Yvonne JARRET de la Mairie, née à Orbec le 27 mai 1859.

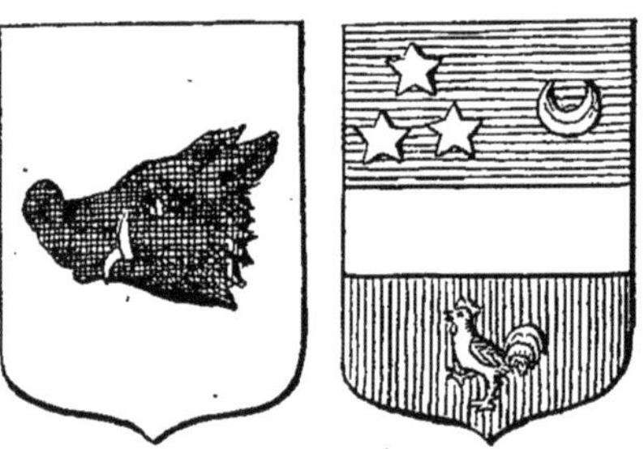

Dalamel de Bournet : *Coupé d'azur et de gueules à la fasce d'argent, l'azur chargé de 3 étoiles mal ordonnées mises en franc canton et accostées d'un croissant à senestre, le tout d'argent, le gueules chargé d'un coq chantant d'argent.*

2° Humbert-Joseph-Marie JARRET de la Mairie, né à la Cressonnière le 8 octobre 1849, zouave pontifical, décoré de la médaille d'or après la bataille de Mentana, capitaine dans la Garde mobile de la Mayenne, épouse, dans la chapelle du château de Varces (Isère), le 26 mai 1885, Mathilde-Théodorine Dalamel de Bournet-Laval, née à Grenoble le 17 août 1862, fille de Louis-Camille-Marie Dalamel de Bournet, mort le 31 août 1879 ; qui avait épousé, le 29 janvier 1855, Henricie-Gabrielle-Marie de Corbel-Corbeau de Vaulserre, morte le 14 décembre 1891 au château de Varces, où était décédé son mari. Ils ont :

A. — Solange-Marie-Françoise-Henricie Jarret de la Mairie, née à Yvoire (Haute-Savoie), le 28 septembre 1887.

B. — Madeleine-Marie-Françoise Jarret de la Mairie, née à Chânay, le 19 décembre 1889.

C. — René-Marie-Anatole Jarret de la Mairie, qui suit.

D. — Élisabeth-Christine-Marie-Berthe Jarret de la Mairie, née aux Ormeaux (commune de Bruz, Ille-et-Vilaine), le 1er décembre 1898.

XVIIIe DEGRÉ

René-Marie-Anatole JARRET de la Mairie, né à Chânay, le 5 mai 1891.

Jarret de la Mairie

p. 108 =

XVIIIe degré

René Marie Anatole Jarret de la Mairie né à Chanay le 5 mai 1891

(je trouve sur la liste des Morts au champ d'honneur (Echo de Paris du 12 8bre 1915) cette glorieuse mention de la mort le 9 7bre 1915 à l'assaut d'une position ennemie en Champagne du sous lieutenant d'infanterie René de la Mairie du 26e d'infant, âgé de 23 ans maréchal de logis au 10e cuirassiers au début de la campagne, il avait demandé en juillet 1915 à passer dans l'infanterie ; au 26e parce que dans ce régiment on se bat bien. je crois bien que c'est le même que celui qui est inscrit p. 108 de la Généalogie de la maison Jarret : seulement celui ci né en mai 1891 aurait eu 24 ans en 7bre 1915 = est il certain que ~~[illegible]~~ l'âge indiqué dans le Echo de Paris soit officiel

TITRES GÉNÉRAUX

Les JARRET ont été maintenus en Bretagne aux XVe et XVIe siècles.

En 1427, paroisse de Marcillé-Robert.

En 1434 et 1440, paroisse d'Essé.

En 1447 et 1479, paroisse de Marcillé.

En 1513, paroisses de Marcillé et Essé.

Leurs noms figurent dans la copie de la réformation des fouages conservée à la Bibliothèque de Saint-Brieuc, copie que cite M. de Courcy, p. 537 du tome III de la 3e édition du *Nobiliaire de Bretagne*, et aussi à la Bibliothèque nationale, ms. français 8311, folios 166, 179 et 180.

1427. — Enquête touchant les exempts de la paroisse de Marcillé-le-Robert, évêché de Rennes, faite par les commissaires Jean Malaunay et Guillaume Loaysel.

« Nobles : Raoullet Jarret, seigneur de Trozé et Ollivier Jarret son fils. »

1434. — Rapport et inféodation des personnes contribuantes à fouage en la paroisse d'Essé, évêché de Rennes, faite par les commissaires Jean Pélerin et Pierre, *alias* Jean Loaysel.

« Nobles Jean Jarret, seigneur de la Trousselière.

Geoffroy Jarret, seigneur de la Giffardière.

La métairie de la Pironnière appartenant à Raoullet Jarret. »

1438. — Réformation d'Essé et de Marcillé.

Raoulet Jarret, sieur de la Pironnière et de Trozé. « Ledit sieur de Trozé, noble lieu et personne a un autre lieu nommé la Rouxière des appartenances dudit lieu de Trozé et soulloit avoir dans la dicte parroisse une métairie nommée la Haye, laquelle il dit avoir baillée à Olivier Jarret, son fils, et le cogneut en présence desdits commissaires. »

1440. — Enquête touchant les exempts de la paroisse d'Essé faite par les commissaires Guillaume Durand et Guillaume Loaysel.

« Nobles..... Jean Jarret, sieur de la Trousselière.

Geoffroy Jarret. »

1447. — Enquête touchant les exempts de la paroisse de Marcillé-Robert, faite par les commissaires Olivier Giffart, chevalier, chambellan du duc, et Pierre de Bonabry.

« Nobles..... Raoul Jarret, sieur de Trozé.

Guyon Jarret, sieur du manoir de la Haye. »

1479. — Information faite par Raoul Bouquet et Robert Macé, sécretaire du duc, de la diminution de ladite paroisse laquelle, en l'an 1472 que Monsieur le Roy prit à force d'armes la place de la Guerche, fut entièrement ravagée par les troupes du Duc qui y séjournèrent longtemps et y tint le duc son camp l'espace d'un mois et plus pour résister à la malveillance de ses ennemis et pour la tuition du pays.

« Tesmoins, nobles..... Raoul du Hallay, chevalier, et Guyon Jarret, sieur de Trozé, de la Rouxière et de la Haye. »

1513. — Enquête touchant les personnes et maisons nobles de Marcillé-Robert.

« Noble écuyer, Arthur Jarret possède les métairies de Trozé et de la Rouxière de par avant à messire Guyon Jarret, chevalier, son père ».

Nobles gens Jean Bertrand et Magdelaine Jarret, sa femme, possèdent la métairie de la Haye, « qu'ils ont eue dudit Arthur Jarret, leur frère, pour partie du droit de Magdelaine en la succession dudit Guyon Jarret, leur père, chevalier ».

1513. — Reformation de la paroisse d'Essé.

« René Jarret possède les manoirs de la Trousselière, de Menant et de la Giffardière.

Me Auffray Morel possède le manoir du Rouvray et celui de la Pironnière. »

4 novembre 1587. — Maintenue par Charles Boucher, commissaire pour le régallement des tailles en la généralité de Touraine.

Charles BOUCHER, sieur de Dampierre, Conseiller du Roy, Maître des requêtes ordinaire de son hostel et commissaire député par sa Majesté pour le régallement des tailles en la généralité de Tourayne, maître Nicolas de la Chaussée, advocat à Angers, est comparu pour Charles JARRET, escuyer, sieur des Roches, dict qu'il est noble, a suivy les guerres de Flandres soubz le sieur de Montpencier. Son père se nommoyt Hardy Jarret et damoiselle Jehanne Amyot sa mère. Son ayeul se nommoyt Loys Jarret et sa femme Loyse de la Roche. Son bisayeul se nommoyt René Jarret et sa femme damoiselle Charlotte (1) Emesnard. Pour justiffication de ce, nous a représenté ung partaige faict par le dict Charles Jarret avec son puisné du XXXI juin 1584 signé Reyneau. Contract de mariaige d'entre Hardy Jarret, fils aisné de noble homme Loys Jarret du XVII novembre 1550, signé Raoul. Partaige d'entre ledit Hardy Jarret avec son frère puisné du VI janvier 1560, signé : Bernardin. Contract de mariaige d'entre Loys Jarret, fils aisné de René Jarret et damoiselle Charlotte Eménard, avec damoiselle Loyse de la Roche, du III octobre 1524, signé : Bernardin. Partaige d'entre Loys Jarret et Pierre Jarret, son frère puisné, du XXVI apvril 1526, signé : Robereau. Contract de mariaige d'entre René Jarret et la damoiselle Charlotte Emenard, du XXVI apvril 1583. Partaige d'entre René Jarret avec sa sœur puisnée, du VI may 1498, signé : Rocher, et d'autres pièces à nous représentées pour justification de la noblesse du dit Jarret. Nous Commissaire susdit ayant esgard à la déclaration cy-dessus faicte par le dit de la Chaussée pour le dit Jarret, ordonnons qu'il sera employé au roole de la paroisse, en laquelle il est demeurant en quallité de noble et exempt de tailles. Donné à Paris le septième septembre mil cinq cent quatre vingt et sept. Et expédyé par moy greffier du dit sieur commissaire, soubz notre seing et scel du dit sieur, ce quatrième novembre mil cinq quatre vingts et sept.

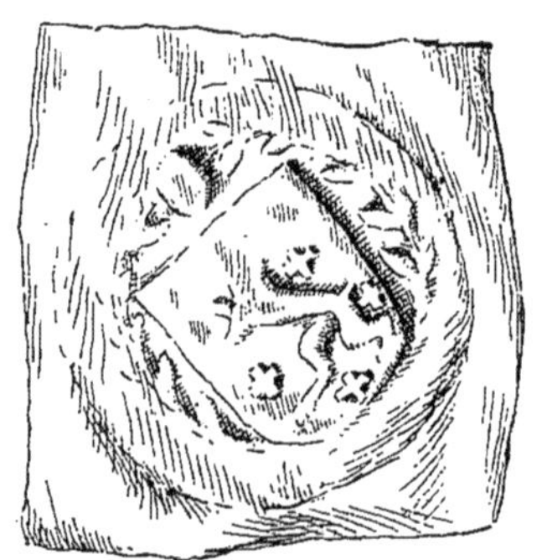

(Signé) NICOLAS.

Scellé, en placard sur papier.

Écu de gueules semé de croisettes d'argent au lion rampant d'or.

Original en parchemin.

(1) *Lisez* Aménard.

25 février 1599. — Maintenue par les Élus de Thouars, généralité de Poitiers.

Les Commissaires ordonnés par le Roy pour le régallement des tailles et abbuz commis au faict de ses finances en la généralité de Poitiers. Sallut, scavoir faisons que ce jourdhuy datte des présentes, cest comparu par davant nous Charles JARRET, escuyer, sieur des Roches, demeurant en la paroisse de Bouillé-Lorat (1), lequel, pour la justification de sa noblesse, nous a représenté ung contract de de partage à Jehan Jarret, écuyer, avec demoiselle Actaize de la Cour, sœur de Jehan de la Cour, écuier, sieur de Bellière, et par lequel appert, que le dit de la Cour a dellaissé partage à Jehan Jarret, écuyer, fils du dit Jehan Jarret et de la dite de la Cour, du 14e septembre 1454. Autre contrat de mariage de René Jarret, escuyer, sieur des Roches avecq damoiselle Charlotte Aménard, fille de noble homme messire Louys Aménard, chevalier, sieur du Mesny du XXVIIIe avril 1483. Autre contract de mariage de Louys Jarret, escuyer, fils aîné et principal héritier du dit Réné Jarret et de la dite Aménard, avec damoiselle Louyse de la Roche, fille de Jean de la Roche, escuyer, et damoiselle Mathurine Le Roux, sieurs de Courron et de la Maison-neufve, du III octobre 1524. Contract de mariage de Hardy Jarret, fils aisné du dit Louys Jarret, escuyer, sieur des Roches, avec damoiselle Jehanne Amiot, fille de noble homme Estienne Amiot, sieur de Lansaudière, du XVIe novembre 1550, et autres pièces à nous representées et apprés avoir sur ce ouy le substitut du procureur général du Roy nous avons renvoyé et renvoyons le dict Charles Jarret, escuyer, sieur des Roches, de l'assignation à luy donnée à la requeste du dict substitut du procureur général du Roy, comme noble et yssu de noble lignée. Sy donnons en mandement au premier huissier ou sergent royal sur ce requis, signiffier ces presentes à qui il appartiendra, de ce faire luy donnons pouvoir en vertu de celluy à nous donné, mandons à tous officiers et subgectz du Roy qu'à luy ce faisant soyt obbei. Donné à Thouars le XXXe jour de febvrier mil Vc quatre vingtz dix neuf.

(Signé) HUAULT de Montmaigny, de SAINCTE MARTHE, DE HEÈRE.

Par ordonnance de mes dictz sieurs.

(Signé) HALLIGRE.

Scellé en placard du sceau de Huault de Montmaigny.

Écu d'or à la fasce d'azur chargée de 3 molettes d'or et accompagnée de 3 coquerolles de gueules.

Original en parchemin.

20 janvier 1605. — Maintenue par René Rousseau, commissaire en la généralité de Poitiers.

René ROUSSEAU, escuyer, sieur de la Parisière, Conseiller du Roi, Maître

(1) Bouillé-Loré.

d'hostel ordinaire de sa maison, et trésorier général de France en Poictou, Commissaire député par S. M. pour la vériffication des nobles et réformation des abuz, qui se commecttent en ceste générallité de Poictou, et Martin Robin, Conseiller et Eslu en l'ellection de Thouars et subdélégué en la dite commission, Salut. En l'assignation donnée par davant nous à Charles JARRET, écuyer, sieur des Roches et de la Trousselière, demeurant en la paroisse de Bouillé-Loretz, aux fins de la justification de sa généalogie et noblesse, lequel satisfaisant à icelle nous a pour cest effect présenté ung contract de partage de Jehan Jarret, écuyer, fils aisné, héritier principal de feu Jehan Jarret, en son vivant escuyer et seigneur de la Trousselière, et de feue Astaise de la Court, sa femme, avec Jean de la Cour, son frère, écuyer, seigneur de la Bellière, de La Raye, fils aisné et héritier principal de feu messire Pierre de la Cour, en son vivant chevallier et seigneur du dit lieu, en datte du 14e jour de septembre 1454, signé Gallet et Georgereau. Autre contract de mariage de René Jarret, écuyer, seigneur des Roches et de la Trousselière, avec damoiselle Charlotte Esmenart, fille de noble messire Loys Esménart, chevalier, seigneur de Mesnil, de la Porte et de Moyé, en datte du 28e jour d'avril 1483, signé Poisson et scellé. Autre contract de mariage de Loys Jarret, écuyer, fils ainé et principal héritier du dit René Jarret, de la dite damoiselle Esmenard avec damoiselle Loyse de la Roche, fille de noble personne Jehan de la Roche, et demoiselle Mathurine le Roux, son épouse, seigneur et dame de Couron et de la Maison-Neuve, en datte du tiers jour d'octobre l'an 1524, signé Georgeaux et Benardin, notaires, et scellé. Ung autre contract de mariage de Hardy Jarret, fils aisné du dit Loys, avec demoiselle Jehanne Amyot, fille aisnée de noble homme Estienne Amyot et damoiselle Renée Mauviel, son espouse, en datte du 17e jour de novembre l'an 1550, signé Raoul, nottaire. Le dit Charles, fils du dit Hardy. Un autre contract de mariage de damoiselle Marguerite Jarret, fille du dit Jehan avec François du Vau de Cré, écuyer, fils aisné et principal héritier de Jehan du Vau, Ecuyer, Seigneur de Cré, en datte du 3e jour de janvier 1482, signé Georgeau et Bonnerier. Contract de partage fait noblement par Pierre Jarret, frère puisné du dit Loys avec le dit Loys, en date du 26 avril 1526, signé Robereau et Robereau, notaires, par lequel appert de la qualité de noblesse des prédécesseurs du dit Charles Jarret, veu les quelles pièces et enseignemens cy dessus mentionnés et dactés, à nous par le dit sieur des Roches pour la justiffication de sa dite généalogie et noblesse, en avons au dit Charles Jarret, escuier, sieur des Roches et de la Trousselière, octroyé le présent acte pour lui valloir et servir en temps et lieu et en ce faisant renvoyé de la dite assignation à lui faicte par nous pour cet effect, Mandons au premier huissier ou sergent royal, sur ce requis faire tous expoictz et significations a ce requises et nécessaires pour l'exécution des présentes. Fait au dit Thouars le 20e janvier 1605.

Original en parchemin.

(Signé) R. ROSSEAU (*sic*).

Et plus bas.

par mon dit sieur

CHENU, greffier.

8 janvier 1609. — Maintenue par les Élus de Thouars.

Sur la requeste à nous presentée par Charles JARET, escuyer, sieur des Roches, demourant en la paroisse de Bouillé-Loretz, disant que à la requeste du procureur du roy il a été assigné par davant nous pour représanter ses lettres et tiltres justificatifs de l'exemption des tailles et que aux mesmes fins les sieurs de MONTMAGNY, DE SAINCTE-MARTHE et de HEÈRE, commissaires à ce député par Sa Majesté l'auroient cy davant faict appeler par davant eulx pour justiffication de sa noblesse des quelx il nous a représenté leur sentence et ordonnance narative des tiltes par lui produictz pour vériffication de son extraction noble de ses prédecesseurs, Nous requerant veu ce estre maintenu en ses privilèges de noblesse et envoyé de sa prézante assignassion. Veu par nous la dicte sentence du 25e jour de febvrier 1599 et tiltres mentionnés par icelle, ensemble l'arrest du privé Conseil du roy de l'unziesme jour de septembre dernier et aultre donné en la court des Aydes, à Paris, le 27e jour de juing 1607, oy sur ce le procureur du Roy, avons renvoyé et renvoions le dit Jaret, escuier, de l'assignassion à lui donnée, ordonné qu'il jouira des privilèges de noblesse, ce faisant demourera deschargé de la contribution de deniers accoustumez estre levez sur personne de roturière condition. Sy donnons en mandement au premier sergent royal ou autres sur ce requis, signifié ces présentes à qui il appartiendra et les mectre à exécution sellon leur forme et teneur. Donné, faict et prononcé à Thouars par nous Jacques Gauvin, président, André Lucas, lieutenant, Claude Boynard, François Duverger, Pierre Richeteau, Michel Frogier, Jacques David, Samuel Boret, René Cheron, François Mestais, esleuz et conseillers du roy, sur le faict de ses aydes et tailles en l'eslection du dit lieu le huictiesme jour de janvier mil six cens neuf. Et ont les dictes pièces esté rendues.

(Signé) BLANC.

Taxé pour la visitation deux escus, et au procureur du roy ung quart escu, et au greffier et droict de clerc douze sols six deniers.

(Signé) BAUSSIN.

Original en parchemin.

6 juillet 1624. — Maintenue de noblesse par les Commissaires généraux, pièce citée dans la maintenue suivante comme rendue en faveur de Charles Jarret, mort sans postérité, frère de Jacques, sieur d'Halbeuf, marié à L. Begault, et de Louis, auteur de la branche de la Mairie.

31 Mars 1635. — Maintenue de noblesse par messires les commissaires d'Étampes et de Bragelogne. Bibliothèque nationale, Cabinet d'Hozier, 195.498, n° 2.

Veu la requeste à nous présentée par Jacques JARRET, sieur de Halbeuf, de la paroisse de Forges, et Marthe Jaret, sa sœur, veuve de feu André Guéniveau, de la paroisse de Doué, eslection de Saulmur, tendante à ce que acte leur soict donné de la representation de leurs tiltres, suivant l'assignation à eux donnée et ademis qu'ils jouiront des privilleges attribuez aux autres nobles du Royaulme, et disoient lesdicts Jarretz estre issus de Jacques Jarret, ledict Jacques de Arthus Jarret, ledict Arthus de Louys Jaret, ledict Louys de René Jaret, ledict René de Jehan Jaret, ledict Jehan d'un aultre Jehan, tous escuiers, seigneurs des Roches. Ung contract de partage faict entre ledict Jehan second, comme filz aisné et principal herittier dudict Jehan premier et representant Eustache de la Cour, sa mère, avecq Jehan de la Cour, escuyer, son oncle, du 14 septembre 1554. Ung contract de partage faict entre Margueritte Jaret et René Jaret, escuyer, de la succession dudict deffunct Jehan Jaret, leur père, du 3e janvier 1482. Le contract de mariage dudict René Jaret, seigneur des Roches, avecq damoiselle Charlotte Aménard, du XXVIIIe apvril 1483. Le contract de mariage dudict Louys Jaret, escuyer, comme filz aisné et principal héritier dudict deffunct René avecq damoiselle Louise de la Roche, fille de Jean, escuyer, et de Mathurine Le Roux, du III décembre 1524. Le contrat de mariage dudict Artus Jarret (marié) par ledict Louys, son père, avecq damoiselle Gasparde Pinet, du XXVIe janvier 1550. Ung accord et partage faict entre ledict Arthus Jaret et Hardy Jaret, son frère aisné, de la succession dudict Louys, leur père, par lequel aparoissent des adventages faictz audit Hardy comme principal herittier, du 13 juing 1567. Ung contract de mariage dudit Jacques Jaret par ledict Arthus, son père, comme son filz et unicq herittier, avecq damoiselle Marthe Le Bigot, du 27 septembre 1595, signée du Loyde. Le contract de mariage dudict Jacques Jaret, suppliant, comme filz aisné dudict Jaccques et de ladicte Le Bigot et avecq leur auctoritté, avecq damoiselle Margueritte Bérault, du 19 juillet 1621. Le partage faict par ledict Jacques Jaret audict Jacques Jaret, suppliant, et ses autres enfans, du VIIe novembre 1631. Ung acord faict en conséquence dudict partage entre ledict Jacques Jaret, escuyer, sieur de Hallebeuf, suppliant, et André Guéniveau, et ladicte damoiselle Marthe Jaret, sa femme, damoiselle Renée Jaret et aultres, ses sœurs, du 24 juillet 1633. Une sentence des commissaires generaulx du VI juillet 1624, pour laquelle Charles Jaret, frère dudict Jacques, est renvoyé de l'assignation à luy doné. Après avoir veu les pièces cy dessus; conclusions du procureur du Roy. Le tout, veu.

Nous commissaires susdicts, avons donné acte audict Jacque Jarret et Marthe Jarret, sa sœur, de la representation de leurs tiltres et ordonné qu'ils jouiront des privilleges attribuez aux autres nobles du Royaulme come nobles et extraict de nobles race et lignée, tant et si longuement qu'ils vivront noblement et ne feront acte desrogeant à noblesse. Faict à Angers, le dernier mars mil six cent trente et cinq.

(Signé) d'Estempes, de Bragelongne.

20 juin 1635. — Maintenue par les commissaires en la généralité de Touraine, citée dans la pièce suivante, rendue en faveur de Jean Jarret, seigneur de la Ferronnière, François Jarret, seigneur de la Palisse, et Charles, seigneur du Boulay.

Inventaire de production en la Cour des Aydes, à Paris, en conséquence de l'assignation du 12 janvier 1665.

Inventaire de production de tiltres de noblesse que met et baille par devant vous Nosseigneurs de la Cour des Aydes, Charles Jaret, escuier, sieur du Boulay et du Bary, demeurant au lieu seigneurial du Bary, en la paroisse de Sainct Martin de Lymet, deffendeur et assigné aux fins d'une commission généralle de la Cour, du vingt trois juillet mil six cens soixante quatre.

Contre monsieur le procureur généralle en la Cour, poursuitte et dilligence de maistre Thomas Bousseau, chargé de l'exécution des déclarations du Roy, des huictiesme febvrier mil six cens soixante un et vingt-deux juin mil six cens soixante quatre, demandeur, aux fins de la dicte commission généralle à ce que le deffendeur fust tenu reporter les tiltres de noblesse en vertu desquels il prend la qualité d'escuier.

A ce que par l'arrest qui interviendra, le deffendeur sera, s'il plaist à la Cour, renvoyé quitte et absoubz de la demande du dict seigneur procureur général, poursuittes et dilligence du dict Bousseau avecq condamnation de dommage, inthérest et despens contre le dict Bousseau pour l'indue véxation, ce faisant que le deffendeur comme noble et issu de noble race, jouira et sa postérité née et à naistre en loyal mariage des privilèges et exemptions attribuez aus aultres nobles du Royaume, avecq deffences de l'y troubler.

Pour à quoy parvenir et pour establir la généalogie du deffendeur, la cour est très humblement suppliée d'observer que le dict deffendeur est filz aisné, héritier principal et noble de deffunct Charles Jaret, vivant escuier, sieur du Boulay et du Bary, et de damoiselle Françoise de Montalembert, lequel Charles Jaret, père du deffendeur, estoit fils d'un aultre Charles Jaret, escuier, sieur des Roches, lequel Charles premier estoit fils de Hardy Jaret, lequel Hardy Jaret estoit fils de Louis Jaret, escuier, seigneur des Roches, de la Trousselière, le dict Louis, fils de René Jaret, escuier, seigneur de la Trousselière, René, fils de Jean Jaret, escuier, seigneur des Roches, lequel estoit fils d'un aultre Jean Jaret, escuier, seigneur de la Trousselière, tous lesquelz Jaret ont toujours depuis près de trois siècles non seulement pris et possedé la quallité de noble et d'escuier, mais qu'ils ont esté maintenus et gardez et ainsy le deffendeur issu de cette noble et ancienne famille et dont les prédécesseurs non plus que luy n'ont jamais dérogé à noblesse, a esté mal à propos, sauf correction, assigné en la Cour à la requestre et diligence du dict Bousseau, lequel doibt estre s'il plaist à la Cour deboutté de demande et condamnez aux despens, dommages inthérets pour l'indue véxation et est ce que dessus icy cotté par A.

Pour justifier du contenu cy dessus et faire voir à la cour que le deffendeur est fils aisné, héritier principal et noble de deffunct Charles Jaret, vivant escuier, sieur du Boulay et du Bary, et de damoiselle Françoise de Montalembert et que leurs successions ont esté partagées noblement aux deux parts et aux tiers entre le deffendeur, damoiselle Renée Jaret, sa sœur unique, comme il se pratique entre nobles en la coustume d'Anjou. Produict le deffendeur deux pièces attachées ensembles.

La première du vingt six janvier mil six cens soixante deux est le contract de mariage du deffendeur avecq damoiselle Charlotte Giraud, veufve François du Boschet, vivant, escuier, sieur du dit lieu, par lequel se voidt qu'il est fils du dict Charles Jarret, vivant escuier, sieur du Boulay et du Bary, et de la dicte damoiselle de Montalembert, le dict contract en parchemin signé des deux notaires royaulx passeur d'icelluy.

Et la deuxiesme et dernière, du premier mars mil six cens soixante trois, est le partage noble faict entre le deffendeur et damoiselle Renée Jaret, sa sœur unique, des successions de leur père et mère. Signé, Crosnier, notaire royal, Angers, au pied duquel partage noble est attaché une transaction du dix avril mil six cens soixante trois, faite entre le deffendeur et la dicte damoiselle Françoise de Montalembert, sa mère, la dicte damoiselle Renée Jaret, sa sœur unique, au sujet des dicts partages et de leurs aultres différends par l'advis de leurs parens et amis. La dicte transsaction signée Lamy, notaire. Sont les dictes deux pièces cottées par B.

Aux mesmes fins que dessus, produict le deffendeur deux aultres pièces attachées ensemble.

La première, du neuf febvrier mil six cens vingt six, est un contractz de mariage de Charles Jaret, escuier, seigneur du Boulay, second du nom de Charles, père du deffendeur, lequel Charles, second du nom, estoit fils de messire Charles Jaret, chevallier de l'ordre du Roy, premier du nom de Charles, et de dame Lancelotte Amiot, sa femme, seigneur et dame des Roches-Jaret, de la Trousselière, de la Joubardière et du Boulay, demeurant ordinairement à la maison seigneurialle des Roches-Jaret, paroisse de Bouillé-Loret, évesché de Poictiers, avecq la dicte damoiselle Françoise de Montalembert, fille puisnée de Jean de Montalembert, escuier, sieur de Belestre et de Sainct-Gravé et de deffuncte damoiselle Jeanne de Chambellé, sa compaigne ; le dict contract de mariage en papier signé Gaultier, nottaire à Chasteaubriand.

La deuxième et dernière du dix-neuf octobre mil six cens dix neuf, est un partage et subdivision des héritages dépendans des successions nobles de deffuncte dame Lancelotte Amiot, vivante femme et espouze du dict messire Charles Jaret, chevallier de l'ordre du Roy, seigneur des Roches, le dict partage faict et présenté par Jean Jaret, escuier, sieur de la Ferronnière, à François Jaret, escuier, sieur de la Palice, et à Charles Jaret, escuier, sieur du Boulay, ses frères, le dict Charles, père du deffendeur. Les dicts partages en papier signé Hunault, nottaire royal en Anjou, résidant à Craon, et sont les dictes deux pièces cottées par C.

Pour faire voir que le dict deffunct Charles Jaret, second du nom de Charles, père du deffendeur, a esté confirmé en sa noblesse et qu'il en a representé les tiltres par devant messieurs les commissaires généraux deputez par le Roy en la generallité de Tours, lesquels par leur sentence du vingt juin mil six cens trente cinq, auroient donné acte au dict Charles Jaret, escuier, sieur du Boulay, père du deffendeur, et à Jean et François Jaret, ses frères aisnéz, de la representation de leurs tiltres de noblesse et ordonne qu'eulx, leurs enfans nez et à nestre en loyal mariage jouiront des dits privilèges attribuez aux autres nobles du royaume tant et si longuement qu'ils vivront noblement et ne feront acte desrogeant à noblesse.

Produict le deffendeur deux pièces attachées ensemble.

La première, du seize juin mil six cens trente cinq, est l'assignation donnée au père du deffendeur à la requeste du procureur du Roy en la commission a comparoir par devant les dicts sieurs commissaires généraulx pour representer les tiltres de noblesse.

Et la deuxième et dernière est la sentence intervenue sur la representation des dicts tiltres de noblesse, le vingtiesme du dict mois de juin mil six cens trente cinq, par laquelle les dicts sieurs commissaires dont l'un estoit deffunct monsieur de Bragelongne, conseiller en la cour, ont ordonné que le dict Charles Jaret, second du nom de Charles, père du deffendeur, et Jean et François Jaret, ses frères aisnez, jouiront et leur posthérité des privilèges attribuez aux dicts nobles du royaume, au veu de laquelle sentence est faict mention des tiltres de noblesse, contractz de mariage et partage nobles faicts entre les prédécesseurs du deffendeur depuis près de trois siècles, après quoy il ne reste qu'à prononcer l'absolution du deffendeur avecq condamnation de dommages instherest et despens contre le dict Bousseau pour l'indue vexation. La dicte sentence en parchemin, signée de Bragelogne. Leclère, greffier, scellé. Et sont les dictes pièces cottées par D.

Aux mesmes fins que dessus et pour continuer de justiffier de la généalogie et noblesse du dict deffendeur telle qu'elle est cy dessus articullée et que Charles Jaret, escuier, sieur du Boulay et du Bary, père du deffendeur, estoit fils d'un aultre Charles Jarret, escuier, sieur des Roches, lequel Charles premier, ayeul du deffendeur, representa en janvier mil six cens cinq, il y a soixante ans et plus, leurs tiltres de noblesse et en conséquence de la representation qu'il en feist, fut renvoyé de l'assignation à luy donnée à cette fin par jugement de messieurs les commissaires deputez par le roy pour la vériffication des nobles du vingt janvier mil six cens cinq et qu'en mil six cens onze le partage noble fut faict par le dict Charles premier du nom, ayeul du deffendeur, avecq Jacques Jarret, aussy escuier, son frère puisné, des successions de deffunct Hardy Jarret, escuyer, sieur des Roches et de la Trousselière, et damoiselle Jeanne Amiot, leur père et mère, et de celle de Jean Jarret, escuier, leur frère aisné, principal héritier du dict Hardy Jarret, leur père, et aussi de cellede damoiselle Jeanne Jarret, leur sœur, et encore de celle d'un aultre Hardy Jarret, escuier, sieur de la Palice, leur oncle.

Produict le deffendeur trois pièces attachées ensemble.

La première, du cinq juin mil six cens deux, est un contract de mariage en parchemin du dict Charles Jarret, escuier, sieur des Roches, aieul du deffendeur, avecq damoiselle Charlotte Godet, fille de noble homme Guillaume Godet et de damoiselle Anthoinette Riaud, sieur et dame de Bron. Le dict contract de mariage signé Mallet et Gauchard, nottaires royaulx à Rennes en Bretagne.

La deuxième, du vingt janvier mil six cens cinq, est un jugement rendu par les commissaires députez par le roy, en la généralité de Poictiers, sur l'assignation donnée au dict Charles Jarret, escuier, sieur des Roches et de la Trousselière, ayeul du deffendeur, aux fins de justiffier sa généalogie et noblesse, lequel y a satisfaict, auroit lors representé les tiltres mentionnez et dattéz au dict jugement, duquel la Cour est très-humblement suppliée de prendre la lecture affin qu'elle cognoisse que la noblesse du deffendeur est justiffiée de près de trois siècles, au moyen de quoy le dict Charles Jarret, ayeul du deffendeur, fut renvoyé de la dicte assignation. Acte à luy donné de la representation de ses dicts tiltres de noblesse pour luy servir et valloir en temps et lieu ce que de raison. Le dict jugement en parchemin signé ROUSSEAU, et plus bas par mon dict sieur CHENU, greffier.

Et la troizième et dernière, du vingt trois octobre (1) mil six cens unze, est le partage noble faict par le dict Charles Jarret, escuier, sieur des Roches et de la Trousselière, avec Jacques Jarret, aussy escuier, son frère puisné, des successions du dict Hardy Jarret, escuier, sieur des Roches et de la Trousselière, et damoiselle Jeanne Amiot, ses père et mère, et encore des successions de Jean Jarret, escuier, leur frère aisné et principal héritier du dict Hardy Jarret, le père, et damoiselle Suzanne Jarret, leur sœur, et encorre de la succession de Hardy Jarret, escuier, sieur de la Pallice, leur oncle, par la lecture duquel partage noble la Cour recognoistra que les dictes successions ont esté partagées noblement et que ledict Charles Jarret, escuier, sieur des Roches et de la Trousselière, ayeul du deffendeur, a eu les droicts d'aisnesse, préciputz et avantages appartenants aux aisnez nobles par les coustumes d'Anjou et de Bretagne où les biens des dictes successions estaient scituez et assis. Le dict partage en parchemin signé BRUNET, nottaire de la Cour de Craon, demeurant à Saint Martin du Lymet, et scellé et sont les dittes trois pièces ycy cottées par E.

Item, aux mesmes fins que dessus et pour faire voir que le dict Hardy Jarret, escuier, sieur des Roches-Jarret et de la Trousselière, bisaieul du deffendeur, fils de Louis Jarret, escuier, sieur des Roches et de la Trousselière, trisaieul du dict deffendeur, a esté marié noblement avecq la qualité d'escuier comme fils aisné et principal héritier noble et qu'il a aussy partagé noblement la succession du dict Louis Jarret, escuier, sieur des Roches et de la Trousselière, son père, bisaieul du deffendeur, conformément à son contract de mariage.

Produict icelluy deffendeur trois pièces attachées ensemble.

La première, du dix sept novembre mil cinq cens cinquante, est le contract de mariage du dict Hardy Jarret, fils aisné de noble homme Louis Jarret, seigneur des Roches et de la Trousselière, auecq damoiselle Jeanne Amiot, et porte le dict contract de mariage ces mots qu'en faveur d'icelluy mariage et des enffans qui en naistront le dict Louis Jarret a marié et marie le dict Hardy Jarret, son fils aisné, avec la dicte damoiselle Jeanne Amiot, comme son fils aisné et principal héritier luy a ceddé et délaissé par ces présentes les deux partz de tous et chacuns ses biens immeubles qui est la part de l'aisné noble suivant la coustume. Le dict contractz de mariage en parchemin signé RAOUL, nottaire, et scellée.

La deuxièsme, du unze juillet mil cinq cens cinquante deux, est un adveu rendu par le dict Hardy Jarret, escuier, sieur de la Trousselière, fils aisné, héritier principal et noble présomptif de noble homme Louis Jarret, sieur des Roches et naguerre de la Trousselière, à Messire Anne, duc de Montmorency, pair connestable et grand maistre de France, baron de Chastaubriand, à cause de la dicte

(1) L'original porte vingt et un octobre.

terre de la Trousselière, le dict adveu en parchemin signé du dict Hardy JARRET et de deux nottaires.

Et la troizième et dernière, du vingt août mil cinq cens soixante et cinq, est le partage noble faict par le dict Hardy Jarret, escuier, seigneur des Roches-Jarret et de la Trousselière, à Hardy Jarret, aussi escuier, son frère puisné, de la succession du dict deffunct Louis Jarret, escuier, sieur des Roches et de la Trousselière, et de damoiselle Louise de la Roche, leur père et mère, par lequel partage noble le dict Ardy Jarret, escuier, puisné, se contente pour son partage de la mestairie de la Palice et a renoncé pour et au proffict du dict Hardy Jarret, escuier, son frère aisné, et des siens, à prétendre ny demander aulcune chose en quelque mannière que se soit, tant en la dicte maison des Roches, la Trousselière, que aultres choses quelconques des dictes successions de leurs dicts père et mère, par ce qu'aussy le dict Hardy Jarret aisné acquittera le dict Hardy Jarret, son puisné, de touttes debtes d'icelles successions qui sont toutte marque de partages nobles. Le dict partage noble en parchemin signé BENARDIN, nottaire en la Cour de Montreuil-Bellay, et sont les dictes deux pièces ycy cottées par F.

Item, pour de plus en plus continuer de justiffier de l'équité des conclusions cy dessus et de la véxation qui est faicte au deffendeur par le dict Bousseau mérite une condamnation contre luy de dommages inthérets et despens au proffict du dict deffendeur.

Produict icelluy deffendeur deux pièces attachées ensembles.

La première, du troiziesme jour d'octobre mil cinq cens vingt quatre, il a sept vingtz tant d'annez, est le contract de mariage du dict Louis Jarret, escuier, trisaieul du deffendeur, lequel Louis estoit père de Hardy Jarret, escuier, avecq damoiselle Louise de la Roche, lequel Louis Jarret, escuier, est marié comme fils aisné et principal héritier de noble homme René Jarret, aussy escuier, et de damoiselle Charlotte Amenard, son espouze, seigneur et dame de la Trousselière et des Roches, le dict contract de mariage en parchemin signé GEORGEAU et BENARDIN, nottaire, passeur d'icelluy et scellée.

Et la deuxième et dernière pièce de la dicte cotte, du vingt aoust mil cinq cens soixante et cinq, est l'employ que le deffendeur faict en ce lieu du dict partage noble faict par Hardy Jarret, fils du dict Louis, des biens des successions du dict Louis Jarret, escuier, et de la dicte de la Roche, ses père et mère, cy dessus produict pour seconde pièce de la cotte F, et sont les dictes deux pièces ycy cottées par G.

Pour continuer de justiffier que le dict Louis Jarret, escuier, seigneur des Roches et de la Trousselière, bisayeul du deffendeur, a toujours pris la qualité d'escuier.

Produict icelluy deffendeur trois antiens tiltres en parchemin.

Le premier, du vingt deux may mil cinq cens trente deux, est un contract d'acquisition d'un héritage y mentionnez auquel le dict Louis Jarret est desnommé comme acquéreur en ses mots : noble Louis Jarret, escuier, seigneur des Roches et de la Trousselière.

La deuxième, du neuf aoust mil cinq cens trente neuf, est un contract d'eschange d'héritage auquel le dict Jarret est nommé en ses termes : noble homme Louis Jarret, escuier, seigneur de la Trousselière et des Roches.

Et la troizième et dernière des dictes pièces, du douze juin mil cinq cens quarante deux, est aultre contract d'aquisition des héritages y mentionnez auquel le dict Jarret est encore nommé en ses motz : noble homme Louis Jarret, escuier, seigneur des Roches-Jarret, au dos duquel contract est un autre acte notarié où est encore la mesme qualité, les dicts contracts en parchemin signez des nottaires, passeur d'yceulx, scellez et ycy cottées par H.

Item, pour faire voir que René Jarret, escuier, sieur des Roches et de la Trousselière, quatraieul du deffendeur et père du dict Louis, a aussi de son vivant, comme ses successeurs ont toujours pris la qualité d'escuier, tant par son contract de mariage que par tous les aultres actes qu'il a faict pendant sa vie.

Produict le deffendeur trois pièces attachées ensemble.

La première, du vingt huict avril mil quatre cens quatre vingtz trois, il y a près de deux cens ans, est le contract de mariage du dict René Jarret, escuier, sieur des Roches et de la Trousselière, quatraieul du deffendeur, par lequel il prend qualité de noble homme René Jarret, escuier, seigneur des Roches et de la Trousselière, avec damoiselle Charlotte Amenard, fille de noble homme Messire Louis Aménard, chevallier, seigneur du Mesnil, de la Porte et Moyé. Le dict contract de mariage en parchemin signé Poisson, nottaire et scellé.

Les deux et troizième et dernières pièces de la dicte cotte des neuf novembre mil quatre cens quatre vingtz six et sept may mil quatre cens quatre vingtz dix huict, sont deux transactions contenant partage noble d'entre le dict René Jarret, escuier, seigneur de la Trousselière et des Roches, et damoiselle Marguerite Jarret, sa sœur, espouze de François du Vau, escuier, seigneur du dict lieu, des dictes deux transactions en parchemin, en bonne et deue forme, signée des nottaires, passeur d'icelles, scellés et sont les dictes pièces ycy cottées par I.

Item, pour faire voir que le dict René Jarret, escuier, seigneur de la Trousselière et des Roches, est fils de Jean Jarret, escuier, seigneur des Roches, quintaieul du deffendeur, lequel Jean Jarret estoit fils d'un autre Jean Jarret, escuier, seigneur de la Trousselière, sixiesme aieul du dict deffendeur. Produict icelluy deffendeur trois pièces attachées ensemble.

La première, du quatorze septembre mil quatre cens cinquante quatre, sont des partages faictz entre noble personne Jean de la Cour, escuier, seigneur de la Belière, fils aisné et héritier principal de feu Messire Pierre de la Cour, en son vivant chevallier, seigneur du dict lieu, d'une part, et le dict Jean Jarret, escuier, fils aisné et héritier principal de feu Jean Jarret, en son vivant escuier, seigneur de la Trousselière, et de feu Eustache de la Cour, sa mère, sœur germaine du dict Jean de la Cour, d'aultre part des biens à eulx eschuz de la dicte succession du dict feu Messire Pierre de la Cour, père du dict Jean de la Cour, et de la dicte Eustache de la Cour, mère du dict Jarret et de laquelle il fait representation. Les dicts partages en parchemin, en bonne et due forme, et signées de deux nottaires.

La deuxième, du premier may mil quatre cens cinquante sept, il a deux cens huict ans, est une transaction passé entre le dict Jean de la Cour, le jeune, escuier, et le dict Jean Jarret, escuier, fils aisné et héritier principal de la dicte feu Estache de la Cour, sa mère, sœur du dict Jean de la Cour, l'aisné, sur des procès et différends pendans entre eulx par devant le seneschal d'Anjou. La dicte transaction, aussy en parchemin, signée de deux nottaires, passeur d'icelle scellé.

Et la troizième et dernière pièce de la dicte cotte, du dix neuf novembre mil quatre cens soixante douze, est un adveu rendu au dict Jean Jarret, escuier, seigneur des Roches, à cause de son hostel, terre et seigneurie du dict lieu des Roches. Le dict adveu en parchemin signé de deux nottaires.

Servent touttes les dictes pièces pour faire voir à la Cour qu'il y a deux siècles entiers que le deffendeur et ses predesesseurs, seigneurs des Roches et de la Trousselière, ont pris et possédé la quallitez d'escuier. Ilz ont esté maintenus lorsque on leur a demandé la representation des dicts tiltres justitficateurs de leur noblesse après la representation d'yceux par deux sentences rendues par Messieurs les commissaires, députez par le Roy à cet effet, lesquelles sentences sont cy dessus produictes, a près quoy vray de dire que s'est, sauf correction, une insigne véxation qui est faicte au deffendeur, à laquelle le dict Bousseau doibt les despens et sont les dictes trois pièces ycy cottées par L.

Item, produict le deffendeur deux pièces attachées ensemble.

La première est l'assignation (1) donné en la Cour au deffendeur, le douze janvier mil six cens soixante cinq, à la requeste de Monsieur le procureur général, poursuitte et dilligence du dict Bousseau, en vertu d'une commission généralle de la dicte Cour, du vingt trois juillet mil six cens soixante quatre, pour aporter par le dict deffendeur ses tiltres de noblesse.

Et la deuxième et dernière, signée de la Barre, procureur du dict Bousseau, est une sommation de produire par le deffendeur. Sont les dictes pièces cottés par M.

Item, produict le deffendeur ce present inventaire aux fins y contenues et pour la confirmation de ses tiltres y produicts, ycy cotté par N.

Item, employe en ce que servir luy peult et non aultrement la production du dict Bousseau, ycy tenue pour cottée par O.

Item, produict le dict deffendeur l'acte de déclaration d'avoir par luy produict et mis ses dicts tiltres au greffe, duement signiffié au dict de la Barre, procureur du dict Bousseau, et ycy cottées par P.

(Signé) Bussin.

Original en papier.

Maistre Alexandre Dasse, procureur de Thomas Bousseau, déclare à Maistre Poussin, procureur de Charles Jarest, sieur du Boullay et du Bary, qu'après avoir eu communication de la production faicte par ledict Jarest, qu'il se désiste de sa

(1) Le texte imprimé de cette assignation se trouve joint et annexé à ladite maintenue.

demande et se rapporte à Monsieur le procureur général de requérir en la Cour d'ordonner de la noblesse du dict Jarest ainsy qu'il appartiendra.

Par copie,
BASTONNEAU. DIZAORRE ?

Le XVI may 1665. par BEÇON, huissier.

Original en papier.

29 février 1668. — Inventaire de titres et maintenue par Voisin de la Noiraye, transcrite dans la pièce suivante.

19 septembre 1668. — Inventaire de titres et maintenue par Voisin de la Noiraye, commissaire en la Généralité de Touraine.

Inventaire des tittres de noblesse que Louis JARRET, escuier, Sr de la Roche, demeurant paroisse de Brais, eslection et ressort de Baugé, met et produict devant vous, Monseigneur Voysin, chevalier, seigneur de la Noiraye, conseiller du Roy en ses Conseils, Maître des requestres ordinaire de son hostel, Commissaire déparly pour l'exécution des ordres de Sa Majesté ez provinces de Touraine, Anjou et le Maine, pour obeir à l'arrest du Conseil de 22 mars 1666 et à vostre ordonnance, intervenue en conséquence, poursuitte et dilligence de maître Jean Laspeire, chargé de la recherche des usurpateurs du tiltre de noblesse.

PREMIÈREMENT

Produict sa généalogie avec le blazon de ses armes, au dessous duquel est son certifficat, portant qu'il ne connoist autres personnes de sa famille qui porte son nom et armes qui sont d'argent à la hure de sanglier arrachée de sable que ceux contenus en la dite généalogie, cottée A.

Item, produict pour justiffier les faicts de sa généalogie, l'inventaire des tiltres de noblesse que Louis Jarret, escuier, Sr des Terres-Noires, demeurant paroisse de Saint-Just de Versay, eslection de Montreuil-le-Bellay, ressort d'Angers, ensemble l'acte estant au pied de la représentation de ses tiltres contenus au dit inventaire pour estre employé au catalogue des gentilshommes, ordonné par l'arrest du Conseil du XXIIe mars 1666, datté du 29 febvrier 1668, dont la teneur ensuict.

Inventaire des tiltres de noblesse que Louis Jarret, escuier, Sr des Terres-Noires, demeurant paroisse de Saint-Just de Versay (des Verchers), eslection de Montreuil-Bellay, sénéchaussée d'Angers, tant pour lui que pour Charles Jarret, escuier, Sr de Bellevue, son frère, met et produict devant vous, Monseigneur Voysin, chevalier, seigneur de la Noiraye, conseiller du Roy en ses Conseils, Maître des requestres ordinaire de son hostel, commissaire departy pour l'exécution des ordres de Sa Majesté ez provinces de Touraine, Anjou et le Maine, pour obéir à l'arrest du Conseil, du 22 mars 1666, et à vostre ordonnance intervenue en conséquence, poursuitte et dilligence de Maître Jean Laspeire, chargé de la recherche des usurpateurs du tiltre de noblesse, demandeur.

PREMIÈREMENT

Produict sa généalogie avec le blazon de ses armes au dessous duquel est son certifficat, portant qu'il ne connoist autres personnes de sa famille qui porte son nom et armes que ceux desnommés en l'arbre généalogique cotté A.

Item, pour justiffier que Arthur Jarret, escuier, bisayeul du produisant, a toujours vescu noblement, qu'il estoit fils de Louis Jarret, escuier, et de damoiselle Louise de la Roche, et qu'il espouza damoiselle Gasparde Pinet, produict deux pièces attachées ensemble.

La première est un contract de mariage passé devant Grignon, notaire à Doué, le 25 janvier 1550, entre Arthur Jarret, fils de noble personne Louis Jarret, seigneur des Roches-Jarret, d'une part, et Gasparde Pinet, fille unique de honneste homme Maître Étienne Pinet et Renée Thoueret, sa femme, d'autre part, par lequel se voit que le dit Louis Jarret et Louis Lebrun, tant en leurs noms privés que eux faisans forts de Hardy Jarret, escuier, fils aisné du dit Louis Jarret, ont promis bailler et payer aux dits Pinet et sa dite femme, dedans la bénédiction nuptialle des futurs conjoints, la somme de douze cens livres tournois, signé Grignon, notaire.

La seconde est une transaction en forme de partage passé devant Bénardin, notaire, le treize juin 1567 entre noble homme Arthur Jarret, fils puisné de deffunct noble personne Louis Jarret, en son vivant seigneur des Roches et de la Trousselière, et damoiselle Louise de la Roche, d'une part, et noble homme Hardy Jarret, fils aisné et principal hérittier du dit Louis Jarret, d'autre part, par laquelle se voit que le dit Hardy Jarret a donné au dit Arthur Jarret, son frère puisné, tant pour sa part des successions de leurs deffuncts père et mère que pour ce qui luy avait esté promis par son contract de mariage avec damoiselle Gasparde Pinet la somme de treize cents livres ainsi qu'il est contenu en la dite transaction. Signé Bénardin, notaire, les dites pièces cottées B.

Item pour faire voir que du dit Arthur Jarret, escuier, et de la dite damoiselle Gasparde Pinet, sa femme, est issu Jacques Jarret, escuier, qui épouza damoiselle Marthe Lebigot, produict trois pièces attachées ensemble.

La première, du 12 mars 1603, est une transaction passée devant Denis Hervé, notaire royal à Saumur, entre damoiselle Gasparde Pinet, femme séparée de biens de Arthur Jarret, escuier, seigneur de la Roche, d'une part, et René Bodet, laboureur, d'autre part, pour raison des ruines et desmolitions prétendues avoir esté faictes par le dit Bodet en la mestairie de Verdois à la dite Pinet apartenant et à luy donné à tiltre de moictié par Jacques Jarret, escuier, S[r] d'Halbeuf, fils de la dite Pinet, la dite transaction faite en présence du dit Arthur Jarret, Sr de la Roche, et Jacques Jarret, leur fils. Signé Bodillier, notaire.

La seconde est une transaction passée devant le dit Hervé, notaire à Saumur, le dit jour 12 mars 1603, entre Jacques Jarret, escuier, S[r] d'Halbeuf, demandeur, d'une part, et Marie Hamelin, veuve de feu Mre François du Portau, deffenderesse, d'autre part, sur ce que le dit demandeur disait qu'il estoit seigneur tant en son nom que comme mary de damoiselle Marthe Le Bigot d'une maison et apartenance située au lieu de Doué auparavant vendue par la dite Hamelin et Arthur Jarret, escuier, Sr de la Roche, et damoiselle Gasparde Pinet, ses père et mère, pour lequel effect ils ont transigé ainsi qu'il est plus au long contenu en la dite transaction. Signé Bodillier, notaire.

La troisième, du dix juin 1604, est un extrait tiré du papier censif et déclaratif de la chastellenie, terre et seigneurie de Doubs, attesté par devant Monsieur le lieutenant général d'Anjou, dans lequel se voit que nobles personnes Arthur Jarret, Sr de la Roche-Jarret, damoiselle Gasparde Pinet, fille de feu Mre Étienne Pinet, Jacques Jarret, escuier, leur fils, et damoiselle Marthe Le Bigot, son espouze, ont donné leur déclaration des héritages qu'ils tenaient du dit fief et seigneurie de Doubs. Signé Louis Jarret, Barbier et Le Cesvre, les dites pièces cottées C.

Item pour justiffier que du dit Jacques Jarret, escuier, et de la dite damoiselle Marthe Le Bigot, sa femme, est issu Jacques Jarret, escuier, qui espouza en première noce damoiselle Louisé Bégault, en seconde damoiselle Marguerite Bérault, produict trois pièces attachées ensemble.

La première est un contract de mariage passé en la cour de Bouzaille le 16 juillet 1621 entre Jacques Jarret, escuier, S[r] des Terres Noires, fils aisné de Jacques Jarret, escuier, Sr de Halbeuf, et de damoiselle Marthe Le Bigot, son espouse, d'une part, et damoiselle Louise Bégault, fille de deffunct Claude Bégault, vivant escuier, Sr de Cherne, et de damoiselle Lucresse Allendaz, sa mère, d'autre part. Signé Duyhault, notaire.

La seconde, du 17 novembre 1631, est un acte de remploy faict par Jacques Jarret, escuier, Sr de Halbeuf, à Jacques Jarret, escuier, S[r] des Terres Noires, son fils, André Guérineau, escuier, Sr de la Gaspézière, et damoiselle Marthe Jarret, son espouze, et damoiselles Claude, Renée et Marie les Jarrets. Tous les dits Jarrets enfans du dit Sr de Halbeuf et de deffuncte damoiselle Marthe Le Bigot, vivant leur mère, d'autre part de la somme de six mil livres tournois ainsy qu'il est tenu faire par le contract de mariage de luy et de la dite deffuncte de Bigot. Le dit acte signé Bezejon, notaire royal.

La troisième est un autre contract de mariage passé devant Pillet, notaire de la baronnie de Gilbourg, le dix jour de janvier 1633, entre Jacques Jarret, escuier, S[r] des Terres Noires, et Bellevue, fils aisné, principal héritier de Jacques Jarret, escuier, Sr de la Roche-Halbeuf, d'une part, et damoiselle Marguerite Bérault, fille puisnée de Louis Bérault, escuier, S[r] des Monceaux et de la Guespière, et damoiselle Eslie de Fresque, son espouze, d'autre part. Signé Pillet, notaire royal. Les dites pièces cottées D.

Item pour justiffier que du dit Jacques Jarret, escuier, et de damoiselle Marguerite Bérault, sa seconde femme, est issu Louis Jarret, escuier, S[r] des Terres

Noires, produisant, qui a espouzé damoiselle Renée de Carré et Charles Jarret, escuier, Sr de Bellevue, produict :

Un contract de mariage, passé devant Joseph Gougeon, notaire juré au comté de Chemillé le 21 septembre 1656, entre Louis Jarret, escuier, Sr de Bellevue, fils aisné de deffunct Jacques Jarret, vivant escuier, Sr des Terres Noires, et de damoiselle Marguerite Bérault, ses père et mère, d'une part, et damoiselle Renée de Carré, dame de Langardière, fille de deffunct Julien de Carré, vivant escuier, Sr de Maubuisson, et de damoiselle Valentine de Brossard, ses père et mère, d'autre part, faict du consentement de la dite damoiselle Marguerite Bérault, mère du dit futur espoux et autres. Signé Gougeon, notaire. Cotté E.

Plus produict le dit Inventaire, cotté F.

Le présent inventaire attesté véritable par moy soubsigné. Faict à Tours le vingtième jour de febvrier mil six cens soixante huict.

(Signé) Louis JARRET et LE CLÈRE.

Jean-Baptiste VOYSIN, chevalier, seigneur de la Noiraye, conseiller du Roy en ses conseils, maitre des requestes ordinaire de son hostel, commissaire desparty pour l'exécution des ordres de Sa Majesté ez provinces de Touraine, Anjou et le Maine.

Veu l'inventaire cy dessus, pièces y esnoncées, désistement du dit Laspeire, conclusion du procureur de Sa Majesté.

Nous, commissaire susdit, avons donné acte aux dits Srs Jarret de la représentation de leurs tiltres mentionnés en l'inventaire cy dessus pour y avoir esgard lors de la confection du catalogue des gentilshommes ordonné par l'arrest du conseil du 22 mars 1666. Faict à Tours le 29e et dernier jour de febvrier 1668.

(Signé) VOYSIN de la NOIRAYE.

Le dit inventaire cotté B.

Item pour justiffier que le dit Louis Jarret, produisant, escuier, Sr de la Roche, est issu de deffunct Jacques Jarret, escuier, et de damoiselle Marthe Le Bigot, sa femme, qualiffiez en la cotte C de l'inventaire inceré cy dessus et qu'il a espouzé damoiselle Anne Moreau et qu'il estoit fils cadet de Jacques Jarret, aussi escuier, qualiffié en la cotte D du dit inventaire, produict une pièce :

Qui est la minute d'un contrat de mariage passé devant Gaultron, notaire royal à Baugé (1), le 24 febvrier 1634, entre Louis Jarret, escuier, Sr de la Roche, d'une part, et damoiselle Anne Moreau, fille de Phélix Moreau, vivant escuier, Sr de la Mairie, maréchal des logis de la deffuncte royne Marguerite, et de damoiselle Jacqueline de Meaulne, ses père et mère, d'autre part, par lequel appert que le dit Louis Jarret fut assisté au dit contrat par Jacques Jarret, escuier, Sr de Halbeuf, son frère aisné, et par damoiselle Marthe Jarret, veuve de deffunct noble homme André Guesriveau, Sr de la Galpezière et autres, et que le dit Jacques estoit relicataire au dit Louis Jarret, escuier, Sr de la Roche, de plusieurs sommes de deniers provenant de la succession et pour sa portion du partage des

(1) Il faudrait notaire de la cour de Baugé, résidant à Marcilly.

biens de deffunct Jacques Jarret, vivant escuier, Sr de Halbeuf, leur père, et des deniers dotaux de deffuncte damoiselle Marthe Le Bigot, leur mère, lesquelles sommes faisaient partie de son mariage comme il est plus au long contenu au dit contract. Signé Louis Jarret, Anne Moreau, Jacques de Meaulne, Jacques Jarret, Gaultron et plusieurs autres. Cotté C.

Plus produict le présent inventaire au moyen duquel et des pièces y contenues ensemble de l'inventaire et renvoy y incéré il vous plaise, Monseigneur, le maintenir en sa qualité d'escuier et aux privilèges et exemptions qui y appartiennent, en conséquence le renvoyer des demandes du dit Laspeire avec dépens. Cotté D.

Le présent inventaire attesté véritable par moy soubsigné. Faict à Tours le 17 septembre 1668, MIRÉ.

Jean Baptiste Voysin, chevalier, seigneur de la Noiraye, conseiller du Roy en ses conseils, maitre des requestes ordinaires en son hostel, commissaire départy pour l'exécution des ordres de Sa Majesté ez provinces de Touraine, Anjou et de Maine.

Veu l'inventaire cy dessus, acte de représentation par nous donnè à Louis et Charles Jarret de leurs tiltres mentionnés en l'inventaire cy dessus incéré, contract de mariage de Louis Jarret, produisant, désistement du dit Laspeire et conclusions du procureur de Sa Majesté.

Nous, commissaire susdit, avons donné acte au dit Louis Jarret de la représentation de notre ordonnance portant acte de renvoy aux dits Louis et Charles Jarret et de son contract de mariage pour y avoir esgard lors de la confection du catalogue des gentilshommes ordonné par l'arrest du conseil du 22 mars 1606. Faict à Tours le 19 septembre 1668.

(Signé) VOYSIN de la NOIRAYE.

Original en papier.

18 septembre 1668. — Inventaire de pièces et maintenue par Voisin de la Noiraye, commissaire en la généralité de Touraine :

Inventaire des tiltres de noblesse que Charles JARRET, escuier, sieur du Baril, y demeurant parroisse de St Martin de Limet, eslection et présidial de Chasteaugontier, met et produit devant vous, Monseigneur Voisin, chevalier, Sr de la Noiraye, conseiller du Roy en tous ses conseils, Me des requestes ordinaire de son hostel, commissaire desparty pour l'exécution des ordres de Sa Majesté ès provinces de Touraine, Anjou et Maine. Pour satisfaire à l'arrest du conseil du XXII mars 1666 et à vostre ordonnance en consequance à luy signiffiée à la requeste de Me Jean Laspeyre, chargé de la recherche des usurpateurs de noblesse, avecq assignation pour representer devant vous, Monseigneur, les tiltres en vertu desquels il prend la qualité d'escuyer.

PREMIÈREMENT

Produit le blason de ses armes qui sont d'*argent à la hure de sanglier arrachée de sable*, au bas duquel est l'arbre généalogique de sa famille et ensuitte son certifficat portant qu'il ne congnoist de son nom et armes que ceux y contenus. Cotté A.

Pour faire voir que René Jarret, escuyer, estoit issu de noble et ancyenne race, qu'il a tousjours vescu noblement et qu'il avoit espousé damoiselle Charlotte Hamenard (1), et que Louis Jarret, escuyer, estoit leur fils, et qu'il avoit espousé damoiselle Louise de la Roche.

Produit un contract de mariage passé devant Géorgeau et Bellardin, nottaires à Ferrières, le 3 octobre 1524, faict entre noble personne Louis Jarret, escuyer, fils aisné et principal hérittier de noble homme René Jarret, escuyer, sieur de la Trousselerye (2) et de feue damoiselle Charlotte Hamenard, d'une part, et damoiselle Louise de la Roche, fille de Jean de la Roche et de damoiselle Mathurine Le Roux, d'autre. Le dit contract estant en parchemin signé des dits Géorgeau et Bellardin, et scellé. Et cotté B.

Pour faire voir que Hardy Jarret, escuyer, sieur des Roches, estoit fils des dits Louis Jarret et de damoiselle Louise de la Roche, et qu'il avait espousé damoiselle Jeanne Amyot, produit deux pièces en parchemin. La première, du 17 novembre 1550, est un contract de mariage passé devant Raoul, notaire à Craon, faict entre Hardy Jarret, fils aisné de noble homme Louis Jarret, seigneur des Roches et de la Trousselière, d'une part, et damoiselle Jeanne Amiot, fille de noble homme Estienne Amiot, sieur de Saint Martin de Limet et autres lieux, et de damoiselle Renée Mauvyel, d'autre, auquel contract estoit présent et consentant pour le dit futur son dit père, lequel le marie comme son fils aisné, le dit contract signé du dit Raoul.

La seconde, du deux aoust 1565, est un partage noble passé devant Bénardin, nottaire à Montreuil-Bellay, faict entre nobles personnes Hardy Jarret, escuyer, seigneur des Roches-Jarret, d'une part, et Hardy Jarret, escuyer, son frère puisné, d'autre, des biens des successions de deffunctz noble homme Louis Jarret, vivant sieur des Roches-Jarret et de la Trousselière, et de damoiselle Louise de la Roche, leurs père et mère, par laquelle se voit qu'il demeure au dit Hardy Jarret, puisné, à perpétuité et par hérittage, les choses y contenues moyenant quoy il a renoncé au proffit du dit Hardy, son frère aisné, à tout ce qu'il pouvoit prétendre des successions des dicts deffunctz leur père et mère, le dit partage signé du dit Bénardin. Les dittes deux pièces attachées ensemble et cottées C.

Pour faire voir que Charles Jarret, escuyer, sieur des Roches, de la Trousselière, estoit fils des dits Hardy Jarret et de D[lle] Jeanne Amyot et qu'il avoit espousé damoiselle Lancelotte Amyot, produit deux pièces en parchemin :

La première, du 10 janvier 1605, est une sentence de Messieurs les commissaires pour la veriffication des nobles en la généralité de Poictiers par laquelle, veu les pièces à eux présentées par Charles Jarret, escuyer, sieur des Roches et de la Trousselière, ils le renvoyent de l'assignation à luy donnée, la dicte sentence signée R. Rosseau et plus bas par mon dict sieur Chermy.

La seconde, du 21 octobre 1611, est un partage noble passé devant Brunet, not-

(1) Aménard.
(2) La Trousselière.

taire en la cour de Craon, faict entre Charles Jarret, escuyer, sieur des Roches et de la Trousselière, d'une part, et Jacques Jarret, escuyer, son frère puisné, d'autre, des biens des successions de deffunctz Hardy Jarret, vivant escuyer, sieur des Roches, de la Trousselière, leur pêre, de celles de deffunct Jean Jarret, escuyer, leur frère aisné, de damoiselle Suzanne Jarret, leur sœur, et de celle de deffuncte damoiselle Jeanne Amyot, leur mère, et de celle de deffunct Hardy Jarret, escuyer, sieur de Palice, leur oncle, par lequel se voit que le dit Charles a donné au dit Jacques, son frère puisné, par héritage, les choses y contenues pour ce qu'il pouvoit prétendre des dittes successions et qu'il est demeuré au dit Charles, aisné, pour les preciputz, droict d'ainesse et autres droictz, le parsus des biens des dittes successions. Le dit partage signé du dit Brunet et scellé. Les dittes deux pièces attachées ensemble et cottées D.

Pour faire voir que Charles Jarret, escuyer, sieur du Boullay, estoit fils des dits Charles Jarret et de damoiselle Lancelotte Amyot et qu'il avoit espousé damoiselle Françoise de Montalembert, produit deux pièces en pappier.

La première, du 9 febvrier 1626, est un contract de mariage passé devant Gaultier, nottaire de Chasteaubriand, faict entre Charles Jarret, escuyer, sieur du Boullay, puisné fils de deffunct Messire Charles Jarret, chevalier de l'Ordre du Roy, et de dame Lancelotte Amyot, vivante sieur et dame des Roches-Jarret, de la Troussellière, de la Jouberdière et du Boullay, d'une part, et damoiselle Françoise de Montalembert, fille de Jean de Montalembert, escuyer, sieur de Bellaistre et de Saint-Gravé, et de deffuncte damoiselle Jeanne de Chambellay, d'autre, le dit contract signé dudit Gaultier.

La seconde, du 25 juin 1627, est une transaction en forme de partage noble passée devant Hunault, nottaire royal en Anjou, résidant à Craon, faict entre Nicollas Jarret, escuyer, sieur des Roches, de la Jouberdière et du Boullay, fils aisné et principal de deffunctz Charles Jarret, escuyer, et de damoiselle Lancelotte Amyot, vivants seigneur et dame des Roches et de la Troussellière, de la Jouberdière et du Boullay, d'une part, et Charles Jarret, escuyer, sieur du Boullay, son frère puisné, d'autre, des successions des dits deffunctz, leurs père et mère, par lequel se voit que le dit Nicollàs donne à perpétuité au dit Charles, pour tout ce qu'il pouvoit prétendre ès dittes successions, le lieu et mestairie du Baril avecq ses apartenances et dependances et autres choses y contenues. La dite transaction signée du dit Hunault. Les dittes deux pièces attachées ensemble et cottées E.

Pour faire voir que Charles Jarret, escuier, sieur du Baril, est fils du dit Charles Jarret et de damoiselle Françoise de Montalembert, et qu'il a espousé damoiselle Charlotte Girault, produit deux pièces.

La première, en parchemin, du 26e janvier 1662, est un contract de mariage passé devant Coutance et Le Breton, nottaires royaux à Nantes, faict entre Charles Jarret, escuyer, sieur du Baril, fils aisné et herittier principal et noble de deffunct Charles Jarret, vivant escuyer, sieur du Boullay et du Baril, et de damoiselle Françoise de Montalembert, d'une part, et damoiselle Charlotte Girault, veufve de deffunct François du Bochet, vivant escuyer, sieur du dit lieu, d'autre, le dit contract signé des dits Coutance et Le Breton.

La seconde, en papier, du premier mars 1663, sont les partages nobles présentés par Charles Jarret, escuyer, sieur du Boullay, fils aisné et principal heritier de deffunct Charles Jarret, vivant escuyer, sieur du Boullay et seigneur du Baril, et de damoiselle Françoise de Montalembert et damoiselle Renée Jarret, sa sœur, des biens de la succession du dit deffunct, leur père, et de celle de leur dite mère par la démission qu'elle leur en a faict, par lesquels se voit qu'il demeure au dit Charles Jarret, aisné, les deux tiers des dittes successions outre son préciput. Les dits lots passés devant Crosnier, nottaire royal à Angers, et de luy signés. Les dittes deux pièces attachées ensemble et cottées F.

Plus produit le present inventaire au moien duquel et des pièces y mentionnées, il requiert qu'il vous plaise, Monseigneur, le maintenir en sa qualité d'escuyer et aux privilèges et exemptions attribués aux autres nobles de ce royaume et en conséquence l'envoyer de l'assignation, demandes, fins et conclusions du dit Laspeyre. Le dit inventaire cotté G.

(Signé) BERNARD.

Jean Baptiste VOYSIN, chevalier, seigneur de la Noiraye, conseiller du Roy en ses conseils, Me des requestes ordinaire de son hostel, commissaire desparty pour l'exécution des ordres de Sa Majesté ès provinces de Touraine, Anjou et Maine.

Veu l'inventaire cy dessus et pièces y énoncées, désistement du dit Laspeyre, conclusions du procureur de Sa Majesté.

Nous, commissaire susdit, avons donné acte au dit sieur Jarret de la représentation de ses tiltres mentionnés en l'inventaire cy dessus pour y avoir esgard lors de la confection du catalogue des gentilshommes ordonné par l'arrest du conseil du 22 mars 1666. Faict à Tours le 18 septembre 1668.

(Signé) VOYSIN de la NOIRAYE.

Original en papier.

23 janvier 1669. — Maintenue en la réformation de Bretagne, M. d'Argouges, premier président, M. Huart, rapporteur.

Extrait des registres de la Chambre établie par le roi pour la réformation de la noblesse du païs et duché de Bretagne (1).

Entre le Procureur général du roi, demandeur, d'une part;

Pierre JARRET, escuyer, sieur de la Trousselière, deffendeur, d'autre part.

Vu par la chambre establie par le roi pour la réformation de la noblesse du

(1) J'ai levé depuis peu au greffe du Parlement de Rennes une copie de la sentence confirmative des titres des Jarret lors de la Réformation de la noblesse de Bretagne.

(Lettre du 27 septembre 1786, écrite par Henri-Armand Jarret de Monchenin à René-Antoine Jarret de la Mairie, curé de Nogent-le-Bernard).

Pour le présent requis en cette forme, perquision et velin 25 l. 8 s. payé. — M. DROYAUX.

pais et duché de Bretaigne, par lettres patentes de Sa Majesté du mois de janvier 1668, vérifiées en parlement, l'extrait de la comparution faicte par ledit deffendeur au greffe d'icelle le 24 septembre 1668, contenant sa déclaration de persister en la dite qualité d'escuyer, par lui et ses prédécesseurs prinses, comme gentilhomme d'extraction, et estre fils et héritier principal et noble d'escuyer Charles Jarret et de damoiselle Charlotte Godet, et d'avoir pour armes : *une hure de sanglier arrachée en champ d'argent.*

Arrêt de la dite chambre rendu entre le procureur général du roi demandeur et le dit Jarret, deffendeur, le 10e octobre au dit an, par lequel la dite chambre auroit ordonné audit defendeur mettre au greffe dans quinzaine son induction d'actes justifiants la qualité par lui soutenue.

Induction d'actes dudit défendeur fournie en conséquence dudit arrêt au procureur général du roi, demandeur, le 19e dudit mois d'octobre dernier, par laquelle il auroit été conclue à ce que le dit Jarret, deffendeur, eust été maintenu dans la qualité noble et d'escuyer, par luy et ses prédécesseurs prinse et inséré dans le catalogue des autres gentilshommes de la province, sous la sénéchaussée de Rennes; pour establir la justice desquelles conclusions sont articulés pour faits de généalogie que le dit deffendeur est fils, en second mariage, de Charles Jarret, escuyer, sieur de la Trousselière, et de damoiselle Charlotte Godet, que le dit Charles estoit fils de Hardy Jarret et de damoiselle Jeanne Amiot, que le dit Hardy estoit fils de Louis et de damoiselle Louise de la Roche, que le dit Louis estoit fils de René Jarret, escuyer, sieur de la Trousselière, et de Charlotte Aménard, qu'il y a encore des généalogies plus éloignées et que l'on pourrait dire que le dit René est fils de Jean Jarret, escuyer, sieur de la Trousselière, et de damoiselle Guillemette Jodouin; que le dit Jean estoit fils d'autre Jean Jarret et de damoiselle Eustache de la Cour; que le dit Jean estoit fils de Guillaume Jarret; le dit Guillaume, fils de Pierre et d'Alienort; et que Pierre estoit fils de Frémond, sieur de la Trousselière et de la Giffardière, qui vivait en 1156 (1). Pour le soutien de la dite première généalogie, le dit deffendeur déclarant ne suivre que la seconde, sont rapportés les actes cy après.

Un extrait du papier baptismal de l'église de Saint Sauveur de Rennes, par lequel se voit que Pierre, fils de nobles gens écuyer Charles Jarret et de damoiselle Charlotte Godet, sieur et dame des Roches, fut baptisé le 7e janvier 1621, signé par extrait. Ol; Hédé, curé.

Contrat de mariage faict entre ledit Pierre Jarret, qualifié messire seigneur de la Trousselière, et damoiselle Anne Lambert, dame de Beaumont, fille puisnée de deffunct messire François Lambert, chevalier, seigneur de la Haulteville, et de dame Hélaine Bouvier, sa compaigne, datté du 14 janvier 1656, signé : Mancel.

Acte de partage noble et avantageux donné par Nicolas Jarret, escuyer, sieur des Roches et de la Joubardière, fils aisné de deffunct Charles Jarret, vivant escuyer et sieur des Roches et de la Trousselière, à damoiselle Charlotte Godet, veuffve dudit deffunct Charles Jarret, tutrice des enfans mineurs de leur mariage, ledit partage datté du 2e juin 1621, signé : Boutonne et Borre, notaires royaux.

(1) Cette date est évidemment erronée. Il faut lire 1356.

Aultre acte de partage noble et avantageux baillé par ledit Nicollas Jarret, escuyer, seigneur desdits lieux des Roches, de la Joubardière et du Boullay, fils aisné, héritier principal et noble dudit deffunct Charles Jarret, escuyer, et de damoiselle Lancelotte Amiot, sa première femme, vivants seigneur et dame desdits lieux, à Charles Jarret, escuyer, sieur du Boullay, son frère puisné, aux biens des successions desdits deffunctz Charles Jarret et Lancelotte Amiot, leurs père et mère communs, datté du 25e juin 1627, signé : Hénault.

Contrat de mariage de escuyer Pierre de Lespinay, seigneur de Montpérier et Mardeaux, avec damoiselle Renée Jarret, dame de la Trousselière, fait du consentement de plusieurs parents de laditte Jarret et de damoiselle Charlotte Godet, dame des Roches, sa mère et tutrice, le 31e mars 1633, signé : Pleumelet.

Acte d'assciepte faicte par le dit escuyer Pierre Jarret, sieur de la Trousselière, héritier principal et noble dans l'estoc de damoiselle Charlotte Godet, en son vivant dame des Roches, sa mère, et fils puisné, cadet et portionnaire dans l'estoc de deffunct Charles Jarret, escuyer, en son vivant sieur dudit lieu des Roches, à escuyer Pierre de l'Epinay et damoiselle Renée Jarret, sa compaigne, sieur et dame de Montpérier, de reste de partage deub à ladite Jarret, des successions desdits Charles Jarret et de ladite Godet, leurs père et mère communs, datté du 3 mai 1657, signé : Garet.

Contrat de mariage de noble homme Jan Morel, sieur du Plessix-Bauline, avec damoiselle Charlotte Jarret, dame de Menans, fille issue du mariage d'entre deffunct escuyer Charles Jarret et de damoiselle Charlotte Godet, par lequel ce void que ladite Godet et ledit escuyer Pierre Jarret, sieur de la Trousselière, s'obligent de donner à ladite Charlotte Jarret une somme de deniers pour tout le droit successif qu'elle peust prétendre aux successions eschue de sondit père, qu'en celles à échoir de sadite mère et aultres, s'il n'estoit en successions roturières qui pourroient eschoir, ledit acte datté du 16 aoust 1650, signé : Bonenfant, Le Clerc et Noret.

Contrat de mariage dudit escuyer Charles Jarret, sieur des Roches, avec damoiselle Charlotte Godet, fille de deffunt noble homme Guillaume Godet et de damoiselle Antoinette Riaeu, seigneur et dame de Boon, datté du 5 juin 1602, signé : Bernet.

Sentence rendue par les commissaires députés par le roy pour vériffication des nobles de la généralité de Poitiers, par laquelle, veu les pièces présantées à eux par Charles Jarret, escuier, sieur des Roches et de la Trousselière, il est renvoyé de l'assignation à lui donnée, en datte du 20 janvier 1600, signé : Bouesseau, et plus bas, à costé, par mondit sieur : Chenu.

Acte de partage noble et advantageux faict entre Charles Jarret, escuyer, sieur des Roches et de la Trousselière, d'une part, et escuyer Jacques Jarret, son frère puisné, d'autre, des biens des successions de deffunct Hardy Jarret, vivant escuyer, sieur des Roches et de la Trousselière, leur père, et de celle de deffuncte damoiselle Suzanne Jarret, leur sœur, et de celle de deffunct Hardy Jarret, escuyer, sieur de la Palisse, leur oncle, en datte du 21 octobre 1611, signé Brunet ; par lequel il ce void que ledit Charles a donné à son puisné, par héritage, les choses y contenues pour ce qu'il pouvait prétendre desdites successions et qu'il est demeuré audit Charles, aisné, pour ses préciputs, droits d'aînesse et autres droits, le parsur des biens desdites successions.

Contract de mariage dudit Hardy Jarret, fils aisné de noble homme Louis Jarret, seigneur des Roches et de la Trousselière, avec damoiselle Jeanne Amyot, fille de noble homme Estienne Amyot, sieur de Saint-Martin, et de damoiselle Renée Mauviel, ses père et mère, datté du 17e novembre 1550, signé : Raoul.

Acte de partage noble et advantageux faict entre nobles hommes Hardy Jarret, escuyer, seigneur des Roches, et aultre Hardy Jarret, son frère puisné, des biens des successions de deffunct noble homme Louis Jarret, vivant sieur des Roches-Jarret, de la Trousselière, et de damoiselle Louise de la Roche, leur père et mère, datté du 20e août 1565. Signé : Bernardin.

Contrat de mariage dudit Louis Jarret, escuyer, fils aisné, principal et noble de René Jarret, escuyer, sieur de la Trousselière, et de feue dame Charlotte Hamenard (1), avec damoiselle Louise de la Roche, fille de Jean de la Roche et de damoiselle Mathurine Le Roux, en datte du 3e octobre 1523, signé : Georgeau et Bellardin, et scellé.

Requeste dudit deffendeur tendante, pour les causes y contenues, à ce que ses précédentes fins et conclusions prinses par son induction, lui soient adjugées. Ladite requeste et actes y attachées, en datte des 22 avril 1641 et 16 janvier 1650, ordonnez estre mises au sac par ordonnance de la dite chambre du... janvier présent mois et an 1669. Les quels actes sont une transaction passée entre damoiselle Charlotte Jarret, fille aisnée de Nicollas Jarret, escuyer, sieur de la Joubardière, qui fils aisné estoit de escuyer Charles Jarret, d'une part, et dame Charlotte Godet, femme en secondes noces dudit deffunt Charles Jarret, mère dudit Pierre Jarret, son fils aisné, defendeur, touchant la légitime de Hardy Jarret, son fils, decédé sans hoirs de corps, par lequel se void que laditte Charlotte Jarret, en qualité de fille aisnée dudit Nicollas, a recueilly au tout la succession collatéralle dudit Hardy Jarret (2), son oncle, signé Berthelot et Mahé, nottaires royaux, et une procure donnée par laditte dame Charlotte Godet audit deffendeur, son fils, pour transiger et accomoder certains differends qui étoient entre elle et les héritiers du sieur de la Mendais, signée : Charlotte Godet, Tarmier et Bonenfant, notaires royaux.

Conclusions dudit procureur général du Roy sur le tout mûrement considéré.

La chambre, faisant droit sur l'instance, a déclaré et déclare ledit Pierre Jarret noble et issu d'extraction noble, et comme tel lui a permis, et à ses descendants en mariage légitime, de prendre la qualité d'escuyer et l'a maintenu aux droits d'avoir armes et écussons timbrés appartenantz à sa qualité et à jouir de tous droits, franchises, exemptions, immunités, prééminences et privilèges attribués aux nobles de cette province, ordonné que son nom sera employé au roolle et catalogue des nobles de la sénéchaussée de Rennes.

(1) Lisez Aménard.

(2) Nulle autre part il n'est fait mention d'Hardy, fils de Charles Jarret. Le texte de la copie de cette maintenue renferme d'ailleurs des erreurs si évidentes qu'il a fallu les corriger.

Fait en ladite chambre au dit Rennes le 23 janvier 1669.
Per duplicata,

(Signé) LAMY.

Pour le présent requis en cette forme,
Perquisition et veslin 25 l. 8 s. payé.

M. DROYAUX.

Expédition en parchemin.

22 décembre 1714. — Requête et inventaire présentés à M. Chauvelin, intendant de Touraine.

A Monseigneur, Monseigneur l'intendant de la généralité de Touraine, supplie humblement René-Anthoine JARRET, escuyer, sieur de la Mairie, disant que pour satisfaire aux déclarations du Roy et à l'assignation qui lui a esté donnée à la requeste de maistre François Ferrand, chargé par Sa Majesté de la continuation de la recherche des usurpateurs du tiltre de noblesse de cette généralité, pour aporter et produire à vostre greffe les tiltres justifficatifs de sa quallité de noble et d'escuyer, il a l'honneur de vous observer, Monseigneur, que s'il prend la ditte quallitté, il y est parfaitement fondé comme noble d'ancienne extraction et descendu de Louis Jarret, escuyer, sieur de la Roche, et de damoiselle Anne Moreau, sa femme, ses ayeuls, lequel Louis Jarret ayant produit ses tiltres de noblesse devant monsieur Voisin de la Noiraye, lors intendant de cette générallité, il luy en donna acte par son ordonnance du 19 septembre 1666 pour y avoir esgard lors de la confection du catalogue des gentilshommes, duquel Louis Jarret, escuyer, et de la ditte damoiselle Anne Moreau, sa femme, naquit René-Anthoine Jarret, chevallier, seigneur de la Mairye, qui espousa damoiselle Jeanne de la Grée du Pas, père et mère du suppliant. Le quel, pour establir et prouver sa ditte filliation et qualiffication, sur le premier degré produit l'inventaire des tiltres produits par le dit Louis Jarret, escuyer, sieur de la Roche, son ayeul, devant Voisin de la Noiraye dans lequel est visé, sous la cotte C, le contract de mariage du dit Louis Jarret, escuyer, avec la ditte damoiselle Anne Moreau, sa femme, au pied duquel inventaire est la susditte ordonnance de mon dit sieur Voisin de la Noiraye du 19 septembre 1668 rendue en faveur du dit Louis Jarret, escuyer. Signée Voisin de la Noiraye, et est laditte pièce cottée A.

Plus sur ce second degré pour prouver que le dit René-Anthoine Jarret, chevallier, seigneur de la Mairye, père du suppliant, estoit fils dudit Louis Jarret, escuyer, sieur de la Roche, et de la ditte damoiselle Anne Moreau, et qu'il espousa damoiselle Jeanne de la Grée du Pas, le suppliant produit le contrat de mariage du dit René-Anthoine Jarret avec laditte damoiselle Jeanne de la Grée du Pas dans lequel il est estably et qualliffié chevallier, seigneur de la Mairye, fils de deffunct Messire Louis Jarret, chevallier, seigneur de la Roche-Jarret, et de dame Anne Moreau, sa femme. Le dit contrat en papier reçu le 17 novembre 1682 par Attoyer, notaire royal à Angers, résident à Saint-Aubin de Luigné. Cotté B.

Plus pour prouver par le suppliant qu'il est fils du dit René Anthoine Jarret, chevallier, seigneur de la Mairye, et de laditte Damoiselle Jeanne de la Grée du Pas (1) son espouse, il produit son extrait baptistaire du premier aoust 1695, délivré par le sieur curé de Braye, le 19 juin 1712, bien et deuement légalisé. Cotté C.

Plus produit l'assignation qui lui a esté donnée à la requeste du dit Ferrand, le 26 novembre dernier, par Maille. Cottée D.

Plus produit la présente requeste et inventaire sous la cotte E.

Ce considéré, Monseigneur, il vous plaise donner acte au suppliant de la représentation des tiltres de noblesse cy-dessus énoncés.

Ce faisant ordonner qu'il sera maintenu et gardé dans sa quallité de noble et d'escuyer, qu'il jouira et sa postérité née et à naistre en légitime mariage des droits, honneurs, prééminences, franchises, privillèges et exemptions atribuez aux autres nobles et dont ils ont accoutumé de jouir, auquel effet il sera inscrit au catalogue des gentilshommes de cette généralité et vous ferez bien.

(Signé) GUÉRITAULT.

Soient la requeste cy-dessus et pièces y esnoncées communiquées au préposé du traittant pour y fournir de réponces, et montrées au procureur du Roy pour y donner ses conclusions, pour le tout à nous rapporté estre ordonné ce qu'il appartiendra, fait à Tours le vingt deuxiesme jour de décembre mil sept cent quatorze.

(Signé) CHAUVELIN.

Le préposé dudit Ferrand qui a pris communication de la présente requeste et pièces y esnoncées a dit qu'il n'a moyen d'empescher que le supliant ne soit maintenu dans sa qualité de noble et d'escuyer, et sa posterité née et à naistre en légitime mariage, se raportant néantmoins à Monseigneur l'intendant d'ordonner ce qu'il en sera. A Tours, ce trente uniesme jour de décembre mil sept cent quatorze.

(Signé) ROULLEAU.

Veu l'assignation donnée le 26 de novembre dernier à la requeste de François Ferrand, chargé de la continuation de la recherche des usurpateurs du tiltre de noblesse au sieur René-Antoine Jarret de la Mairie, sa requeste présentée à M. l'intendant, pièces et tiltres y énoncés, reponse du préposé du traitant, je n'empêche pour le Roy que ledit sieur René-Antoine Jarret de la Mairie soit maintenu dans la qualité de noble et d'écuyer, qu'il jouisse des privilèges accordés aux gentilshommes du Royaume et qu'à cet effet il soit inscrit au catalogue des nobles de cette généralité. A Tours, le neufviesme de janvier mil sept cent quinze.

(Signé) GROLLEAU.

Original en papier.

12 janvier 1715. — Maintenue par Chauvelin, intendant de Touraine.

Bernard Chauvelin, chevallier, seigneur de Beauséjour, conseiller du Roy en ses conseils, maistre des requestes ordinaire de son hostel, intendant de justice, police et finances en la générallité de Tours.

(1) Lisez du Pas de la Grée.

Entre François Ferrand, chargé de la continuation de la recherche des usurpateurs du titre de noblesse ordonné par les déclarations du Roy des 4 septembre 1696, 30 may 1702, 30 janvier 1703 et 16 janvier 1714, poursuitte et dilligence de maistre Gabriel Roulleau, son procureur et directeur en cette générallité, demandeur aux fins de l'exploit du 26 novembre 1714, d'une part.

Et René-Antoine Jarret, escuyer, sieur de la Mayrie, demeurant parroisse de Braye, ellection de Baugé, deffendeur d'autre part.

Veu les dittes déclarations du Roy des 4 septembre 1696, 30 may 1702, 30 janvier 1703 et 16 janvier 1714. Par arrests du conseil des 26 feuvrier 1697, 15 de may 1703 et autres rendus pour l'exécution des dittes déclarations, l'exploit d'assignation donné le 26 novembre 1714 au dit René-Anthoine Jarret à la requeste du dit Ferrand pour représenter devant nous les tiltres en vertu desquels il prend la quallité d'escuyer, et requeste à nous présentée par le dit René-Anthoine Jarret contenant la production des tiltres justifficatifs de sa noblesse d'extraction et tandante à estre maintenu et gardé ensemble sa postérité née et à naistre en légitime mariage dans le droit de prendre la quallité de noble et d'escuyer et à estre inscrit au catalogue des nobles de cette générallité, attendu qu'il est noble d'ancienne extraction et dessendu de Louis Jarret, escuyer, sieur de la Roche, et de damoiselle Anne Moreau, ses ayeulx. Lequel Louis Jarret ayant produit les tiltres justifficatifs de sa noblesse d'extraction devant M. Voisin de la Noiraye, lors intendant de cette générallité en obtint acte par ordonnance du 19 septembre 1668. Duquel Louis Jarret et de la ditte Damoiselle Anne Moreau naquit René-Anthoine Jarret, chevallier, seigneur de la Mairye, qui espousa Damoiselle Jeanne de la Grée du Pas, dont est sorty ledit René-Anthoine Jarret, produisant. Production dudit René-Anthoine Jarret des tiltres justifficatifs de sa noblesse et filliation noble consistante sur le premier degré en l'inventaire des tittres produits par ledit Louis Jarret, ayeul du produisant devant mondit sieur Voisin de la Noiraye, dans lequel inventaire est employé sous la cotte C le contract de mariage dudit Louis Jarret avec Damoiselle Anne Moreau, receu devant Gaultier, nottaire royal à Baugé, le 24 feuvrier 1634, au pied duquel inventaire est l'ordonnance de mondit sieur Voisin, du 19 septembre 1668, portant acte au dit Louis Jarret de la représentation par luy fait des tiltres justifficatifs de sa noblesse pour y avoir esgard lors de la confection du catalogue des gentilshommes. Sur le second degré, grosse en pappier du contract de mariage du dit René-Anthoine Jarret avec Damoiselle Jeanne de la Grée du Pas, père et mère du produisant, dans le quel il est estably et quallifflé chevalier, seigneur de la Mairie, fils de deffunct Messire Louis Jarret, chevallier, seigneur de la Roche-Jarret, et de Dame Anne Moreau, reçeu par Attoyer, nottaire royal à Angers, le 17 novembre 1682. Et sur le degré du dit René-Anthoine Jarret produisant, son extrait baptistaire du 1er d'aoust 1695, expédié par le sieur curé de Braye le 19 juin 1712, bien et deument legallizé par lequel il parroist qu'il est fils dudit René-Anthoine Jarret et de laditte Damoiselle Jeanne de la Grée du Pas. Notre ordonnance portant que les requestes et pièces y esnoncées seront communiquées au préposé dudit Ferrand pour y fournir de rêponces et montrées au procureur du Roy de la commission pour y donner ses conclusions, du 22 feuvrier 1714. La réponse du préposé du dit Ferrand du 31 du dit mois portant qu'il n'a moyen pour empescher que le dit René-Anthoine Jarret soit maintenu et gardé dans sa quallité de noble et d'escuyer. Les conclusions du procureur du Roy et tout considèré, Nous, intendant susdit, avons donné acte audit sieur René-Anthoine Jarret de la représentation par luy faite des tittres justifficatifs de sa noblesse d'extraction et en conséquance l'avons maintenu et gardé dans le droit de prendre la quallité de noble et d'escuyer. Ordonnons qu'il jouira, ensemble ses enfans et postérité née et à naistre en légitime mariage de tous les privilèges, honneurs, préeminences et exemptions atribuez aux autres nobles et gentilshommes du Royaume tant qu'il vivera noblement et ne fera acte de dérogeance. Et qu'à cet effet il sera inscrit au catalogue des nobles de cette générallité qui sera arresté en l'exécution de l'arrest du Conseil du 26 feuvrier 1697. Fait à Tours, le douziesme janvier mil sept cent quinze.

(Signé) CHAUVELIN.

Le XXIIIe jour de janvier 1715, à la requeste de Me Christophe Guéritault, procureur du sieur Jarret, escuyer, sieur de la Mairie, signiffié à Me Gabriel Rousseau, préposé du traittant, en parlant à sa personne et domicile à ce qu'il n'en ignore, fait par moy huissier soubsigné.

(Signé) G. STHRIANNE?

Par Monseigneur :

BAIZE de MÉRÉ.

Original en parchemin.

4 mai 1772. — Lettre signée Vente et datée de Tours au sujet de la représentation des titres de noblesse de M. Jarret de la Mairie (1).

Je ne ferais, Monsieur, aucune difficulté de m'en rapporter à ce que vous me faites l'honneur de me marquer au sujet de votre noblesse, si je ne n'étois astreint par les ordres les plus précis à en exiger la justification ; néanmoins j'entre dans vos craintes au sujet de vos titres et quoi qu'ils ne courussent aucuns risques entre mes mains il suffira que vous les représentiez à M. de Paradis, qui sera au Mans du 20 au 30 de ce mois. Je donne ordre au commis de Savigné de surseoir à toutes poursuites contre vous jusqu'à ce temps. J'ignore si vous êtes emploié en conte dans d'autres bureaux, si cela étoit je vous prie de me donner avis sur le champ de la signification qui pourroit vous en être faitte où à M. votre fils et je donnerai dans l'instant les ordres nécessaires pour en arrêter l'effet.

J'ai l'honneur d'être, Monsieur, votre très humble et très obéissant serviteur.

(Signé) VENTE.

La suscription : A Monsieur, Monsieur Jarret de la Mairie, écuyer, demeurant au Mans.

(1) Henri-René, à cette époque, demeurait au Mans, rue des Chapelains ; il y avait épousé, le 30 décembre 1744, Catherine-Scolastique Denizot ; et mourut à la Mairie, le 1er mai 1782.

7 avril 1821. — De Bordes (commune de Pontigné, Maine-et-Loire), H. Jarret de la Mairie à M. le Président d'Hozier, rue Montmorency, 13, Paris.

Monsieur,

D'après votre lettre je me suis occupé de la recherche des titres de noblesse que je pouvais avoir. Les événements de la Révolution m'en ont fait perdre beaucoup. Voici ce que j'ai retrouvé. Si vous jugez, Monsieur, que cela suffise pour être inscrit dans les registres de l'armorial de France, j'y souscrirai bien volontiers ayant trois fils (1) et deux (2) neveux du même nom; cela pourra leur être très avantageux.

Nouveau d'Hozier, 193, cote 4.274.

16 juin 1821. — Madame Henri Jarret de la Mairie au même d'Hozier.

Monsieur Jarret attend les renseignements qu'il a demandés à Monsieur d'Hozier sur les titres qui lui manquent. J'ai été contrariée de ne pas voir son nom dans l'*Indicateur* (3), y aurait-il moyen de réparer cet oubli.

26 juillet 1821. — Henri Jarret de la Mairie.

Il fait passer à M. d'Hozier, par son ami M. de Launay de la Mothaye, quinze pièces formant à peu près tout ce qu'il a pu trouver de titres de noblesse, les autres ayant été perdues pendant la Révolution. « D'après ces titres vous voudrez bien, Monsieur, insérer dans votre ouvrage les notes que vous jugerez convenables sur ma famille. »

(1) Cités plus loin.

(2) Anatole-Augustin et Paul-Marie Jarret de la Mairie, nés à Baugé le 1er mai 1812 et le 10 juin 1817, fils de Louis-Ambroise-Augustin Jarret de la Mairie, qui avait épousé Marie-Angèle, fille comme Augustine-Marie (Mme Henri Jarret de la Mairie) d'Augustin-François Le Gouz, chevalier, seigneur du Plessis et de Marie-Anne-Charlotte de la Noue, sa seconde femme.

(3) Indicateur nobiliaire ou table alphabétique des noms des familles nobles susceptibles d'être enregistrées dans l'armorial général de feu M. d'Hozier dont une nouvelle édition est sous presse à l'Imprimerie Royale.

Paris 1818 de l'imprimerie de Doublet, rue Git-le-Cœur, in-8o, 264 pages, contrairement à ce qu'on trouve en la bibliothèque héraldique de Joannis Guigard, no 3.286; 1er cahier, lettre A, c'est tout ce qui a paru.

Le nom Jarret ne pouvait se trouver en cet *Indicateur* parce que cette famille n'avait pas eu occasion de faire des preuves devant d'Hozier.

24 octobre 1824. — Baugé. Le même au même.

Il lui envoie par son fils, qui va en pension à Paris, cinq contrats de mariage avec Anne Moreau de la Mairie, Jeanne du Pas, Ambroise de Malaunay, son contrat de mariage et celui de son père. Il est né au château des Courans, le 11 novembre 1778, chez son grand-père maternel, Louis-François-Séraphin de Boisjourdan, paroisse de Longuefuye, diocèse du Mans. Il a cinq enfants tous nés à Baugé (1) : 1o Augustine-Henriette, née le 16 avril 1802 ; 2o Henry, né à Baugé, le 3 mars 1804, élève de Saint-Cyr, *nommé sous-lieutenant au régiment de Condé (cuirassiers) en 1824* (2) ; 3o Caroline-Louise, née le 21 novembre 1809 ; 4o Louis-Marie-Augustin, né le 21 juillet 1816 et 5o Charles-Albert, né le 2 novembre 1618.

« Mon père (3), avant son mariage, servait dans la maison du Roi, 2e compagnie « des mousquetaires. Étant trop jeune pour servir au commencement de la Révo- « lution j'ai fait la guerre en qualité de capitaine dans les armées royales de « l'Ouest depuis le mois de mars 1795; nommé chevalier de la Légion d'honneur « le 19 mars 1815. Je joins à cette lettre mon billet de souscription à votre « ouvrage. »

1er janvier 1822. — Le même au même.

Prière de remettre les papiers à Charles de Launay, frère de M. de la Mothaye.

22 juillet 1823. — Mme Henri Jarret de la Mairie au même, rue de la Ville-l'Évêque, 18, Paris.

M. Jarret, Monsieur, vient d'envoyer à M. Couscher, 110 francs d'après une circulaire que vous lui avez fait l'honneur de lui adresser. Je crains de ne pas voir encore son article dans les volumes qui vont paraître (4). Permettez que je vous demande quand je pourrai avoir cette satisfaction. Je regrette que vous n'ayez pu faire mention de cette table généalogique qui remonte à 1156. Permettez que je vous demande au moins de mettre *positivement*, à l'article de M. Jarret que cette maison était *reconnue ancienne en 1448*, ce que vous avez vu bien clairement par les titres qu'il vous a produits. Le zèle, Monsieur, que vous mettez à relever la noblesse à qui il ne reste (on pourrait dire presque) que le seul privilège de faire valoir son ancienneté de titres et d'attachements à nos rois, m'assure d'avance que mon désir est déjà rempli. Je le souhaite d'autant plus que j'ai trois fils qui sûrement ne dérogeront pas de leurs ancêtres et à qui cela peut beaucoup servir.

(1) Excepté Louis-Marie-Augustin et Charles-Albert, nés à Bordes.

(2) Ces mots sont en surcharge, de la main de d'Hozier.

(3) Henri-René-Julien Jarret de la Mairie, né au Mans, le 3 décembre 1751, servit depuis le 31 juillet 1773 dans la 2e compagnie des mousquetaires noirs de la garde du Roi jusqu'au 23 décembre 1775 qu'elle fut licenciée.

(4) En effet, cet article n'a pas été imprimé.

Je trouve une véritable satisfaction, Monsieur, à vous renouveller l'assurance de la considération distinguée avec laquelle je suis

Votre servante,

JARRET DE LA MAIRIE, née LE GOUZ DU PLESSIS.

(Bibl. nationale, nouveau d'Hozier 193, cote 4.274, n° 14; autographe signé).

Les Jarret jouissaient de droits honorifiques dans les églises d'Essé, de Marcillé-Robert, Saint-Martin-du-Limet.

Ils avaient « un ban armoirié de leurs armes dans le lieu le plus « éminent de la nef de l'église d'Essé, du côté de l'évangile, avec « deux pierres tombales sous le dit ban, et une autre dans le chan- « ceau de la dite église pour servir de sépulture à dame Charlotte « Godet, veuve de Charles Jarret, chevalier, seigneur de Trousse- « lière, comme on le voit par l'aveu qu'elle rendit le 4 novembre « 1644, à Louis de Rochechouart, comte de Maure, à cause de sa « seigneurie de la Rigaudière ».

Pierre Jarret avait fait bâtir en 1666, près de son manoir de la Trousselière, une chapelle qu'il fonda de deux messes hebdomadaires.

La branche de la Mairie possédait en toute propriété la chapelle Saint-Adrien (1), qu'avaient fondée les anciens seigneurs de cette terre auxquels avait succédé Louis Jarret, par suite de son mariage, en 1668, avec Anne Moreau, dame de la Mairie. Elle avait été érigée en titre de bénéfice; la collation en appartenait à l'évêque d'Angers.

Cette chapelle Saint-Adrien collatérale à l'église de Braye-sur-Maulne, dont elle faisait partie et dans laquelle elle était desservie avait une entrée séparée à l'extérieur, et une porte s'ouvrant en dedans près du chœur.

Il était dû de temps immémorial sur le lieu du Petit-Rouzier (*alias La Plaudière*) paroisse de Braye, une rente foncière d'un cierge de cire blanche, qui devait, chaque année, être présenté allumé au seigneur de la Mairie en sa chapelle Saint-Adrien, pendant la grand'messe, le jour de la Chandeleur.

(1) Cette chapelle existe encore, mais toute la clôture intérieure a été enlevée, et elle se trouve tout à fait réunie à l'église.

PREUVES

I. — *Archives d'Ille-et-Vilaine, fonds de Vitré.* — 9 janvier 1436 (v. s.). — Aveu rendu à Anne, comtesse de Laval, par Raoullet Jarret.

Par nostre court de Rennes, furent davant nous présenz en personne Raoullet JARRET, Seigneur de Trozé, et Katherinne, sa femme, autorisée à la requeste de son dit mari en ce que mestier est quant à tout ce qui ensuit, qui cognurent et furent confessans estre hommes et subgiez de noble et puissante Dame Anne, comtesse de Laval, dame de Vitré, de Gaure et de Tinteniac et d'elle tenir noblement à fay lige, en la paroisse de Marcillé, savoir le dit Raoullet, son lieu, domaine et métairie de Trozé, comme se poursiet o ses apartenances, tant en mesons, vignes, estangs, garennes, prés, pastures, terres arrables que autres, avecques le molin à vent de la Haie-Russel, contenant ensemble sexante dez journelx de terre ou environ ; mesme fut confessant que à li est et appartient un devoir de quintaine sur les nouveaux mariez de la dite paroisse de Marcillé, excepté ès fez Alain et de Vezin et sur les nobles et les cordronniers, fils de cordronniers, quel devoir est deu de celx qui se marient en l'an et descendent et couschent en la dicte paroisse et ne se comparessent le jour de Pasques ou le lendemain, ou pré nommé le pré au Moene, debvent au dit Raoullet une mine d'avaine menue et l'amande à sa dicte dame et celx qui se comparessent et soient la dicte quintaine luy debvent un truel d'avaine à la mesure de Marcillé, par cause desquelles choses et chacune il cognut devoir à sa dicte dame fay et hommage et obeissance, quant le cas le requiert, mesmes cognurent tenir le dit Raoullet et sa femme, assemblement, leurs lieux et mestaeries de la Rouxière et de la Haie-Russel, siis en la dicte paroaisse, comme se pourseuvent o toutes et chacunes leurs appartenances tant en mesons, boais, haies, prez, pastures, terres arables que autres quelzconques contenant ensemble saixante journelz de terre ou environ, par cause des quelles choses et chacune deroin nommées, ils cognurent devoir chacun an à leur dicte dame, au terme de l'Angevine, ouyt soulz, neuff deniers de rente, de quoy il y a des deniers de rente en la descharge des hoirs Marquisse la Hodeberde et par la main aux hoirs Girard Le Corouier, des deniers de rente et un boexel et demy d'avaine menue, que se paie à la recepte de la court de Marcillé. *Item*, par la main aux hoirs du dict le Corouier, un boexel d'avaine rées et par la main des teneciers de la Primaudière, demy boexel d'avaine comme ainznés et cueilleurs d'icelle et autre rente et obeissance, les dictes avaines à la mesure de Marcillé. *Item*, cognurent tenir en oultre de leur dicte dame, en la paroisse de Bais, leur lieu, meson et herbergement de la Bussonnière, avecques plusieurs pièces de terre y joignant et habitant, tant en prez que autre terre, par cause des quelles choses et chacune ils cognurent devoir chacun an à la dicte Dame, au dict terme de l'Angevine, dex et ouict deniers de rente en fournissant et acomplissant la somme de seix soulz de rente, en quoy font la cueillette sur les hoirs Jan Le Comte, Lucas Guillart, Thomas Le Comte, Jan Guilloux et sur plusieurs autres du parssur la dicte somme. *Item*, un boexel et demy d'avaine menue en fournissant et accomplissant la somme de seix bouexeaux d'avaine menue, de quoy font la cuillete sur les dessus dictz et chacun et quelles rentes par deniers et avaines ils paient au sergent de la Vicomté de Bais qui la paie à la recepte de Vitré, quelles rentes et debvoirs les ditz mariés et chacun voulurent paier et continuer chacun an à leur dicte dame durant le temps que seront détempteurs des dictes choses et en obeir comme à proche seigneur, de se quelles choses et chacune, pour ce que li touche, promisrent, gréèrent, jurèrent et s'obligèrent tenir de leur assentement et par leur serment y furent condampnez et condampnons. Donné, sauff nostre droit, tesmoing le sceau des contratz de nostre dicte court, avecques le sceau et signe manuel du dit Raoullet y mis et apposé à maère consumation des dictes choses, le neuffiesme jour de janvier l'an mil quatre cent trente et seix.

(Signé) Guillaume PÉRARD, passe, Raoullet JARRET.

II. — *Archives du parlement de Rennes. Procédures Jarret, J 127.* — 1510-1536. Assiette d'héritages par Arthur Jarret à Jean Bertran, mari de Madeleine Jarret, sa sœur.

Devant moy, Jacques Loaisel, avocat de la cour de Rennes (sénéchaussée) et commissaire par icelle baillé, se sont aujourd'huy comparu, au bourg de Saint-Germain du Pinel, Artur JARRET, escuier, seigneur de Trozé, et Jehan BERTRAN, pour Dlle Magdelaine Jarret, sa feme, seigneur et dame de Launay-Bertran.... quant à raison de voir au dit seigneur de Trozé faire assiette de certain nombre de rante et héritages et choses héritelles qu'il estoit tenu faire au dit Bertran, au dit nom, et qui autrefois avoient esté à feu Guyon Jarret, chevalier, en son temps seigneur du dit lieu de Trozé, qui père estoit des dits Artur et Magdeleine, pour le droit, part et portion et avenant à la ditte Dlle en la ditte succession de son dit père et bailler pocession des dittes choses, au désir du proceix entre eux, ensuivy par la ditte cour le *(sic)*. Et en y procédant, a dit le dit de Trozé avoir faict venir Roullet Blouin, Jamet Bachelot et autres hommes estagiers et non estagiers du seigneur de Trozé au bailliage nommé le fief du Pinel, quels ont confessé estre hommes du dit seigneur de Trozé et de luy tenir héritaiges, comme de leur seigneur, et qu'ils luy doivent rentes et obeissances, scavoir le dit Blouin 18 s. 8 d., le dit Bachelot 3 s. 8 d.... Le tout, les quels hommes, ensemble, o les rentes et obeissances ont esté, du dit seigneur de Trozé, lessez, cedéz, quittez audit sieur Bertran, au dit nom. Et ont esté présents Guillaume de Domeigné, sieur de la Couraye, sénéchal de la ditte Juridiction du Pinel, Guillaume de Domeigné, le jeune, procureur, et Amaury de Domeigné, greffier, èsquels a le dit seigneur de Trozé dit et intimé qu'il avoit fait et fesoit baillée et transport dudit fief et juridiction du Pinel audit sieur de Launay et sa compaigne et que ne feissent plus exercisse de juridiction en son nom. Et dudit sieur de Launay au dit nom a esté acceptée l'attournance des dits hommes présans....

Et dempuis, au mesme jour, en procédant au parachevement de la ditte assiette, me suis transporté au village du Haut-Fougeray (1), et devant moy dit commissaire, les dittes parties plaidant par leurs dits avocats, disant le dit seigneur de Trozé avoir fait donner adjournement et fait aparoir les hommes cy après déclaréz scavoir Olliviet Pévret, Guillaume Josselin, etc., estagers et non estagiers au bailliage nommé le fief de Trozé en la masure du Fougeray, quels ont confessé estre hommes dudit seigneur de Trozé.... Quels hommes le dit seigneur de Trozé a baillez, lessez, quittéz et transportez audit sieur de Launay, au dit nom, ensemble o les rentes et obeissances sur iceux. Et se sont les dits hommes tant du fief du Pinel que du Fougeray attournez et... *(sic)* en présence et du consentement dudit seigneur de Trozé o le dit sieur de Launay, quel les a pris et acceptez à valloir sur le droit de sa compaigne et partant a le dit seigneur de Trozé quitté les dits hommes des dittes rentes et obeissances et s'en est dessaisy et voulu que ledit sieur de Launay en jouisse et le y a establi actour, seigneur et procureur comme en sa chose et en exerce la juridiction, ainsy qu'il voira l'avoir affaire.

Et a mis par devers moy commissaire deux rolles et rentiers, l'un d'iceulx sur les hommes du Pinel, datté en l'an 1407, un autre rolle sur les hommes et teneurs du dit fief et mazure du Fougeray, datté dudit an 1407, disant n'en avoir autres.

Et dempuis, ou dit mesme jour, en procédant outre en la ditte assiette, me suis transporté en un grand chemin conduisant de Rennes à la Guierche, estant l'entrée de la paroisse de Marcillé, en laquelle a le dit Jarret le devoer de quintaine, dont est entre eux fait mention par leurs proceix luy estre deu sur tous les hommes de bas estat d'icelle paroisse, que le devoir de quintaine a le dit seigneur de Trozé baillé au dit Bertran, au dit nom, à valloir sur son dit droit. Duquel Bertran a esté dit ne accepter la ditte attournance des devoirs d'icelle quintaine pour ce que a dit le dit Bertran, le dit seigneur de Trozé avoir desja fait, en faisant la ditte assiette et attournance, un tressault d'environ trois lieues, le dit Jarret disant que le dit Bertran, neantmoins ce estoit tenu prendre les dittes quintaines en parachevant la ditte assiette de prochain en prochain.

(1) Très probablement dans la paroisse de Bais, non loin de Marcillé-Robert. Le manoir du Haut-Fougeray appartenait, en 1410, à Pierre de Charmé, celui de la Bagounière à Raoul Jarret (Ogée, Bais et Carte de Cassini).

Et o ce, en procédant autre, a monstré le dit seigneur de Trozé un pré nommé le pré de la Marre, estant des appartenances de la métairie de la Haye et à la quelle métairie scize en la paroisse de Marcillé à la maison d'icelle me suis transporté et les dittes parties pareillement.... *(le reste manque).*

Cet acte sur papier n'est plus daté, mais le copiste du XVIIe siècle a mis deux dates en tète : 1510 et 1536. La dernière est sans doute la vraie.

III. — 6 février 1448. — Partages entre Jean Jarret et Jean de la Court.

Sachent tous.... que en notre cour du Petit-Montreveau.... personellement estably. Nobles personnes Jean de la Court, Escuyer, Seigneur de la Bellière et de la Raye, d'une part, et Jean Jarret, fils aisné et procureur de Astaisse de la Court sa mère, sœur du dit Jean de la Court, d'autre part, soubsmettant.... les quels ont confessé avoir fait entre eux les divisons et partaiges des héritaiges, revenuz et biens immeubles à eulx advenuz et descenduz des successions de feu dame Catherine Boucharde, en son vivant dame du dit lieu de la Bellière, mère des dits Jean et Astaisse de la Court et aussy des successions des sœurs de la dite Astaisse et aussy de feu Messire Jean de Coesmes, Chevalier, Seigneur aussi en son vivant du dit lieu de la Bellière et frère des dits Jean et Astaisse de la Court en ligne maternel et tant à cause de leur patrimoine et matrimoine que d'acquêts.... c'est à savoir que à la dite Astaisse de la Court est demeuré en propriété pour elle et ses hoirs pour sa part des dites successions de l'hostel, courtil, jardins et ouche de Saint-Florent, appelés la Bellière Sainct-Florent, avecq touttes les vignes et boyes du dit lieu. *Item,* la gaignerye de la Grand-Huguert,... *Item,* la gaignerye de la Lettrye, o tout et le droict que le dit feu Messire Jean de Coesmes y avoict sur le Grand-Breil, deux septiers de seigle de rante ou ferme sur la gaignerye de la Souchaye ; trois septiers de seigle de rante et vingt boesseaux d'avoyne aussi de ferme ou rante sur le bourg Douet ; trois septiers de seigle sur la Marsettière ; mine de seigle sur la Begrolière ; trois septiers mine de seigle et deux chappons sur la Hunonière ; mine aussi de ferme ou rentes et les terres sizes en la paroisse de la Chapelle, vallant commungs an trois septiers de seigle. *Item,* les dixmes de l'Aumonnerie, vallant commungs an deux septiers de seigle ou environ et toutte les autres gaigneries et dommaines, sy aulcuns y en a en la dicte chastellenye de Sainct-Florant, excepté les choses qui demeurent au dit Jean de la Court. *Item,* les cens et rentes et dixmes dheues en la dicte chastellenye de Saint-Florant, d'ancienneté et montant la somme de cent solz ou environ et que le dit messire Jean de Coesmes, en son vivant, soullait lever anciennement en la dicte chastellenye et ailleur, sy aulcuns en y a dheuz au regard de l'hostel appelé la Bellière Saint-Florant. *Item,* le pré que le dit Jean de la Court avait en la prée de Marillais avec les oyes, chappons, poulles, ung pain froment par chascun an en la dicte chastellenye de Saint-Florant et qui ont accoustumé estre payéz de rante montant douze chappons et quatre poules et deux oyes ou environ. Lesquelles choses dessus dites le dit Jean de la Court a baillé et delaissé à perpétuité à la dicte Astaisse, sa sœur, pour ce qui pouvait lui apartenir à cause des successions susdictes et lesquelles choses le dit Jean Jarret a acceptées au nom de sa dicte mère, pour tout les droits qui lui pouvoict competter... Et au dit Jean de la Court, héritier principal du dit feu Messire Jean de Coesmes, en ligne maternel, ont et demeurent les gaigneries de la Championnière, de la Glenettière, la terre et appartenances de la Grand-Beslière, des Onglée et la vigne et généralement toutes les autres terres, domaines, cens, rentes de blez, de deniers, dixmes de bleds, de vins et préminances boys: garennes, vignes que autres choses quelconque dont le dit feu Messire Jean de Coesmes est mort seigneur vertu et saisy en quelque fief, paroisse, seigneuries quelles soyent située, excepté les choses dessus qu'il a baillée à sa dite sœur Astaisse de la Court et à la chastellenye de Saint-Fleurant.. Et pour ce que, de present, noble Dame Jeanne Le Moyne, veufve dudict Messire Jean de Coesmes tient et posède les choses dessus dictes qui ont esté baillée à la dicte Astaisse avec aultre chose par douaire, a esté appoincté que ladicte Astaisse ne pourra empescher à la dicte Jeanne Le Moyne qu'elle ne prenne et lève, sa vie durant par douaire, les dictes choses moyennant que le dict Jean de la Court.... promet de rendre.... par chacun an.... à la dicte Astaisse ou aux siens quinze septiers de seigle, mesure de Montreveau, rendus à la Bellière.... et après la mort de ladicte Dame Jeanne le Moyne, ladicte Astaisse de la Court ou les siens prendront les choses qu'ils lui sont demeuré par le partage, et ledit Jean de la Court sera quitte de sa rante de quinze septiers de seigle. Ce que Jean de la Court a accepté de même que Jean Jarret qui doit faire ratifier cet acte de partage par sa mère et luy payer 500 livres tournois et desquels partages et autres choses dessus dictes, chacun en leur nom, se sont tenus pour bien contents.... Fait et passé en la présence de Guillaume Trian et Guillaume Maillet le 6e jour de febvrier l'an 1548. Ainsi signé, de Vau, de Guibert et Pinet.

Copie collationnée le 26 avril 1635 à la requête de Jean Jarret, sieur de la Ferronnière, sur la représentation faite par Charles Jarret, sieur du Boulay.

Signatures.

IV. — 3 janvier 1482. — Contrat de mariage de François du Vau et de Marguerite Jarret.

Au rapport de Georgeau et Bonnerie, notaires à Doué, contrat de mariage de noble homme François du Vau, écuyer, fils aîné, principal héritier de noble homme Jean du Vau, écuyer, seigneur du Vau de Cré, assisté de Guyon du Vau, qui se porte fort pour Jean du Vau, son frère, et promet de lui faire ratifier ce qui va être stipulé, avec damoiselle Marguerite Jarret, fille de feu noble homme Jean Jarret, en son vivant escuyer, seigneur de la Trousselière, et de damoiselle Guillemine Jodouin, sa femme, dame des Roches.

Par le dit contrat René Jarret, frère de Marguerite, s'engage tant en son nom qu'en celui de sa mère à payer le jour des épousailles 200 écus d'or pour tout ce que sa sœur pouvait prétendre dans la succession de leur père, de plus pendant la vie de sa mère de payer chaque année, à la St-Michel, huit septiers de seigle, mesure de Doué et après la mort de sa mère de lui donner comme part d'héritage

200 écus d'or une fois payés et de lui servir deux septiers de seigle de rente chaque année à la St-Michel. Et au surplus sera tenu le dit René Jarret vestir et habiller sa dite sœur d'habillements honnêtes selon son état et de faire les noces, le tout à ses dépens.

Guyon du Vau promet, de la part de son frère, que la dot du futur sera 100 écus d'or payables le jour du mariage, qu'il le marie comme son fils aîné, ainsy qu'il est permis par la coutume du pays et qu'il prendra et recevra en sa maison la dicte Marguerite comme femme de son fils aîné et « advenant que le dit François du Vau allast de vie à trespas premièrement que la dicte Marguerite, elle aura, sur les héritages du dict Seigneur du Vau, son douaire accoutumé. »

Copie vidimée le 26 avril 1635 par Peanne, notaire à Saumur, pour Jean Jarret, seigneur de la Ferronnière,... en présence de Me Christophe Choppin et Vincent Bron, demeurants paroisses d'Argenton-l'église, et Bouillé-Loretz, témoins à ce requis.

(Signé) Jean JARRET, Charles JARRET, CHOPPIN.
V. BRON. PEANNE, notaire, pour collation.

V. — Contrat de mariage de René Jarret et de Charlotte Aménard.

Du 28 avril 1483, au rapport de Poisson, notaire à Broichessac (Brissac), contrat de mariage de noble homme René Jarret, écuyer, seigneur de la Trousselière avec Charlotte Aménard, fille de noble homme messire Louis Aménard, chevalier, seigneur du Mesnil, de la Porte, de Mozé. Il donne en dot à sa fille 900 livres, dont 200 seront payées le jour des épousailles, et devront être employées en meubles, et pour les autres 700 livres; il baille au dit René Jarret et à la dite Charlotte une rente de 40 septiers de blé, mesure de Montreuilbellay, composée de 10 septiers de froment, 10 de méteil, 10 de seigle, 10 d'orge, payable chaque année à la St-Michel, soit en nature soit en argent, et requérable au lieu de la Porte (1) (paroisse du Vaudelnay), près le Puy-Notre-Dame, avec réserve pendant six ans de payer les 700 livres pour amortir cette rente et même de se libérer de 11 septiers par payements de 200 livres faute de quoy une rente perpétuelle de 45 livres sera assignée au profit des futurs époux sur le lieu de la Porte et si ceux-ci venaient à mourir sans hoirs ces 700 livres feraient retour aux mêmes conditions à la famille Aménard.

Le douaire de la future sera réglé suivant la coutume d'Anjou et René Jarret a promis de l'épouser avant la St-Jean-Baptiste prochaine, sous peine de lui payer 1000 livres d'amende.

En présence de vénérable et discret maistre Guy Pierres, maître d'école à Angers, de Thibault Aménard, de Jean de la Cour, écuyer, seigneur de la Raye, de François du Vau, écuyer, seigneur de Crée, et plusieurs autres.

(1) En est sieur messire Louis Aménard, chevalier, 1476; Catherine de la Porte veuve de Jean Aménard, chevalier, 1486; Louis Pierres, 1540 (*Dictionnaire de Maine-et-Loire*).

Copie vidimée en avril 1635 par Péanne, notaire à Saumur, sur l'original en parchemin, à la requête de Jean Jarret, écuyer, seigneur de la Ferronnière et à la représentation de Charles Jarret, écuyer, seigneur du Boulay, auquel l'original a été rendu.

VI. — 8 mai 1486. — Monitoire de l'Évêque de Rennes pour René Jarret. Original en parchemin.

Michael, miseratione divina et sancte sedis apostolice gratia Redonensis episcopus, universis et singulis presbyteris et clericis nobis subditis, salutem in Domino.

Ex parte nobilis viri Regnati Jarret, domini loci de la Trouxelière, nobis fuit expositum et datum intelligi se graviter conquerendo quod nonnulli iniquitatis filii seu filie malefactores seu malefactrices Deum præ oculis non habentes, non recordantes precepti Domini dicentis « non facias alii quod tibi fieri non vis », verbique Augustini dicentis « non dimittitur peccatum nisi prius restituatur ablatum », quorum seu quarum nomina et cognomina nobis et dicto exponenti saltem probabiliter sunt ignota. Qui vel que indebite et injuste præter contra ipsius exponentis voluntatem fecerunt, fieri fecerunt, mandarunt et procurarunt delicta, facta, latrocinia et foresfacta inferius verbis galicanis declarandis videlicet : cielx et celles qui indument et injustement et contre la volunté du dict exposant ont eu, détenu, recélé et occuppé, ont, détiennent, recellent, et occuppent ou par dol et fraude ont lessé à avoir et détenir nuls ne auchuns biens meubles audit exposant appartenans, sezirent or, argent monnayé ou à monnayer, linge, lange, couvrechieffs, linsceulx, serviettes, touailles, touaillons, draps de laine, laines blanches et noires, tant lavées que à lavez, seilles, froment, paumelles, avoinnes, grosses et mynues, broches et la.... de fer, paelles d'arain, plaz, escuelles, pintes et pichiers d'estain, char sallée tant de beuffs, de porc et autres biens meubles quelxconques au dict exposant appartenant et qui dempuix demy an en cy a derrenier se sont trensportés ès pescheries de l'estangt dudit lieu de la Trouxelière et icelles pescheries ont rompu, frouessé, délascéré, démoli et abbatu, fait rompre, dilixaiez, démolis et abbatre indeument et injustement et contre la volonté du dit exposant et en iceluy estangt du dit lieu de la Trouxélière au dict exposant appartenant, ont pesché, faict peschez tant de jour que de nuyt et tant o fillez, raitz, cordes, lignes que autrement. Indeument et contre la volunté du dit exposant se sont transportez ès garainnes du dict lieu de la Trouxelière et en icelles ont chacé et furté, fait chacez et furtez, y tendu plusieurs royseux et autres espèces de fillez et y prins plusieurs connins et connines et autres espèces de gibiers, y estans sans le congié et licence du dict exposant, ad ce que en a esté grièvement endommagé, et qui indeument et injustement et contre la volunté du dict exposant se sont trensporté à la mestaerie du dit lieu de la Trouxelière et les huys d'icelle mestaerie au dict exposant appartenant ont rompu, frouessé, et dilaxeré, fait rompre, frouessez et dilaxerez, volu et s'efforcé batre le mestaer de la dicte mestaerie ou grant préjudice et injure du dict exposant et qui ès dictes choses et chacune dessus dictes ont donné, fait et perpetré dommage au dict exposant jusques à l'estimation de vingt deniers monnoie ou préjudice et détriment d'iceluy. Quare nobis humiliter supplicavit idem exponens sibi super his de remedio juris providi opportuno. Hinc est quod nos attendentes ejusdem exponentis expositionem fore justam et juri conformem vobis et vestrum cuilibet insolidum precipiendo mandamus quatenus alter vestrum alterum non expectans, nec unus pro alio se excusans, moneatis, ex parte et auctoritate nostræ saltem sufficientes et canonice una monitione canonica pro omnibus, omnes illos et illas qui vel que premissa seu aliquid premissorum fecerunt, fieri fecerunt, mandarunt et procurarunt, fueruntve de premissis aut eorum singulis agentes, participantes, consentientes, delinquentes, vim vel auxilium aut opem prebentes et qui vel que de premissis aut eorum singulis aliquid sciverunt, audiverunt, aut sciunt ut ipsi et quilibet sub pena excommunicationis sententiæ de premissis aut eorum singulis ad emandam restitutionem, reparationem et satisfactionem condignam eidem exponenti deveniant et que dicant, revelent, et detegant totum et quidquid de premissis et eorum singulis sciverunt, audiverunt, aut sciunt infra sex dies proximos venientes a tempore monitionis hujusmodi sibi facte seu ad eorum et cujuslibet noticiam deducte. Alioquin et ipsos et quemlibet de premissis culpabiles scientes et non revelantes quos et quemlibet et in hiis scriptis ex nunc prout ex tunc... excommunicamus auctoritate nostra pro premissis ad ejusdem exponentis instantiam excommunicatosque pro premissis a nobis publice nunciatis, singulis diebus dominicis, et festivis, solemnibus campanis pulsatis, candellis accensis, cum libro, cruce, aqua benedicta ad terram projectis et cum omni alia majori solemnitate ecclesiastica quam circa hæc poteritis adhibere et de jure a denunciacione hujusmodi non cessant donec et quousque de premissis et eorum singulis ad emandam, reparationem, restitutionem, satisfactionem condignam cum eodem exponenti devenerint et certiffecerint.

Datum die lune octava mensis maii anno domini millesimo quadringentesimo, octogesimo sexto.

DROUET signavit.

Monitio generalis.

VII. — *Jean de Bourdigné. Annales d'Anjou*, Paris, 1529, p. 188.

« Les ennemis advertiz les François, pour la révérence de la feste prochaine (de Pâques 1523) vacquer à jeusnes et oraisons... clandestinement surprendre les voulurent et avecques très-puissante armée vers Ravenne s'adressèrent, la quelle ville étoit pareillement révoltée et tenoit le parti du Pape. Le duc de Nemours de ce averty apella les sires de la Palisse, de Aleigre, de Chatillon, le seigneur Jehan Jacques et autres capitaines, gens de grand vertu et proesse, pour se trouver à son secours avec leurs bendes, lesquelz, obéissans au Duc se y trouvèrent très bien en ordre... et pour certain la fleur des Espagnols, Italliens et François là estoit, même du pays d'Anjou ne defaillirent à cette cruelle journée plusieurs illustres chevaliers et escuyers, les quels j'ay bien voulu icy nommer affin que d'eux soit au tems advenir mémoire et aussy à ce que leurs successeurs portants leurs noms et armes y prennent exemple. Et premier se y trouvèrent en bon ordre et bien délibéréz les sires Charles de Coesmes, seigneur de Lucé, au Maine et de Chartrene et Marigné en Anjou, François de Daillon, seigneur de la Crotte, Charles Bourré, seigneur de Jarsé, Jean de Dureil, seigneur de la Barbée, messire Magdalon de la Jaille, seigneur de la Tuauldière, Pierre de Coaisnon, seigneur de Noyrieux, qui ce jour le mortel conflit commença (par quoy à luy est dû partie de l'honneur de la victoire), Christophle de Champaigne, seigneur de Ravault, Jean de Lescuse, seigneur de la Garlandière, Pierre le Roy, François de Chemans, Charles de la Roussière, François Guéryn, Yvon Pierres, Baudouin de Champagne, François et Jean de Maillé, Jean d'Aubigny, Jacques du Bellay, Artus de la Bouteille, Pierre JARRET, Nicolas Pierres, René de St-Aignan, Louis de Quatrebarbes, Jacques de Brye, Lancelot de Jonchères, Olivier Tillon, seigneur de Cousteroilles, Jehain Ricain, le sire Poysieme, Rolland de Bordigné, Jehan de Dureil seigneur de la Mychallière, le seigneur de Monnet et plusieurs autres combattans du pays d'Anjou..... »

VIII. — Partages nobles entre Louis et Pierre Jarret.

Le 23 mai 1523, au rapport de Julien Dugueret et de Gaudet, notaires des cours de Rougé et de la Rigaudière, partages nobles entre nobles gens Louis Jarret, écuyer, seigneur de la Trousselière, et Pierre Jarret, son frère germain, aussi écuyer et seigneur de la Giffardière, par lesquels pour tout le droit qui pouvroict appartenir audit Pierre Jarret èz dictz lieux de la Trousselière, Giffardière, Menant, moulin, estang dudit lieu de la Trousselière, hommes, fiefs et juridictions étant tant en la paroisse d'Essay, Saincte-Coulombe, la Couyère que autres, en ce pays et duché de Bretaigne, leurs baillés et transportez de René Jarret, écuier, sieur des Roches, leur père, que pour recompance des héritages, maisons, rantes leur appartenant à cause de la succession de feue demoiselle Charlotte Aménard, leur mère, le dit Louis, neantmoins la coustume de ce pays et droitz d'icelluy, a baillé à Pierre Jarret, pour en jouir à jamais héritellement le lieu de la Giffardière en la paroisse d'Aissé, tout ainsi qu'il se comporte, avec tous les droits, les bêtes et les meubles qui y sont sans aucune réserve, y compris le pré Bailleur, situé près du lieu de la Giffardière, le bois Jarret situé près la lande de Gaultret qui anciennement étoit de la Giffardière. De plus, le dit Louis a baillé au dit Pierre, pour qu'il en jouisse sa vie durant seulement, les hommes, fiefs et juridiction, tant par deniers, avoynes, chappons, poulles, corvées que autres debvoirs estans en la paroisse de Sainte-Coulombe et la Couyère seulement, des quelz hommes le dict Louys Jarret en fera atournance vallable au dict Pierre d'aujourd'huy en un an..... Et a été passé le présent partage en la maison de maître Julien Dugueret.

Copies collationnées les 26 avril et 16 mai 1635 par Guillaume Péanne, notaire royal à Saumur, sur l'original appartenant à Ch. de Gouz de la Roualle.

IX. — Contrat de mariage de Louis Jarret et de Louise de la Roche.

Au rapport de Georgeau et Bernardin, notaires à Ferrière en Bouille Loret, 3 octobre 1524. Sachent tous... que en traictant, parlant et accordant le mariage d'entre noble personne Louys Jarret, escuier, fils aisné et principal héritier de noble homme René Jarret, aussi écuier, et de feu Charlotte Aménard son expouze, seigneur de la Trosselière et des Roches et de damoiselle Louise de la Roche, fille de noble personne Jean de la Roche et de damoiselle Mathurine Le Roux, son espouse, seigneur et dame de Courron (1) et de la Maison Neufve (2). Le dit Louys Jarret a promis prendre à femme et épouze la ditte Louise toutte et quante foy que Dieu et Sainte Eglise s'y accordera et que par ses parents et amys en sera requis et la dite Louyse prendra le dit Jarret à seigneur mary et espoux toutte et quante foy, que pareillement par ses parents et amys en sera requise. En faveur du dit mariage le dit Jean de la Roche et sa dicte espouze ont promis payer et bailler aus dit futurs conjoinctz la somme de 2300 livres tournois, scavoir est la somme de 300 livres, qui seront réputées le meuble de la dicte Louyse et les 2000 livres que les dits Jarret père et fils ont promis employer en acquetz jusqu'à la somme de 100 livres de rante, qui sera reputée le propre héritage de la dite Louyse, et au cas qu'elle ne soit pas employée en acquetz, les dits Jarret père et fils constituent à la dite Louyse 100 livres de rante sur tous leurs biens, tant en Anjou qu'en Poitou. Le sieur de la Roche et son épouse s'engagent payer dedans le jour des espouzailles la somme de 1300 livres, et pour les autres 1000# constituent la somme de 50# de rante à commencer du jour de la Toussaintz, qu'on dira 1525, avec faculté d'amortir la dite rente en remboursant 1000 livres et les arrérages dedans trois ans. Et au cas que l'un des conjoinctz décédast sans aulcuns hoirs de leur chair, le dit Jarret ou ses hoirs pourroit retirer la dite rante en remboursant les 2000 livres dedans trois ans après le décès. Et moyennant toutes les choses dessus dites, les futurs conjoints et mesmement la dite Louyse, laquelle son futur expous a promis octorizer, incontinent leurs espouzailles faictes, ont renoncé à toute succession directe, savoir est paternelle et maternelle seulement. Et les dits Jarret ont assigné douaire à la dite Louise ainsy que les pays où sont situés leurs biens, le veulent et le permettent. Ce fut faict et passé au lieu de la Maison-Neufve ; présents noble personne Guy de la Cour, seigneur de la Beslière, Jean Bousiron, seigneur de Bray, Jouachim de Terves, Louys de Terves, escuyers ; le tiers jour d'octobre 1624.

(Signé) GEORGEAU et BERNARDIN.

Original et copie collationnée le 16 mai 1635 par Guillaume Péanne, notaire à Saumur, sur la représentation de Ch. Le Gouz, de la Roualle, pour Charles Jarret Du Boulay.

X. — *Archives de Maine-et-Loire C. 105. 328.* 22 mars 1539. — Déclaration faite devant le lieutenant général de la sénéchaussée d'Anjou par Louis Jarret, écuyer, seigneur des Petites-Regnaudinières, métairie autrement appelée la Rufferye, sujette à taille et

(1) Courron *nunc* Coron, canton de Vihiers.
(2) La Maison Neufve, commune d'Allençon.

tenue à foy et hommage simple du seigneur de la Frogerie, évaluée à 15 livres net de revenu, sur laquelle quatre fils et une fille à partager. Il constitue pour procureurs Jean de la Fontaine, écuyer, Gilbert Verge, licencié en droits, auxquels il donne pouvoir de comparaître en son nom par devant le lieutenant général d'Anjou, commissaire en cette partie, pour vérifier et affirmer par serment que par cette déclaration il a employé tout ce qu'il tient en arrière-fief du duché d'Anjou. Signé : Louis Jarret et Bernardin, notaire, à la requête dudit écuyer.

XI. — Contrat de mariage d'Hardy Jarret et Jeanne Amyot.

Le lundi 17 novembre 1550, accords de mariage entre noble personne Hardy Jarret, fils aîné de N. h. Louis Jarret, seigneur des Roches et de la Trousselière, d'une part, et damoiselle Jehanne Amyot, fille aisnée de noble homme Estienne Amyot et de damoïselle Renée Mauviel, son espouse, seigneurs de Saint-Martin de Lymet, de Lansaudière, de la Gendronnière, par devant Jehan Raoul, notaire de la cour de Craon.... En faveur dudit mariage les dits Estienne Amyot et Renée Mauviel s'engagent à donner 4.500 livres, dont 2.500 payables le jour des espousailles, 500 un an après le décès de Marie Galles, ayeule maternelle de la dite Jeanne, et 1.500 livres payables au temps du mariage de noble homme Nicolas Amyot, fils aisné de Estienne... et au cas où il ne seroit pas marié au moment de leur décès... constituent à Jehanne Amyot une rente de 100 livres assignée sur les terres et seigneuries de Saint-Martin de Limet et l'Ansaudière, en outre vestir bien et honnêtement la dite Jehanne à ses nopces. Sur la somme de 4.500 livres, il y en aura 500 non reportables. Et aussi en faveur dudit mariage et des enfans qui pourront en sortir, le dit Louis Jarret a marié et marie le dit Hardy Jarret comme son fils aisné et principal héritier et lui accorde par ces présentes les deux parts de tous et chacun ses biens... est accordé douaire à la dite Jehanne selon la coutume des pays où sont situés les biens dudit Hardy... et pour les 4.000 livres ou ce qui en aura été reçu lesdits Louis et Hardy Jarret assignent à la dite Jehanne 100 livres de rente par chaques 2.000 livres sur la terre et seigneurie de la Trousselière, en Notre-Dame d'Escé, duché de Bretagne... fait au lieu et maison seigneuriale de l'Ansaudière, paroisse de Saint-Martin de Limet, en présence de nobles hommes Jehan Hullin, sieur de la Forest, Nicolas Richomme, sieur de Carqueron, Guillaume du Buat, sieur de Brascé, Louys Le Brun, sieur de Villaynes et du Mesnil, Mathurin Trotereau, Emars de Cleres, sieur de Choucignes, N. de la Chesnay.

(Signé) J. Raoul, notaire.

Original en parchemin.

XII. — *Archives de la Loire-Inférieure, série B, Chambre des comptes, sénéchaussée de Rennes, Aveu de la baronnie de Chateaubriant, fol. 209.* 1560.

Ensuit la déclaration des hommes, vassaulx et subjectz tenant noblement et prochement fiefs, terres et heritages de la dite court de Rougé au Teil, aux devoirs de foy, hommaige, rachapt et chambellenaige...

Fol. 222... Hardy Jaret, sieur de la Trousselière, a confessé tenir à debvoir de foy, hommage rachapt et chambellenaige :

Le lieu, manoir, maisons et domaine de la Trousselière, sittué en la parrouesse d'Essé, contenant par fons en courtils, jardins, rues, yssues, desports, vergiers, boais taillis et de haulte futaye, huict journaulx de terre ou environ, comprins une quantité de pré ou pré derrière la grange.

Les moulins à seigle et à draps, o leurs dis troicl	3	journaulx
Deux pièces de terre arable	3	id.
Une quantité de terre arable et boais de haulte fustaie	3	id.
Une pièce de terre le domaine	4	id.
En outre, en divers...	40	id.

Item a confessé le dit Jaret tenir du dict seigneur aus dicts debvoirs, un fief, juridiction et seigneurie nommé le fief de la Trousselière s'étendant en la paroisse d'Essé, tant au villaige de la Roche et environ d'iceluy que ailleurs, ouquel sont hommes, estaigers et teneurs Guillaume Pinczon et ses enfans, Me Arthur Pinczon, Jean Morel de la Roche et aultres plussieurs leurs consors, quels et chacun doibvent assamblement chacun an de rente par deniers audit seigneur de la Trousselière 29 soulz six deniers de rente aux termes de my aougst et angevine respectivement, cy 29 s. 6 d.

Item, une quantité de terre au haut du domaine des Cadores, deux journaux...

XIII. — Original en parchemin, 20 août 1565. — Partages nobles entre Hardy Jarret et autre Hardy Jarret, son frère.

Comme ainsi soit, que dès le sixième jour de janvyer l'an mil cinq cens soixante, nobles personnes Hardy Jarret, écuyer, seigneur des Roches-Jarret et Hardy Jarret, escuyer, frère puysné du dict Hardy Jarret eussent par entre eulx avecques l'advys de leurs parens et amys accordé et arresté pour la part et portion héréditaire tant mobiliaire que immobiliaire que au dict Jarret puysné pouvait compéter et apartenir à cause de la succession de deffunctz noble homme Loys Jaret et damoiselle Loyse de la Roche leur père et mère, eulx vivans seigneurs du dict lieu des Roches et de la Trousselière, en Bretagne, tant pour raison de la dicte maison des Roches que la Trousselière et autres choses de la dicte succession dont le dict Jaret puysné se seroit dès ycelluy jour tenu contans et à ceste fin auroient dès ycelluy jour redigé le dict acord de partage par escript et ycelluy signé de leurs mains et fait signer à tesmoigns sinodaux; aurait le dict Jarret l'esné promys au dict Jaret son frère de luy passer davant notayres le dit partage pour sa plus grande sûreté dedans quelque temps ensuyvant, attendant le dict temps le dict Jarret puysné joyroit des choses à luy délaissées par son dict frère aysné pour son dict droit de partage tout ainsi que si par forme autentique eust été reçu et passé et pour icelluy accord de partage valablement et autentiquement passer ont ce jourduy vingtiesme d'aougst l'an mil cinq cens soixante cinq, en notre court de Monstreuilbellay, esté personnellement establiz et deuement soubmys quant à ce le dict Hardy Jaret, écuyer, seigneur des Roches-Jarret et y demeurant d'une part et le dict Hardy Jaret (1), aussi escuyer, son frère puysné, demeurant au bourg de Bouillé Loretz d'aultre, lesquels confessèrent de leur bon gré et volonté avoir dès le sixiesme jour de janvier 1560 faict et accordé comme encore font et accordent par entreulx du droit de partage, parts et portions héréditaires tant mobiliaires que immobiliaires qui au dict Jarret puysné pouvoient et peuvent compecter et apartenir à cause des dictes successions..... du quel droit aurait iceluy Jaret puysné joy et possédé par ses mains jusqu'à ce jourduy savoir est... la maison et mestaierie de la Palice... tant en maisons, court, agraulx, et la moictié, estant à présent adivyse, du cloux de vigne appelé le Petit Chesnet, sis près le boys Guillot, appartenant à Françoise Jarret, cousine germaine des dessus dits. Le tout se trouvait dans les fiefs et terre du dit Hardy Jarret aîné, seigneur des Roches, les Marchaix de Bouillé, et au fief de Bouillé Loret appartenant au seigneur du Cleray, aux devoirs et charges accoutumés, fors qu'il ne sera aucunement tenu au payement de certaine rente de 25 livres tournois par lès précédents abbés de Ferrières, prétendue être due pour raison de la métairie de la Palisse... Fait et passé au dit lieu de Bouillé Loretz ès présences de noble homme Florent de Frizon, seigneur des Marchaix et Jehan Charrier, tesmoings à ce requis.

XIV. — 21 octobre 1611. Original en parchemin. — Partages nobles de Charles et Jacques Jarret.

Le samedy vingt et uniesme jour d'octobre 1611, au rapport de Pierre Brunet, notaire à Craon, demeurant en la paroisse de Saint-Martin du Lymet, partage noble, accordé par Charles Jarret, écuier, sieur des Roches et de la Trousélière, demeurant en sa maison seigneuriale des Roches, paroisse de Bouillé-Lorat, pays de Poitou, à Jacques Jarret, aussi écuyer, son frère puîné, demeurant à la maison seigneuriale du Rozay, paroisse d'Aiszé (Essé), en Bretagne, évêché de Rennes, pour les héritaiges à eux demeurez tant de la succession de feu Hardy Jaret, escuier, sieur des Roches et de la Trousselière, leur père, que de celle de feu Jean Jaret,... escuier, leur frère aisné, principal héritier du dict Hardy Jarret, leur père, et de feu damoiselle Suzanne Jarret, leur sœur, et encore de la succession de damoiselle Jeanne Amyot, leur mère, et aussi d'Hardy Jarret, sieur de la Palice, leur oncle. Dans la succession du dit Hardy Jarret père, le dit feu Jehan était fondé en son preciput en deux pars, et le dit Charles fondé en la succession du dit Jehan Jarret, son frère aîné, en son preciput en deux pars et aussy en la succession du dit Hardy, son oncle, en son preciput en deux pars ; le dit Jacques Jarret, comme

(1) T. G., p. 12.

fondé en un neuviesme es biens du père tant des biens sis en Poitou qu'en Bretaigne, et encore des biens sis en Bretaigne par usufruit seulement et aux biens et en la succession du dit Jehan Jarret, leur frère aîné, en un sixième des biens du Poitou seulement, n'ayant aucun droit des biens de Bretaigne qui consistent en la terre de la Troussellière et en un tiers au droit de la dicte Suzanne, leur sœur, et du dit Hardy Jarret, leur oncle, et pour le regard de la dicte damoiselle Jehanne Amyot, leur mère es droictz que le dict Jacques peut y prétendre, tant selon et au désir de leur conventions cy-devant faictes aveq leur mère que aultrement :

Pour tous les quelz droictz cy-dessus qui appartiennent au dit Jacques en toutes les successions, le dit Charles Jarret, écuier, son frère aisné a baillé et par ces présentes quitte et transporte perpétuellement par heritaige au dit Jacques Jarret : 1o la maison, grange, de la Palice, size au bourg de Bouillé-Loratq, avec les jardins, aireaux. . . . . là borderie de la Mongmoie comme la dite défunte Jehanne Amyot, leur mère, l'a acquise tant en pré, vigne. . . . . la bourderie d'Urfay comme en jouissent les closiers. Les autres terres et vignes ci-dessus tenues des Roches à hommaige et en paraige à cinq solz de debvoir à muance de seigneur pout tout droit de rachapt.

Des quelles choses le dit Jacques Jarret s'est contenté pour tous ses dits droitz et demeure le dit Jacques Jarret quitte des devoirs que le dit Charles, son frère, a payés aux héritiers de la femme du dit Hardy Jarret, leur oncle, et autres créanciers et le surplus des dites successions tant au dit lieu des Roches et de la Trousselière que ce qui peut en dépendre demeurera au dit Charles Jarret esné pour ses preciput et droits d'ainesse et autres droits, et aussi ont reconnu et confessé suivant la convention faite ensemblement avec leur dite mère qu'ils ont partagé les meubles après son décès et pour le reste que le dit Jacques prétendait, ils ont composé à 200 livres. Ce fut fait au lieu et maison seigneuriale de l'Ansaudière, en présence de Nicolas Amyot, sieur du dit lieu, Me Guy Simon, prêtre, vicaire à Saint-Martin du Lymet et Me Pasqual Menard, clerc du greffe à Craon, qui ont signé avec les susdits et le notaire.

Au bas de cet acte est le reçu autographe de Jacques Jarret qui, le 28 novembre 1614, reconnaît avoir reçu les 200 livres ci-dessus énoncées, sceaux sur papier.

XV. — Titres du Ménant, appartenant à Mme Fouqueron, rue des Fossés à Rennes. — 4 novembre 1644. — Minute et déclaration que présente demoiselle Charlotte Godet, veuve, tutrice et garde-noble des enfants de son mariage d'elle et de deffunct écuyer Charles Jarret, son mary, en son vivant seigneur des Roches, la Troussellière, Menant, etc., à très haut et très puissant seigneur Louis de Rochechouard, comte de Meaure, conseiller du Roy, chevallier des ordres, capitainne de cent hommes d'armes des ordonnances de Sa Majesté, baron du Bouchet, Montrelays, la Rigaudière, le

Loroux, la Tourniolle, seigneur de Saint-Étienne, Parigny, etc.... du grand et nomination des maisons et terres qu'elle possède sous laditte seigneurie de la Rigaudière en la paroisse d'Essé.

Scavoir est le lieu, maison noble et metayrie de Menant, cours, jardins et pourpris, contenant le tout un journal de terre ou environ.

Une pièce de terre nommée le Tertre de Menant, 5 journaux.

Autre nommée le Cloux de la Grange, 2 journaux.

— le Cloux du Pommier, 1 1/2.

Les Picquellières, 1/2.

Terre en chesnays et buissons avec partie de l'étang de la Troussellière et refoul d'icellui.

Pièce de terre nommée les Tournées, 10 journaux.

Autre, les Travers ou les Melleyars, 6 journaux.

— les Saudrais, 7 journaux.

— le Cloux du Chesne, 2 journaux.

— les Méléards de Menant, 4 journaux.

— le pré de Suard, 5 journaux.

— le Cas, 2 journaux.

— le pré de la Pironnière, 5 journaux.

Les dittes choses avec leurs garennes et appartenances y etant et autres droits.... le tout à debvoir de foy, hommage, rachapt et chambelenage quand le cas y echet et obeissance outre à son seigneur.... LECLERC et GAULT, notaires.

8 avril 1645. — Devant les notaires des juridictions et châtellenie de la Rigaudière, du Loroux.... déclare tenir et posseder prochement et noblement.... le lieu, maison et métairie de Menant (répétition du précédent aveu).... à raison et pour cause desquels laditte dame confesse devoir foy, hommage rachapt et chambelenage.... et outre six sols monnoye de rente noble pour la pièce du Tertre de Menant, payable annuellement par la main du receveur de la ditte seigneurie de la Rigaudière et autres droits ordinaires et accoutumés dans la juridiction de Sacé.

Une petite chesnaye et une garenne et reffuge à lappreaux vers septentrion, 1 journal.

La Jaunaye du Meril, 1 journal.

Pour lesquelles choses la ditte dame sujette confesse devoir à son dit seigneur, 11 sols 6 deniers. Outre laditte dame des Roches confesse tenir et relever à cause de sondit lieu et metairie de Menant un banc armoryé de ses armes dans le lieu le plus éminant de la neff de l'église d'Essé, du côté de l'évangile avec deux pierres tomballes sous ledit banc aussi armoyé et une autre pierre tomballe dans le chanceau de laditte église pour servir de sépulture à laditte dame, le tout suivant la donation et permission luy donnée et concedée mondit seigneur le comte de Maure, fondateur de laditte église d'Essé ; même releve aussi comme devant un écusson portant hure de sanglier qui est en la vitre du côté de l'épistre. — BONENFANT et J. BONENFANT, notaires.

Du 29 mars 1654. — Plus, les Picquellières, 4 journaux ; le Clos Fromentel, 4 journaux ; le Bois de la Picquellière, 1 journal 1/2, avec petite chesnaye et une garenne et refuge à lappreaux, 1 journal.

Le Cloux Micault, 2 journaux. — LE FOURNIER et BONNENFANT, notaires.

29 mars 1654. — Aveu rendu à haut et puissant seigneur, messire René de Lopriac, seigneur baron de Coëtmeden, seigneur de la Rigaudière, du Loroux, etc..., pour Menant.

XVI. — Original en parchemin. — 21 octobre 1615. — Contrat de mariage de Nicolas Jarret et Renée Pierres.

Par devant Juillien Deillé, notaire à Angers, furent présents Charles Jarret, écuyer, sieur des Roches et de la Trousselière et Nicolas JARRET, écuyer, sieur de la Joubardière et du Boullay, son fils aîné, et de défunte Lancelotte Amyot, son épouse, principal héritier de sa dite mère et de feu Marguerite de Beaudenis (1), son aïeule, demeurant en la maison seigneuriale des Roches, paroisse de Bouillé-Loret, en Poitou, et René Pierres, écuyer, sieur de Mebretin, et Damoiselle Renée PIERRES, sa fille unique, et de feue Damoiselle Jacquine de Bonvoisin demeurans paroisse Saint-Nicolas-lez-Angers, les quels traitans du futur mariage ont fait et accordé ce qui suit : les futurs époux o l'autorité et consentement des sieurs des Roches et de Mebretin et encore de Damoiselle Françoise du Bois, épouse en secondes noces du dit sieur de Mebretin et autres leurs proches parents et amis soussignés. Renée Pierres, outre des habits nuptiaux convenables à sa qualité reçoit tant des successions échues par le decès de la dicte de Bonvoisin, sa mère, et de Damoiselle Guillemine Menard, dame de la Burelière, son aïeule maternelle, que de celle future du sieur de Mebretin, son père, douze mille livres dont deux mille restera de meuble commun ; et seront huit mille payables le 1er janvier prochain et quatre mille, deux ans après, avec intérêts au denier vingt ; au moyen de quoi le sieur de Mebretin jouira, sa vie durant, des biens échus à sa fille.

Pour ce qui concerne Nicolas Jarret, son père assure que, du chef de sa mère, il est seigneur et a droit de jouir et de disposer à charge de partage à ses puînés des terres de la Joubardière et du Boullay, sans qu'il fasse à ce sujet aucune réserve, sauf la métairie et fief de la Ferronnière, qui lui appartiennent. Il lui donne les fiefs de Saint-Martin du Lymet et des Estres avec les droits, devoirs et rentes qui en dépendent et qui lui appartiennent à titre d'acquêts faits pendant sa viduité ainsi que le bas des bois taillis du dit Saint-Martin, achetés de Madame la Princesse de Condé et à condition qu'il ne sera tenu à aucune obéissance féodale ni à payer aucun devoir pour la Ferronière, mouvant du fief de Saint-Martin-de-Limet ; en outre, le dit sieur des Roches promet faire avoir agréables ces présentes à Damoiselle Charlotte Godet, son épouse.

Ce fut fait en la maison du sieur de Mebretin près l'abbaye Saint-Nicolas

(1) Elle est dite Louise de Beaudenis dans les partages du 19 octobre 1619.

d'Angers, en présence de Jean de Seillons, écuyer, sieur de la Fortraye, de François de Bonvoisin, écuyer, sieur de Villemoisant et de la Burelière, de frère Jean-Jacques Lanier, prieur clostral de l'abbaye de Saint-Nicolas, de Guy Lailler, écuyer, sieur de la Roche de Noyant (1), de noble et discret Louis de la Grezille, chanoine en l'église d'Angers, de Claude Oger, écuyer, sieur de Charain, de René de Bonchamp, aussi écuyer, sieur du Breil, et de noble homme Nicolas de la Chaussée, sieur de la Bretonnière, ancien avocat à Angers, qui ont signé la minute et avec eux Anne Pierres, Barbe Martineau, Marguerite du Bois, René Bitault, Anthoinette Davoust, et Deillé, notaire.

Le 2 mars 1616, en présence de Charles Jarret, son père, Nicolas Jarret a reçu à Angers de René Pierres, écuyer, sieur de Mebretin, 4.000# en pièces de 16 sols et autres monnaies ayant cours provenant des constitutions consenties par lui, par damoiselle Françoise de la Roche de Noyant de la Haute-Berge Bitault, par devant Jullien Deillé, notaire à Angers, en faveur de noble homme René Gohin, sieur de Montreuil, conseiller du Roi au siège présidial d'Angers de six vingt cinq # de rente pour 2.000 du principal et semblablement à Pierre Habert, marchand apothicaire à Angers, de six vingt onze livres 5 sols aussi de rente pour 2.000# de principal.

Le 5 juillet 1616, Nicolas Jarret reçut encore à Angers 4.000# dont il donna quittance, sous réserve des 4.000# qui lui étaient encore dues pour parfaire les 12.000# promises par son contrat de mariage.

XVII. — Grosse en papier, 19 octobre 1619. — Partages nobles entre Nicolas, Jean et Charles Jarret.

Devant Pierre Hunault, notaire à Craon, entre messire Nicolas Jarret, chevalier de l'ordre du Roy, seigneur de la Joubardière, héritier principal de feue damoiselle Louise de Beaudenis, dame de la Roche, demeurant en sa maison seigneuriale de la Joubardière, et Jehan Jarret, écuyer, sieur de la Ferronnière, demeurant en la maison seigneuriale du Davy, et Charles Jarret, sieur du Boullay, demeurant en la maison seigneuriale des Roches, paroisse de Bouillé-Lorat, et François Jarret, écuyer, sieur de la Pallice, demeurant au lieu de la Roche, en Saint-Martin-du-Limet, donataire de la défunte, qui en cette qualité déclare se contenter de ce qu'il a reçu précédemment.

Nicolas Jarret laisse aux sieurs de la Ferronnière et du Boullay pour leur tiers de la dite succession une rente de quatre boisseaux de seigle, mesure de Craon, due sur la closerie de la Petite-Vallée et une somme de 520#. Le surplus des héritages de ladite succession, qui se compose du lieu de la Basse-Berenssais quatre septiers d'avoine, vingt-cinq solz de rente dus sur la métairie de la Babinière et du moulin du Davy, et trente solz sur une maison sise au bourg de Bouchamp, et vingt solz sur la maiterie de Layserie, demeurent au dit Nicolas Jarret pour ses

(1) Guy Lallier, sieur de la Roche de Noyant, en Noyant-la-Gravoyère, marié à Anne Pierres.

avantages et préciput de ses deux parts à la charge de faire partage avec damoiselles Marie et Marguerite Amyot leurs tantes.

Jehan et Charles Jarret ont accepté ce qui leur était attribué et ont partagé entre eux de façon que le sieur de la Ferronnière a eu la rente de quatre boisseaux de seigle et 220# et le sieur du Boullay 300#.

Fait à la maison seigneuriale de la Joubardière, en présence et par l'avis de messire Charles Jarret, chevalier de l'ordre du Roi, seigneur des Roches, père des parties et de Jean Le Febvre de Laubrière (1), écuyer, sénéchal de Craon y y demeurant, de François Lamerie, curé de Saint-Martin-du-Limet.

(Signé) P. HUNAULT.

XVIII. — Grosse en papier, 9 août 1621. — Partages nobles entre Nicolas Jarret et Jean Jarret, son frère.

Devant Pierre Hunault, notaire à Craon, partages nobles accordés par Nicolas Jarret, escuier, seigneur des Roches et de la Joubardière, sur la demande de Jean Jarret, escuier, seigneur de la Ferronnière et du Davy, l'un de ses puinés, demeurant au Davy, de la succession paternelle, par lesquels, pour tout droit de partage en la succession paternelle, il lui accorde le moulin à eau du Davy, les rentes dues sur la métaerie de la Babinière, 25 s. de rente sur le village de Laiserie, 8 boisseaux de blé seigle, mesure de Craon, sur le lieu des Moynaudières, paroisse de Saint-Michel près la Roë, avec 200# t. en deniers payés comptant, à condition pour le seigneur des Roches d'acquitter toutes les dettes et charges de la succession, de donner partage à ses autres puisnés, et à demoiselle Charlotte Godet, veuve du seigneur des Roches, leur père, et aux enfans nés de cette union. Mais Jean demeure chargé de tous les cens, rentes, devoirs dus sur le moulin du Davy, et même de la rente de 8 boisseaux de blé seigle due à l'abbaye de la Roë, de 50 s. en argent au fief des Aistres,.... sans qu'il soit tenu payer les 100 s. de legs sur le dit moulin, qui demeurent à la charge du seigneur des Roches, ainsi que l'habit de deuil du dit seigneur du Davy, et le bois nécessaire à la réparation du moulin pour cette fois seulement... Fait à la Joubardière, en présence de Pierre Descepeaux, escuier, seigneur dudit lieu, demeurant à la maison seigneuriale du Chalonge, paroisse de Chatelais, de Jacques Cibille, demeurant audit lieu de la Joubardière, et du notaire.

XIX. — Grosse en papier, 25 juin 1627. — Partages nobles entre Nicolas et Charles Jarret.

Devant Pierre Hunault, notaire à Craon, furent présans Nicollas Jarret, escuyer, seigneur des Roches, de la Joubardière et du Boullay, fils aîné de feu Charles Jarret et de Lancelote Amyot, d'une part, et Charles Jarret, escuier, sieur du

(1) Père de Jean-Baptiste Le Febvre de Lespinay qui, en 1632, épousa Charlotte Jarret.

Boullay, l'un des puysnéz du dict sieur demeurant à présant au bourg de Rougé, païs de Bretagne, estant de présant au lieu seigneurial de la Joubardière d'aultre, les quelz ont, sur la demande de partages faicte par le dict sieur du Boullay au dict seigneur des Roches, des successions nobles des dictz deffunctz sieur et damoyselle des Roches et encore des successions de deffunctes damoyselles Margueritte, Mathurinne et Louyse Les Beaudenis ayeulle et tantes des dictz sieurs et de damoyselle Jacquette Amyot aussy leur tante, nonobstant et sans avoir esgard au partage cy davant faict par le dict seigneur des Roches, accorde ce que s'en suit : asçavoir que le seigneur des Roches, pour le droit qu'il eût pu et pourrait prétendre le dict sieur du Boullay en toutes les dictes successions, tant mobiliaires que immobiliayres, a baillé et délaissé au dict sieur du Boullay pour luy, ses hoirs et ayans cause le lieu et mestairye du Baris en Sainct-Martin-de-Limet, composée de maysons manables, logis, vergers, jardins, près, patures, terres labourables et non labourables, pièces de landes, boys taillys, qui a sorti de la cure du dict Sainct-Martin, de haulte fustaye et généralement tout le dict lieu, comme il se poursuit et comporte..... et en oultre promet payer au sieur du Boullay deulx mil livres tournois qui lui demeureront en propre dont 300# payables à la Toussainct et 1700# dedans la feste de Pasques avec intérêts au denier 20. Lesquelles choses sont oultre ce qu'avait touché et reçu le dict sieur du Boullay sur toutes ces successions jusqu'à ce jour et pour la jouissance des quelles le sieur du Boullay a recogneu en avoir été payé et satisfait et en quicte le seigneur des Roches, fors des intérêts des 2000# pour les quelles 100# lui seront versées à la Toussaint prochaine et qu'il jouira des revenus de la présente année du lieu du Baris. Des quelles choses le dict sieur du Boullay s'est contenté pour son droict de partage des dictes successions dont le surplus demeure au seigneur des Roches comme filz aisné pour son regard, sauf le droict des aultres puysnés, mais à la charge qu'il l'acquictera de toutes dettes qui pourroient être deues à cause des dictes successions et par ce moyen tous aultres partages demeureront de nul effet, sans qu'il puisse être rien réclamé au sieur du Boullay pour sa pension et nourriture pour le temps qu'il a séjourné en la maison du dict deffunct seigneur des Roches.

Fait et passé à la Joubardière en présence de vénérable et discret messire François Lamayrie, prêtre, curé de Saint-Martin-de-Limet..... La minute est signée Nicollas Jarret, Charles Jarret, de Montalambert, François Lamayrie, et du notaire P. Hunault.

XX. — Copie collationnée, 24 décembre 1637. — Transaction devant Gilles Chauveau, notaire à Angers, entre Charles Jarret, écuyer, sieur du Boullay, demeurant en sa maison seigneuriale du Baril, paroisse de Saint-Martin de Lymet, et Charles Le Gouz, écuyer, sieur de la Roualle, mari de Charlotte Jarret, non commune en biens avec lui, son curateur ès causes et encore curateur aux personnes et biens de damoiselles Renée et Élisabeth les Jarret, ses belles-sœurs, demeurant en la maison seigneuriale de la Mandardière, paroisse de Pacé, évêché de Rennes, filles et héritières bénéficiaires de Nicolas Jarret, écuyer, sieur des Roches, lesquels en exécution de la sentence rendue entre eux, au siège présidial d'Angers, le 18 janvier 1635, ont présentement composé et appuré les payements, faits au dit sieur du Boullay, sur la somme de 2.000 #, qui lui était due par le dit défunt sieur des Roches, son frère aîné, par transaction et accord du 25 juin 1627, passé devant Hunault, notaire à Craon, de la quelle somme est rapporté ne rester que 1.400 # de principal, et les intérêts au denier vingt à compter de l'acquit du 12 août 1628, consenti par le dit sieur du Boullay à damoiselle Renée Pierres, veuve du dit défunt sieur des Roches, devant Le Court, notaire à Angers.

Suit le long détail des comptes relatifs aux sommes difficilement payées tant pour les intérêts qu'en déduction du principal de 1.400 #, qui diminution faite de 32 # 16 s. reçues par le dit sieur du Boullay sur la distribution des fermes de la terre du Boullay (1), faite par Monsieur le Lieutenant général au siège présidial d'Angers le 12 juillet 1635, s'élevait à 389 # 18 s. auxquelles il y avait encore à ajouter 292 # dues par Charlotte Jarret pour les déspens adjugés au sieur du Boullay par la sentence du 18 janvier 1635, taxés à cette somme par Treton, sieur du Rau, conseiller au dit siège et pour frais faits par le sieur du Boullay à la représentation du denier des fermes des terres des Roches, de la Joubardière et du Boullay, et autres non taxés qu'eût pu prétendre le dit sieur du Boullay, pour les quels les sieurs du Boullay et de la Rouelle ont composé à 40 # tournois ce qui formait un total de 721 # 18 s., dont 21 # 18 s. ont été payés comptant par le sieur de la Roalle qui a promis de payer de ce jour en un an à l'acquit du dit sieur du Boullay et de sa femme et en libération de leurs cautions savoir à la veuve du sieur contrôleur Langlois 400 # et pour l'amortissement de 25 # de rente, constituée au sieur Abel Apvril, marchand, 100 # avec les intérêts et en fournissant à ses frais l'acquit des dits payements, de sorte qu'il ne restera plus à payer des 1.400 livres et intérêts d'icelles que 200 # pour lesquelles le sieur du Boullay demeure en ses droits, hippothèques et privilèges sur l'hérédité et succession du feu sieur des Roches. Et comme des sommes ci-dessus comptées payées au sieur du Boullay, il y en a 925 # 18 s. payées par le dit sieur de la Roualle de ses deniers depuis son mariage et qu'il s'est obligé en son privé nom de donner 500 # en l'acquit de sa dite femme et de ses sœurs, le dit sieur du Boullay l'a

(1) Le sieur du Boullay entre autres sommes avait reçu de Chevrolier, fermier de la Ferronnière, le 14 juillet 1629, 146 # 10 s. et il avait acheté lors de la vente des meubles du sieur des Roches, son père, pour 71 # de meubles et retenu un cheval et un petit chapeau de castor estimés avec le *parisis* 26 # 5 sols.

subrogé en les droits, hipothèques de sa dette procédant de retenue de partage pour se pourvoir sur l'hérédité bénéficiaire du défunt sieur des Roches, affectés au remboursement de 1.400 # et lui a mis en main la grosse de la sentence et transaction du 25 juin 1627 et autres procédures et a le dit du Boullay consenti délivrer main-levée pure et simple des saisies faites à sa requête des deniers des fermes des terres des Roches, de la Joubardière et du Boullay, et à ce moyen les parties demeurent hors cause et procès, mais touteffois pour le payement des dites 500 # et arrérages le dit sieur du Boullay se réserve ses hypothèques et privilèges sains et susnommés. Signé des parties, des témoins et du notaire.

Nota par contrat passé cejourd'hui 24 décembre 1637 devant le dit G. Chauveau, entre les sieurs de la Roualle et du Boullay, quittance par celui-ci des 200 # qui d'après la présente transaction lui restaient dues.

(Signé) CHAUVEAU.

Délivré la présente copie au sieur du Boullay qui a dit être venu exprès de sa maison du Baril, située en la paroisse de Saint-Martin de Limet, en cette ville d'Angers, pour icelle retirer, et a séjourné par deux jours un tiers pour faire chercher la minute d'icelle qui a été trouvée par nous Jacques Caterneau, notaire à Angers, garde du protocole du dit Chauveau, cejourd'hui 1645.

(Signé) CATERNEAU.

Pour la présente copie et peine d'avoir cherché la minute reçu du dit sieur du Boullay quatre livres.

A cette pièce est jointe la décharge suivante.

Je prometz à Charles Jarret, escuyer, sieur du Boullay, luy donner dans cette sepmaine, indamnité pour l'obligation qu'il fait à ma prière et requeste pour respondre avec moi des fruictz de céans et du Boullay de cet année, la quelle acte a esté passée par Joneau, notaire demeurant à Combrée. Fait à la Joubardière le 20 août 1641. En vertu de quoi j'ay signé la présente.

Charles LEGOUZ.

Demandes incidantes que Charles Jarret, écuier, sieur du Boullay, demandeur, baille et fournist par escript par devant vous M. le Sénéchal de Craon à Charles Le Gouz, aussi escuyer, défendeur suivant l'apointement rendu entre les parties.

Dit le demandeur que le deffenseur pour se libérer de partye de certaine somme de deniers mentionnée en la transaction d'entre les dites parties reçues de Chauveau, notaire royal à Angers, le 25 novembre 1637, se serait obligé à l'acquit du dit Jarret et de damoiselle Françoise de Montalembert, sa femme, de payer 500#, ce qui n'ayant été fait, en conclut à ce qu'il soit condamné suivant et au désir de l'escrit ci-dessus et aux despens.

Plus dit le demandeur que par acte reçu de Joneau, notaire de Combrée, il se serait obligé avec le défendeur vers maistre Pourval, advocat à Angers, à la représentation des fruits de la Joubardière et du Boullay en Cossé saisis, et ce qu'en avait fait le demandeur ce n'avoit été que comme caution du défendeur et pour lui faire plaisir ainsi qu'avait le dit défenseur reconnu tant par acte soubz son sing privé du 20 août 1541 qu'autres actes notariés et partant conclud que le défendeur soit condampné le tirer et mettre hors de sa dicte caution au dict despends.

(Signé) CHEVROLAYS.

XXI. — *Archives de l'Ille-et-Vilaine.* G 495 (ancien 9 G 80). Grosse originale sur parchemin, 24 octobre 1665. — Contrat de fondation de la chapellenie de la Trousselière par messire Pierre Jarret.

Le 24 octobre 1665, par devant nous nottaires jurés et receus aux cours et juridictions du marquisat de Brye, la vicompté de la Motte-Saint-Armel, La Rigauldière et chascunne, a compareu messire Pierre Jaret, seigneur de la Trousselyerre, Menant, Laubinays, Ollivel, etc., demeurant à sa maison noble de la Trousselyerre, en la paroisse d'Essé, lequel meu d'esmotion envers Dieu, la Vierge et les Saincts et pour augmentation et acroissement de la foy, religion catholique, apostolique et romaine et affin de fairre prier Dieu pour son salut, de madame sa compaigne et ceux de sa maison que pour le sallut des ames de ses perres et merres, parants et amys deffuncts, a fondé et légué et par les présantes fonde et lègue irrevocablement à jamays en perpétuel le nombre de deux messes à estre dictes chascunne sepmainne, festes et dismanches, et en cas qu'il n'y ait festes dans la sepmainne, un aultre jour à la volonté du dit fondateur et plus particulierres commodittés du chappelain qui sera commins à la célébration des dictes messes, dans une chapelle qu'il fera construirre et bastir soubz le bon plaisir de Monseigneur l'Evesque de Rennes, suivant la permission luy en octroyée au pied d'une requeste luy présentée et respondue le vingt et neuffiesme septembre dernier, au lieu désigné par noble et discrept prêtre Jacques Négrier, sieur du Lys, recteur de Sainct-Pierre de Janzé et doyen de Chasteaugiron par proceix-verbal séparé des présantes du vingt et troisiesme jour d'octobre dernier, au proche de la ditte maison de la Trousselyerre; et pour célébration et entretien des dittes messes au temps advenir le dit seigneur de la Trousselyerre a affecté au dit chappelain et autres qui feront les dictes fonctions, unne maison sittuée au lieu d'Ollivel appellé le logeix neuff, consistant en salle basse, chambre haulte et galetail au dessus, construict de pierre massonail couvert d'ardoises, avec cour et jardin, contenant le tout trancte cordes de terre; plus une pièce de terre aultrefoys en nature de verger, contenant trancte cordes de terre ou environ; un pré nommé le pré de la Clayes, contenant un journal de terre; une piesce de terre nommée le Cloux-au-Compte au dit terroir, contenant un journal et demy de terre ou environ; unne autre piesce de terre nommée le Cloux-Melloing au terroir des Bregeon, le tout en la ditte paroisse d'Essé, proche la ditte maison de la Trousselyère, contenant un journal trois quardz de journal de terre, joignant à terre dependant de la maison du Rouvray; de la disposition desquelles dictes choses le dit sieur de la Trousselyerre s'est en entier departi à l'intention cy dessus et non autrement sans aucune reservation; les dictes maisons et héritages cy-devant descrites tenus prochement de la juridiction et chastellennye du Teil au grand bailliage d'Essé en dépendant, franches de toutes rantes, charges et debvoirs fors celluy de dixmes et celluy de rachapt pour ce qui est de la pièce du Cloux-Melloing; s'oblige oultre le dit seigneur fondateur de faire construire et bastir au dit lieu d'Ollivel pour le service et utillitté du dit chaplain qui fera les dittes fonctions un four de brique couvert d'ardoize et fairre aussi faire au dit lieu un pressoir sous un hangard qu'il fera pareillement construire à ses fraicts sous reservation de ce que devant; laquelle ditte fondation, le dit seigneur veult estre bien et deubment entretenue à toujours, parce que à la condition que le dit chappelain qui la desservira sera par luy et ses successeurs y ayant droict nommé et présenté, et entretiendra le dit chappelain les dittes choses léguées en deub estat de réparation sans rien laisser déperir ni desmolir à son profilt possible et tant que faire pourra..... Fait et consanti en la ville de Janzé, demeurance et au tablier de De Broise, nottaire, sur le signe du dit seigneur de la Trousselyerre pour approbation et des nostres les dicts jours et ans que devant.

Pierre JARRET.

DE BROISE, notaire. RENAULT, notaire.

A la suite : procuration du 22 mars 1666, donnée par ledit Pierre Jarret à h. h. F. Chocquené, d'Essé, pour prendre possession, au nom de la Sainte Eglise, des maisons, terres ci-dessus spécifiés, faire insinuer cette fondation au greffe des insinuations de la sénéchaussée de Rennes, en poursuivre les bannies et appropriements et faire toutes autres solennités à ce requises.

Pierre JARRET, François CHOCQUENÉ.

DE BROISE, notaire.

XXII. — *Archives de la Loire-Inférieure*, 14 août 1679. — Extrait de l'aveu de la Rigaudière (1) rendu au Roi par René de Lopriac. P. 9 et 19.

..... Escuier René Jaret, seigneur de la Trousselière, tient du dit seigneur au dit fieff, prochemant et noblement, à devoir de foy, hommage, rachat et chambellenage, sçavoir est le lieu maison et métayrie de Menant, cours, jardins et déports contenans un journal de terre ou environ, une pièce de terre nommée le Tertre de Menant contenant 5 journaux de terre, autre nommée le Clouet, la Grange contenant 2 journaux, autre nommée le Clos du Pommier contenant un journal et demy, quantité au costé vers orient d'une pièce de terre nommée les Piguelières conte-

(1) La Rigaudière, paroisse du Theil, était une des maisons de chasse du vicomte de Donges, et devait à certains jours de l'année, comme redevance féodale, un dîner splendide et à discrétion à la meute du seigneur de Piré, son voisin, mais les convives étoient obligés de manger le dîner brûlant et tournant à la broche. Cette maison appartient au prince de Léon (Ogée, 1845, I, p. 504).

nant un journal et demye, un pré nommé le pré de Menant contenant 6 journaux de terre, quantité de terre en chesnaye et buissons avec partye de l'étang de la Trousselière et le refoul d'iceluy étant depuis la ruette descendant de la maison de Jeanne Aubin à icelluy étang, contenant trois journaux de terre ou environ. Deux pièces de terre nommées les Tournées contenant ensemble dix journaux, autre pièce nommée les Travers, autrement les Meilliarts contenant six journaux, deux pièces de terre nommées les Saudrays contenant sept journaux, quantité au costé vers occident de la pièce du clos du Chesne, contenant deux journaux, quantité au costé vers matin de la pièce des Mesliers, contenant quatre journaux, quantité en un pré nommé le pré Desnart, contenant cinq journaux, quantité de terre vers matin d'une pièce nommée le Cas et contenante deux journaux. Le pré de la Pironnière contenant cinq journaux et *les Garennes dudit lieu* et doit outre le devoir de foy et rachat sur ladite pièce du Tertre Menant six sols monnois.

Tient outre roturièrement un corps de logis sittué au village de Laubinays avec un étable au pignon d'icelluy vers midy, cour au devant au costé vers matin, en laquelle il y a de vieille gaste, jardin au derrière des dittes maisons, contenant 16 cordes, quantité de jardin au costé vers midy dudit jardin cy devant, contenant 5 cordes, le jardin de la Noe contenant 15 cordes, plus 4 cordes de terre sittuée en la Chesnaye au dessous des dittes gastes du verger, nommé le verger de la Noë, contenant 12 cordes, quantité en une pièce nommée la Noë, au costé vers matin, contenant un journal et demye de terre ou environ. Une étage de maison nommé la Chambre des Venisses, issues au devant, le jardin au derrière contenant 11 cordes, une grange sur posts, en laquelle il y a un pressoir, quantité de jardin au devant du costé vers midy, contenant 8 cordes, une pièce de terre nommée le Grand Clos, contenant trois journaux de terre, une pièce de terre contenant les brégeons, contenant un journal, le par en bas d'une maison nommée la maison de Venise avec le superfice et jardin au derrière, contenant 2 cordes, une pièce de terre nommée la Perrière contenant 2 journaux, outre 6 cordes de terre dans la chesnaye de Laubinaye. Le tout des dittes choses déclarées sittuées au village de Laubinaye, paroisse d'Essé, sur lesquelles il doit foy, hommage rachapt et chambellenage et sur la quelle quantité de la pièce de la Noë outre ledit devoir de rachat une mesure d'avoine, mesure du Tail, tient une quantité de terre nommée les Venelles contenant trois quarts de terre ou environ situé au terroir d'Ollivet à devoir de foy, hommage et rachat ; tient aussi un pré nommé le pré Boullé au terroir des Vas à devoir de demye bouexeau d'avoine menue, mesure du Tail et une quantité de jardin au Rosay contenant huict cordes et vingt cordes en la pièce du clos du Bois......

Damoiselle Anthoinette Jaret, dame du Defais tient une pièce de terre nommée la Jaulnaye au terroir de la Simonnerye, contenant trente-cinq cordes, quantité en un pré appelé le pré du Rosay, contenant trois quarts et demy quart de journal, deux cordes de terre ou environ à devoir de foy, hommage, rachat et chambellenage quand le cas eschet, de plus six cordes au jardin de la Simonnerye, tient aussi à devoir de rente une pièce de terre et un jardin nommé le Closel et jardin derrière audit devoir sur lesquelles elle doit quinze deniers monnaye, par chacun an de rente, lesdits héritages situés en la paroisse d'Essé.

XXIII. — Accord et transaction entre Charlotte Godet et Nicolas Jarret, sieur des Roches, son fils, au sujet de la succession de Charles Jarret, leur défunt époux et père.

Le 2 juin 1621 avant midy, par devant nous Pierre Hunault, notaire royal héréditaire en Anjou, résidant à Craon, furent présentz en leurs personnes damoyselle Charlotte Goddet, veufve de deffunct Charles Jaret, vivant escuyer, sieur des Roches et de la Trousselière, y demeurant, paroisse d'Essé, évesché de Reines en Bretaigne, tant en son nom que comme bail et garde noble des enfans mineurs d'ans et d'elle,... d'une part, et Nicollas Jaret, aussy escuyer, sieur des Roches et de la Joubardière, demeurant en la maison seigneurial des Roches, parroisse de Bouillé-Loratz, filz aisné et principal héritier du dict deffunct sieur des Roches..., lesquelz ont... faict l'accord et transaction irrévocable qui enssuit, c'est assavoir que pour raplanement de la somme de quatre mil cinq cens livres deniers dottaux de la dicte Godet, part des acquetz de la dicte communaulté, droict de douaire à elle acquis sur les biens dudict deffunct sieur des Roches son mary que pour tout droict de partage de ses dictz enfens des dictz biens paternelz propres et acquetz, le dict sieur des Roches aisné en la dicte succession paternelle luy a baillé et délaissé avecques garentaige la dicte terre, fief et seigneurie, apartenances et dépendances de la Trousselière, comme elle se poursuit et comporte tant en domaine, fief, cens, rentes et subjectz, droictz honnorifiques et préminences, droict de sépulture et autres en l'église du dict Essé et géneurallement tout ce qui en dépend et qu'elle appartenoit audict feu sieur des Roches à tiltre successif de ses prédécesseurs... pour en disposer par la dicte de Godet, ès dictz noms de bail et garde noble, en propriété, ainsy qu'elle verra, mesme pour la dicte somme de 4500# pour ses deniers dottaux... sinon qu'elle fust remboursée par ses dictz enfens ou leurs héritiers de la dicte somme... sauf la vie durant de la dicte Godet, de ses dictz droicts de douaire sur le dict surplus... lequel douaire elle prendra sur la dicte terre...

Oultre demeure à la dicte Godet, ès dictz noms, tous les meubles mortz et vifz estans sur la dicte terre... ensemble ceux de la succession de deffuncte damoyselle Anthoinette Riaud, dame de Baux, mère de la dicte Godet, lesquels n'auroient esté encores recuilliz par le dict deffunct lors de son décès,...

Et pour le surplus de tous les biens de la dicte succession paternelle tant en immeubles propres que acquestz, meubles, debtes et actions demeurent pour le tout au dict sieur des Roches aisné tant pour luy que pour ses autres puisnez du du premier mariaige du dict sieur des Roches avec damoyselle Lancelotte Amiot...

Faict et passé au dict lieu et maison seigneurial de la Joubardière ès présences de honnestes personnes Denis Letort, marchant, demeurant au logis seigneurial de l'Ansaudière, dicte parroisse de Sainct Martin, Eustache du Couldray, escuyer, sieur de la Vacotière, y demeurant parroisse d'Arcquené, paix du Meine, et Me François Thibault, notaire, demeurant au dict Craon... (*Archives de la Mayenne*, E, minutes de Pierre Hunault).

8

XXIV. — *Les Verchers, 12 juin 1732.* Lettre de Louis Jarret de la Roullière à René-Antoine Jarret de la Mairie, époux d'Ambroise de Malaunay.

Je vous envoie cet exprès pour vous prier de bien vouloir donner votre agrément au mariage de mon fils avec Mademoiselle de la Claus. Je n'aurais pas différé si longtemps à vous en donner connaissance sans que la chose n'est arrêtée que de lundy dernier; et, comme la mère est en deuil d'une sœur, elle ne veut pas faire de nopce, ce qui fait que je suis privé de vous engager à la cérémonie qui se fera lundi prochain... mais je compte avoir ma revanche au retour et que vous voudrez bien me faire le plaisir de venir (1).

XXV. — Acte de mariage de Henri-Louis Jarret, chevalier, seigneur de Beaumont, et de Marie-Anne-Françoise de la Clau.

Le 16 juin 1632, vu la dispense des deux premiers bans de mariage entre messire Henry-Louis Jarret, chevallier, seigneur de Beaumont, de la paroisse de Saint-Just de Verché, fils de messire Louis Jarret, seigneur de la Rouillère, et de deffunte Marie-Sainte Le Jeune de Bonneveau, ses père et mère, et demoiselle Marie-Anne-Françoise de la Claust, fille de deffunt messire Jean-Armand de la Claust, chevallier, seigneur de la Roche-Maupertuis, et dame Marie Amiraud (inhumée le 6 mai 1719 à Montreuil-Bellay), en datte du dix juin même année. Ensemble la troisième et dernière publication de bans de mariage faitte au prone des messes paroissiales tant de Saint-Pierre de Montreuil Bellay que de Saint-Just de Verché, sans opposition, comme il appert par son certificat en date du douzième de juin même année, signé J. Moreau, curé de Saint-Just de Verché. Ensemble le consentement de messire Louis Jarret, seigneur de la Roullière, père du dit messire Henri-Louis Jarret, et de dame Marie Amiraud, veuve de deffunt messire Jean-Armand de la Claust, chevallier, seigneur de la Roche-Maupertuis, mère de la dite demoiselle de la Claust. Nous, Etienne De Lorme, prestre, chanoine de l'église de Montreuil Bellay, à la prière de messire François Rouillet, prêtre, curé de la ditte parroisse de Montreuil Bellay, et après avoir pris le consentement tant de messire Henry-Louis Jarret que de la demoiselle Anne-Françoise de la Claust, leur avons donné la bénédiction nuptialle dans la chapelle du chtâeau de cette

(1) Les meilleures relations s'étaient conservées entre les Jarret de Monchenin et les Jarret de la Mairie. On en trouve une nouvelle preuve dans la lettre adressée de Monchenin le 9 janvier 1745 par Madame L. Jarret de la Roullière, née de la Claus, au même René-Antoine Jarret de la Mairie pour le féliciter du mariage de son fils avec Catherine Denizot : « Nous sommes reconnaissants, mon mari et « moi, de toutes les politesses de vous et de Monsieur votre fils de s'être donné « la peine de venir nous faire signer son contrat. »

ville. En présence de messire Louis Jarret, seigneur de la Roullière, et de dame Marie Amiraud, veuve de messire Jean-Armand de la Claust, et de demoiselle Marie-Anne-Antoinette Jarret de Beaumont, et de messire Jean-Arthus de Céssaz, et dame Anne Jarret, et de messire Nicolas Guenyveau, seigneur de Larray, conseiller du Roy, resident à l'élection de cette ville, et de dame Catherine Amiraud, veuve de feu messire François Amiraud, conseiller du roy, lieutenant à l'élection de cette ville et chevallier de l'ordre de Saint-Jean de Jérusalem, et de demoiselle Renée Amiraud, tous parens, de François Gervais et plusieurs autres qui se sont retirés sans signer, fors les soussignés. (Le registre est signé) Marie de la Clau, Henry Jarret, Lamirault de la Clau, Jarret de la Roullière, Marie-Anne Jarret, Renée Amirault, Guenyveau de la Raye, De Lorme, prêtre (*Registres de Montreuil-Bellay*).

XXVI. — Vente par Marie de la Clau et Henri-Louis Jarret, son fils aîné, de la maison d'Halbœuf à Joseph-François Foullon, chevalier, seigneur de Chaintré et du Pont de Varennes.

Le 16 avril 1774, devant Loiseleur et Bauduceau, notaires à Doué, vente par dame Marie de la Clau, veuve de messire Henry-Louis Jarret, chevalier, seigneur de Monchenin, et messire Henry-Louis Jarret, son fils aîné, demeurant en leur maison seigneuriale du dit Monchenin, à messire Pierre-Maurice Perrault, chevalier, seigneur de Lessard, demeurant à Saumur, paroisse de Nantilly, agissant pour messire Joseph-François Foullon, chevalier, seigneur de Chaintré, et du Pont de Varennes, conseiller du roy en ses conseils, maître des requêtes ordinaires de son hôtel, intendant de la guerre et de la marine, demeurant à Versailles, à l'hôtel de la Guerre, paroisse Saint-Louis, de la maison et métairie d'Halbœuf, moyennant 11.000#. Par cet acte on voit qu'il ne fut pas remis au dit sieur de Lessard de titres plus anciens que la copie en papier de la déclaration rendue à la seigneurie de Forges, le 29 mai 1673, et signée Ablay, notaire, par messire Charles Jarret, écuyer, seigneur du dit Halbœuf.

Copie sur papier délivrée par Cousineau, notaire, successeur de Me Beauduceau. La minute est signée : de la Clau Jarret, Jarret l'ainé, Perrault de l'Essard, et des notaires passateurs. (*Archives de M. de la Charie*).

XXVII. — Acte de sépulture de Louis Jarret, époux de Marie-Anne-Françoise de la Clau, à Nueil-sous-Passavant.

Le 10 juillet 1762 a été inhumé dans l'église de cette paroisse le corps de feu messire Louis Jaret, chevalier, seigneur de Monchenin et autres lieux, vivant époux de dame Marie-Anne-Françoise de la Clau, en présence de messire Henri-Louis Jarret, son fils, de messire Gabriel-Charles Brunet, son gendre, chevalier, seigneur de la Charie, de Jacques Ladmirault, de Joseph Boutiller, sieur des Marchais et de plusieurs autres parants et amis. Ont signé : Henri-Armand-Louis

Jaret, G. Brunet de la Charie, Boutiller des Marchais, Amirault, Legier de Puyraveau, curé de Nueil (*Registres de Nueil-sous-Passavant, diocèse de Poitiers*).

XXVIII. — Contrat de mariage de Jean-Charles-Gabriel Brunet de la Charie et de Marie-Madeleine-Henriette Jarret.

Le 25 août 1758, au rapport de Thomas Loiseleur, notaire à Doué. Contrat de mariage de messire Jean-Charles-Gabriel Brunet, chevalier, seigneur de la Charie, fils aîné de messire Louis Brunet, chevalier, seigneur du Mêlier, et de feue dame Suzanne-Charlotte Moreau, son épouse, demeurant paroisse de Montigné, et de demoiselle Marie-Madeleine-Henriette Jarret, demeurant en la maison seigneuriale de Montchenin, fille de messire Henry-Louis Jarret, chevalier, seigneur de Montchenin, et de dame Marie-Anne-Françoise de Laclau, son épouse, tous deux présents.

L'époux agissant du consentement et par l'avis du dit seigneur Louis Brunet du Mêlier, son père, auquel il s'est obligé de faire ratifier incessemment les présentes, et encore de sa part, du consentement de messire Louis-Marie-Venant Brunet, écuyer, seigneur du Tail, prêtre, curé de Saint-Melaine de la Treille, son frère, et de dame Jeanne-Françoise-Antoinette Brunet, sa sœur, épouse de Monsieur Me Jean-Barthélemy Dailly, conseiller du Roy en l'élection de Châtillon.

L'épouse, assistée de messire Henry-Armand Jarret, chevalier, son frère, de Me Jacques Lamirault et de messire Jean Lamirault, prêtre, religieux-prieur du Breüil-Bellay, ordre de Grammont, son cousin.

Les futurs époux y apporteront tous leurs biens et droits tant mobiliers qu'immobiliers à eux échus et à échoir, et la future la somme de 500 livres avec six couverts et un goblet d'argent que lui a légués feue dame Anne Jarret, épouse de messire Jean-Arthus de Cissay, écuyer, sa grande tante.

Les père et mère de la future lui ont donné en dot et par avancement d'hoirie la terre de Brou, en la paroisse de Saint-Just-sur-Dive, avec toutes ses dépendances et telle qu'elle était venue par retrait lignager à dame Marie Lamirault, veuve du seigneur de la Clau, sa grand-mère, et une rente de 86# sur l'hôtel de ville de Paris et le clergé de France...

Fait et passé en la maison seigneuriale de Monchenin en présence de Joseph Boutiller, sieur du Marchais, bourgeois, demeurant paroisse de Nueil-sous-Passavant, de Pierre Boutin, serger, de Doué, témoins requis. Signé en la minute: Brunet de la Charie, Marie Jarret, Jarret, Marie de la Claus Jarret, Brunet du Pail, Brunet Dailly, Armand-Henry Jarret, Lamiraut, S. Amiraut, prieur de Montreuil-Bellay, Boutiller des Marchais, et Loiseleur, notaire royal.

Contrôlé à Doué, le 26 du même mois, par Duval qui a reçu 151# 4 sous. Reçu pour tous droits de messire de la Charie 171# (*Archives de M. de la Charie*).

Registres de Saint-Pierre des Verchers. — Le 25 septembre 1758, après publication faite à Nueil-sous-Passavant et à Montigné-sur-Moine, diocèse de la Rochelle, et de Saint-Jacques-Montfaucon, diocèse de Nantes, sans opposition et y joint la permission d'espouser dans la chapelle domestique de Montchenin, en date du 4 septembre 1758, signée L'évêque de Poitiers, j'ai Louis-Marie Brunet, écuyer, seigneur du Tail, curé de Saint-Melaine de la Treille, diocèse de la Rochelle, soussigné, en conséquence de la permission accordée par M. Piraveault, curé, prieur de Nuail, ai donné la bénédiction nuptiale à messire Jean-Charles-Gabriel Brunet, chevalier, seigneur de la Charie, fils de messire Louis Brunet, chevalier, seigneur du Mêlier, résidant à Saint-Jacques de Montfaucon, diocèse de Nantes, et de feue dame Suzanne-Charlotte Moreau, âgé de 23 ans, et à demoiselle Marie-Magdeleine-Henriette Jarret, fille de messire Henri-Louis Jarret, chevalier, seigneur de Montchenin, et de dame Marie-Anne-Françoise La Clau, âgée de 18 ans, en présence du sieur Joseph Bouteiller, sieur des Marchais, porteur de procuration pour assister audit mariage, au lieu de messire Louis Brunet, chevalier, seigneur du Mellier, père du contractant, la quelle procuration du 2 de ce mois de septembre 1758. Messire Guy-Marie-Joseph Brunet, chevalier, seigneur de la Venderie, du sieur Bouteiller, L. de Beauregard, du sieur Barthélemy Daly, de dame Jeanne-Françoise-Antoinette Brunet Daly, frère, sœur, beau-frère du contractant, et de messire Henri-Louis Jarret, chevalier, seigneur de Montchenin, père de ladite contractante, et dame Marie-Anne-Françoise Laclau, mère, de messire Armand-Louis-Henri Jarret, chevalier,, père. Parmi les signatures figure celle de René-Antoine Jarret de la Mairie.

XXIX. — Actes divers concernant l'époque de la naissance de Louis Jarret.

Du 25 juillet 1634. Le curé de Saint-Laurent de Forges certifie à Louys JARRET, écuier, sieur de la Mairie, qu'il n'a trouvé dans l'église de Forges aucun papier baptismal, qu'il n'en existe pas d'autre que celui qu'il a dressé depuis quatorze ans qu'il en est titulaire (1), mais que depuis ce moment il a bien connu le dit Louys JARRET qui avait alors environ douze ans. Ce qu'atteste aussi messire Jehan Barrault, prêtre, pour l'avoir toujours connu, comme ayant demeuré depuis plus de treize ans en la dite paroisse.

Signé : BARRAULT, prêtre. CORNU, prêtre, curé de Forges.

Du 26 juillet 1634. Au rapport de Loys Amonnet, notaire de la châtellenie de Cuneault, Guyonne Sigonneau, âgée de 67 ans, veuve de feu René Bendureau, demeurant à Cuneault, sur la requête de Louis JARRET, écuyer, sieur de la Mairie, fils de feu Jacques Jarret, écuyer, sieur d'Halbeuf et de damoiselle Marthe Le Bigot, déclare en présence de témoins « qu'il y a plus de vingt-cinq ans, le dit Louis « JARRET lui fut baillé à nourrir de lait et du fait le nourrit l'espace de quatorze « mois, » qu'alors elle demeurait à Forges avec son défunt mari.

(1) Pour les baptêmes, mariages, sépultures, les registres de la paroisse de Forges remontent à 1608 (*Inventaire des Archives de Maine-et-Loire*). L'acte de baptême de Louis Jarret ne s'y trouve pas. Vérification sur place a été faite !

Du 27 juillet 1634. Au rapport de Gacian Hervé, ancien avocat de la ville et baronnie de Doué, expédiant la juridiction de la dite baronnie en l'absence du sénéchal, acte de notorieté établissant que Louis Jarret, écuyer, sieur de la Mairie, est âgé de vingt-cinq ans au moins.

Discrets Maîtres Cornu, prêtre, curé de Saint-Laurent de Forges, et Jean Barrault, ancien vicaire de cette paroisse, au dedans de laquelle demeuraient les défunts Jacques Jarret et Marthe Le Bigot, déclarent qu'ils ont certifié qu'il n'y avait aucun papier baptismal outre celui qui a été dressé depuis quatorze ans. Jacques Sigonneau, âgée de soixante-quinze ans, et René Blandureau, âgé de soixante, laboureurs de la paroisse de Forges, attestent qu'ils ont bien connu les dits défunts Jacques Jarret et Marthe Le Bigot, même qu'il y a plus de trente ans qu'ils fréquentaient leur maison pour y travailler, qu'ils y voyaient d'ordinaire leur fils Louis Jarret depuis vingt-six ou vingt-sept ans environ, qu'il y a bien cet âge, qu'ils l'ont continuellement vu en la dite paroisse, fors quelque temps qu'il était aux guerres.

XXX. — Renonciation de communauté entre Louis Jarret et Anne Moreau.

Du 10 mai 1634. Par devant le bailli de la chatellenie et prévoté de Braye, Louis Jarret, écuyer, sieur de la Roche, et Anne Moreau, déclarent que encore que par leur contrat de mariage, le dit mariage encore non consommé, il soit dit que communauté de liens aura lieu entre eux deux du jour de la bénédiction nuptiale, néanmoins pour la nécessité de leurs affaires ils y renoncent, ce dont acte leur est donné. Et pour que personne ne l'ignore ce fut lu et publié à haute voix le 26 mars 1635 à la foire à Châteaux et le 3 avril au-devant de la grande porte de l'église de Braye à la requête de Louis Jarret, escuier, sieur de la Roche et damoiselle Anne Moreau, à present son épouse.

XXXI. — 13 novembre 1635. — Congé pour Louis Jarret (*Original en papier*), précédé de la copie des deux lettres suivantes.

Nous, Charles du Bellay, chevalier de l'Ordre du Roy, marquis de Touarcé, barron de Benest et Valancé, seigneur des chastellenies de Mozé, le Lude, et autres lieux. Capitaine et colonel général de la noblesse du ban et arrière-ban d'Anjou, certiffions à tous qu'il appartiendra que Louys Jarret, escuier, sieur des Roches, demeurant à la Merie, parroisse de Brais, a fidellement servy sa Majesté dans son armée de Laureinne soubz noctre conduicte depuis le jour de la montre faicte à Angers, le cinquiesme d'aoust, dernier jusques à ce jourdhuy, avec armes et chevaux. En tesmoing de quoy lui avons signé le présent certifficat de congé pour luy servir ce que de raison. Fait au camp de Lommerie ce quinziesme jour de novembre mil six cens trante et cinq.

(Signé) C. du Bellay.

6 octobre 1635. — *Lettre du Roi à Messieurs d'Angoulême et Maréchal de la Force* (Copie).

Mes Cousins, je vous escprits la présente pour vous dire que sachant combien ma noblesse peut souffrir de fatigue et d'incommodité dans mon armée, je vous ordonne de donner congé à tous ceux qui y composent, le lendemain de la Saint-Martin, et route pour ce retirer en leurs maisons. Je m'assure qu'ilz me rendront bien volontiers le service que je désire d'eux jusques en ce tamps, comme je recognoistray fort volontiers ceux qui si comporteront avec l'affection que je m'en suis tousiours promise. Aussy, ne manques pas de faire chastier les autres qui abandonneront mon service contre ce qu'ilz me doibvent et leur honneur. Vous ne manqueres pas à faire entendre à ma dite noble noblesse le contenu de ceste lettre. Sur ce, je prie Dieu, mes cousins, que vous ait en sa saincte garde. Escripte à Bar, ce sixiesme octobre mil six cens trante et cinq. Signé Louys.

J'oubliois à vous dire que vous pouves assurer de ma part ma dite noblesse que mon intention n'est pas quils passent en Allemaigne ny mesme Lalsace ny les montaignes de Vauge.

(Signé) LOUYS et plus bas BOUTEILLER.

7 octobre 1635. — *Lettre du Roi à Monsieur du Bellay* (Copie).

Monsieur du Bellay, j'escripts une lettre à mes cousins les ducs d'Angoulesme et mareschal de la Force, pour leur faire entendre ce que je désire de la noblesse qui est en mon armée. Delaquelle je vous envoie copie affin que vous la fassies veoir à la troupe que vous conduises m'assurant que non seulement vous y satisferes, mais aussy que vous y contribures de tout vostre possible pour la persuader à me servir jusques à la Saint-Martin. Je prie Dieu, monsieur du Bellay, que vous ait en sa sainte garde. Escript de Bar-le-Duc le septiesme jour d'octobre mil six cens trante et cinq.

(Signé) LOUYS et BOUTEILLER.

XXXII. — Commission du roi à Louis Jarret, sieur des Roches, pour lever et entretenir une compagnie de cent hommes faisant partie du régiment de Montécler, 24 août 1640.

Louis par la grâce de Dieu, Roy de France et de Navarre, à notre cher et bien amé, le cappitaine des Roches-Jarret, salut : Ayant résolu d'augmenter les troupes que nous avons sur pied pour notre service d'un régiment d'infanterie françoise, composé de vingt compagnies, de cent hommes chacune soubs la charge du sieur chevalier de Montéclair, maître de camp du dit régiment, et sachant que pour commander l'une d'icelluy, nous ne saurions faire un meilleur ny plus digne choix que de vous, pour la particulière connaissance que nous avons de vos sens, suffisance, valeur, expérience au fait des armes, fidélité et affection à notre service, bonne conduitte et diligence, *à ces causes,* nous vous avons commis, ordonné, dépputé commettons ordonnons et dépputons par ces présentes signées de notre main, pour lever et mettre sus, incontinent et le plus diligemment qu'il nous sera possible, une compagnie de cent hommes de guerre à pied, françois, au dit régiment du dit chevalier de Montéclair, des plus vaillants et aguerris soldats que vous pourrez choisir, laquelle vous commanderez et exploiterez soubs l'autorité de notre très cher et bien amé cousin le duc d'Espernon, pair de France, et colonel général de l'infanterie françoise, la part et ainsy qu'il vous sera par nous ou noz lieutenans généraux commandé et ordonné pour notre dit service et nous vous ferons payer ensemble les officiers et soldats de votre dicte compagnie des états et appointemens et soldes qui vous seront et à eux dubs suivant les montres et reveues qui en seront faictes par les commissaires et conseillers de noz guerres à ce départis tant et si longuement que la dicte compagnie sera sur pied pour notre service donnant ordre qu'elle vive si modestement que nous n'en recevions aucune plainte; de ce faire nous donnons pouvoir, authorité, commission et mandement spetial, mandons à tous ceux qu'il appartiendra qu'à vous, en ce faisant, soit obéy. Car tel est nostre plaisir, donné à Amyens, le vingt-quatre jour d'aoust, l'an de grâce mil six cens quarante, et de notre règne le trente-ungiesme ;

(Signé) LOUIS.

Et plus bas. Par le Roy TUBLET.

XXXIII. — Sentence rendue par le conseil de guerre, à Doullens, contre quatorze déserteurs de la compagnie du sieur des Roches-Jarret.

Du samedi 20 décembre 1642, sentence rendue par le conseil de guerre, assemblé à Doullens, contre quatorze déserteurs de la compagnie du sieur des Roches, capitaine, dont 9 d'Anjou et 1 du Maine, sous la présidence du sieur du Parcy, lieutenant-colonel du régiment et commandant dans la ville de Doullens, sur les conclusions du sieur de la Madeline, major du régiment, de l'avis des sieurs des Auteux, Martinet, Grosminil, Vaux des Loges, Faitières, Dynval, Lhoritonne et des Boulletz, tous capitaines au régiment, par laquelle il est ordonné que ces déserteurs « seront pris et appréhendés au corps en quelque lieu qu'ils soient « pour être menés et conduits au pied d'une potence qui, pour cet effet sera posée « et dressée, et illec demander pardon à Dieu, au Roy, à Monseigneur le colonel de « l'infanterie et à justice, puis iceux être pendus et étranglés par leur col par « l'exécuteur de haute justice tant que la mort s'en suive, leurs biens acquis et « confisqués à qui il appartiendra. Donné au conseil de guerre au dit Doullens.

XXXIV. — Certificats délivrés à Louis Jarret, sieur des Roches, capitaine d'une compagnie d'infanterie, par son colonel.

Nous, Louis de Montécler, chevalier de l'Ordre de Saint-Jean de Hierusalem, Mestre de camp d'un régiment de cavalerie et d'un d'infanterie, gouverneur pour le Roy des villes et citadelles de Doullens, Maréchal de camp et armées du Roy.

Certiffions à tous qu'il appartiendra que le sieur des Roches Jaret, cappitaine d'une compagnie dans mon régimant d'infanterie a bien servi ceste présente campagne et cert depuis que mon régiment est sur pied et afin que personne n'en prétende cause d'ignorance, nous lui avons signé le présent certifficat de nostre main et faict contresigner de nostre secrétaire. Cy avons fait apposer le cachet de nos armes (1). Fait à Doullens le dix huictiesme may 1643.

(Signé) Le chevalier DE MONTÉCLER (2).

Nota. — Ce certificat n'a pas été contresigné.

Autre certificat délivré à Doullens par le même chevalier de Montécler, le 14 novembre 1644, au sieur des Roches, capitaine d'une compagnie de gens à pied dans son régiment où depuis qu'il est sur pied a bien servi et sert actuellement le Roy.

(Signé) Le chevalier DE MONTÉCLER.
(Contresigné) DE LIERRE, son secrétaire.

Visé par Jacques de Chaulnes, intendant de Picardie, à Doulens, le 16 novembre 1644.

XXXV. — Constitution de rente par Louis Jarret au profit de Pierre Le Gouz.

Du 9 décembre 1640. Au rapport de René Gaultron, notaire à Marcilly, LOUIS JARRET, écuier, sieur des Roches Mererye, capitaine d'une compagnie entretenue du régiment de Monsieur le chevalier de Montécler, étant de présent en ce lieu, et damoiselle Anne Moreau, sa femme, constituent sur la terre et seigneurie de la Mairie, la métairie de la Simonnière et tous leurs liens, situés dans les paroisses de Braye et Villiers, une rente de 16# 3 s. 4 d. (3), au profit de *Pierre Le Gouz*, écuier, sieur du Plessis, demeurant paroisse du Plessis-le-Vicomte, moyennant

(1) L'écusson est posé sur une croix à huit pointes : on y voit, sans indication d'émaux, le lion des de Montécler surmonté du chef de Malte.

(2) Le chevalier de Montécler, fils d'Urbain, marquis de Montécler, et de Marie de Froullay, eut le bras cassé, le 4 août 1639, à la défaite des Espagnols, près du fort Saint-Nicolas. Gouverneur de Doulens et maréchal de camp, il se distingua à la défense de Guise, juillet 1650. Il mourut âgé de 49 ans, à Mézières, le 30 octobre suivant, d'une blessure reçue à la défaite de deux régiments espagnols près d'Aubenton (D'Hozier, *Impôt du sang*, t. II, p. 305).

(3) Cette rente a été amortie, le 14 septembre 1687, comme le prouve cette quittance d'Antoine Le Gouz au bas du contrat de constitution : « Reçu de Monsieur de la Merrie le contenu de l'autre part dont je le le quitte et lui promets l'acquitter vers ma sœur des Haies Françoise, femme de Jean Goyet, sieur des Hayes et du Vivier des Landes), à qui je l'ai donné en partage. Signé Antoine Le Gouz ».

300# qu'il a payées en pistoles d'Espagne, pièces de 58 solz et autres monnaies du poix et prix de l'ordonnance.

Le 8 novembre 1644, au rapport du même notaire, damoiselle Anne Moreau, épouse de Louis Jarret, et munie de sa procuration passée, le 28 juin dernier, devant le dit *Gautron*, transfère à Pierre le *Gouz*, la somme de 514 livres 3 sols 10 deniers, due à son mari par *Louis de Fay*, écuyer, sieur de la Noue, demeurant paroisse de Verché, comme il appert d'une transaction du 20 mai dernier, passée par devant François Bouestault, notaire à Saumur, et remise au sieur du Plessis, laquelle somme doit servir à amortir les 300 livres portées au contrat de constitution du 9 décembre 1640, à payer 66 livres 14 sols 4 deniers pour quatre années d'arrérages à échoir le 9 décembre prochain et le surplus : sept vingt-huit livres sept sols six deniers, qui ont été par avance versés à la dite Anne Moreau, qui le reconnaît et qui reste toujours responsable envers le dit Pierre Le Gouz pour le cas où il ne serait pas payé par le sieur de Fay.

XXXVI. — Inventaire des tiltres envoyés à Louis Jarret pour présenter aux commissaires enquêteurs de la noblesse.

Inventaire des tiltres que Mademoiselle des Roches Merrye envoie à Monsieur des Roches, à Paris, pour représenter à Messieurs les commissaires députés par Sa Majesté pour le fait des tiltres de la noblesse.

Premièrement, la santance de renvoy de Nicolas Jaret, escuier, sur les tiltres représentés à Monsieur Hamelot, le sixième jour de juillet mil six cens vingt quatre par coppye collationnée.

Item, la coppye des partaiges faicts entre Jacques Jaret, escuier, Claude Jaret et autres, devant Louis Girault, notaire royal à Saumur, le 26 juillet 1638, signée Girault.

Item, la coppye d'une santance rendue devant Messieurs les présidans et eslus à Saumur, le 5e juillet 1634, portant le renvoy de Jacques Jaret, signée par collation Brossier.

Item, autre renvoy donné à demoiselle Marguerite Bérault, veufve Jacques Jaret, devant Messieurs les commissaires généraux, en datte du 30 avril 1641, signé Roger.

Item, l'assignation donnée à Monsieur des Roches pour représenter ses tiltres, dattée du 6 febvrier 1665.

Les contratz de mariage d'entre Jacques Jaret, escuier, seigneur des Terres-Noires, et demoiselle Louise Begault, datté du 16 juillet 1621.

Un autre contrat de mariage du 25e janvier 1650, passéz soubz la court de Doué, passé par Grignon, notaire.

XXXVII. — Contrat de mariage de René-Antoine Jarret et de Jeanne du Pas *(Original en papier)*.

Du 17 novembre 1682, au rapport de Pierre Attoyer, notaire à Saint-Aubin de Luigné, contrat de mariage de messire René-Antoine Jarret, chevalier, seigneur de la Mairye, fils de défunt messire Louis Jarret, chevalier, seigneur des Roches-Jarret, et de dame Anne Moreau, demeurant à la Mairie, paroisse de Braye.

Et de Jeanne du Pas de la Grée, fille de feu François du Pas, écuyer, seigneur de la Grée, et de damoiselle Jacquine Blondeau, demeurant à Angers, paroisse de Saint-Aignan.

Le futur époux se marie avec tous ses droits.

La future épouse reçoit en dot la terre, fief et seigneurie de La Fuye-Bareille et Courmaillère, paroisse de Couesmes, provenant de la sucession de feue damoiselle Jeanne Hirly, mère de Jacquine Blondeau, la Morinière, Mocquet, les Grandes et les Petites-Hussardières en la paroisse de Villiers, et encore la moitié des droits qui appartenaient audit feu sieur François du Pas, dans la succession du feu sieur de la Forest, son oncle, et dans celle de damoiselle Renée du Grandbois et autres; une chambre garnie, un trousseau selon sa qualité et 300 livres pour être employée en habits nuptiaux.

Fait en la maison de la dite damoiselle Blondeau, à Saint-Aubin de Luigné, en présence de noble et discret messire Louis de Boylesve, prêtre, prieur, baron de Pincé; de dame Renée Guinoiseau, veuve de François de Boylesve, écuyer, seigneur de Goisnard; de n. h. Pierre Boullay, bourgeois de la ville d'Angers, y demeurant, paroisse de Saint-Aignan ; de n. h. Jacques Basourdy, prêtre, curé de Saint-Aubin de Luigné, de demoiselles Jeanne et Françoise de Boysleve de Goismard.

XXXVIII. — Certificats des services de René-Antoine Jarret.

Le 18 juin 1693, certificat du commandant de la noblesse d'Anjou, qui atteste que Monsieur DES ROCHES JARRET, de la paroisse de Braye, sert actuellement au ban d'Anjou à Carhaix en Bretagne.

(Signé) ANGELET.

Cachet de cire rouge. Ecu écartelé : *au 1er 5 fleurs de lys 2 et 3 en pal, au franc canton au lion couronné; au 2e, 3 pals de vair sous un chef; au 3e, un sautoir et 4 roses ; au 4e, une croix ancrée. Couronne de comte.*

Au bas est l'attestation du commissaire ordinaire des guerres et de la noblesse d'Anjou.

(Signé) LA CLIETTE.

16 août 1693, autre certificat de Jean, marquis de la Motte, chevalier, marquis de Senonnes, commandant la noblesse d'Anjou, à Carhaix.

(Signé) DE LA MOTE DE SENONNES.

Cachet de cire rouge. *Ecu au lion, cantonne de 4 merlettes et chargé d'un écusson à la fasce fleurdelysée et contrefleurdelysée. Couronne de marquis.*

Le 20 août, autre certificat du même, sur l'affirmation des apoticaires et chirurgiens de Carhaix que Monsieur Antoine Jaret, écuier, sieur de la Mairie, a actuellement la fièvre carte et est hors d'état de servir, congé lui est donné pour se retirer où il lui plaira et s'y faire traiter, à condition toutefois que s'il se guérit, il reviendra rejoindre le quartier et continuer le service qu'il fait en notre escadron depuis le 22 juin dernier jusqu'à ce jour 20 août 1693, à Carhaix, notre quartier ordonné par Sa Majesté.

(Signé) DE LA MOTE DE SENONNES.

Cachet de cire rouge. Ecu de la Mote, accolé d'un écu à *6 rocs, 3, 2, 1.*

Le 19 septembre 1693, à Saumur, congé donné par le même à René-Antoine Jarret, qui a servi au ban d'Anjou avec deux chevaux et un équipage convenable à sa qualité depuis le 25 mai que la troupe est sortie d'Angers, où l'assemblée s'en fit, pour aller servir sur les côtes de Bretagne, jusqu'à ce jour qu'elle en est revenue par ordre du Roy.

Autre congé, semblable au précédent, mais daté du 20 septembre 1693, à Angers.

Certificat de présence au ban, du 18 juin 1695, donné à Vitré par le Mis de Senonnes.

Autre certificat, délivré par N. de Valory, cornette commandant la noblesse d'Anjou, à Vitré, le 17 août 1695. Signature : VALORY.

Septembre 1695, autre certificat. à Vitré. (Signé) M. DE LA MOTE DE SENONNES.

1er septembre 1697, à Locronan, attestation par le Maréchal des logis commandant la noblesse d'Anjou des services de messire Antoine Jarret, qui a fait toute la campagne au ban d'Anjou sous les ordres de Monseigneur le maréchal d'Estrées, général des armées du roi de Bretagne.

(Signé) LA CLIETTE (1).

Cachet de cire rouge. *Ecu à 3 cigales. Couronne de comte.*

Le 11 juin 1697, à Vannes, certificat qui atteste qu'Antoine Jarret, écuyer, sieur de la Mairie, sert actuellement au ban d'Anjou.

(Signé) DE LA MOTE DE SENONNES.

A Carhais, 7 juin 1693. Revue du ban d'Anjou (2). Commandant de la Motte-Baracé, marquis de Senonnes.
Cornette, de Cazeau.

(1) De Gréaume, sieur de la Cliette : *d'azur à 3 cigales d'argent* (Carré de Busserolles).

(2) Copie du XVIIe siècle trouvée dans les *Archives Jarret de la Mairie;* elle laisse beaucoup à désirer pour l'ortographe des noms, souvent précédés de celui du fief.

Maréchal des logis, Farcy.
Commissaire, Chevallerie.
Brigadier, Brunetière.

Angers. Aveline de Narcay, du Puy-Cadoret, la Godinière, du Rateau pour Cintré, Martinière, de Lesrat, Gohin, du Roseray-Farcy pour Grimaudet, Sorinière-Verdier, d'Aussigny du Mesnil, du Bois-Sorhouette pour Rousselière-Verdier, de Goupilly-Farcy (Daniel) pour la Ferrière, Varice pour son frère, d'Anthenaise pour Gestay, du Paty pour Meignane, Ribou d'Andigné pour Belle-Rivière.

Saumur.
Lieutenant, d'Angelet.
Major, Valory.
Maréchal des logis, Bois-David (Le Tellier de Bois-Davy?)
Brigadier, Chabot.

Barbelinière pour le chevalier de Choupes, de Cintré pour Marigné, Georginière, La Bouère-Cordon, de Roche pour des Chapelles, des Landes-Amoureuse pour Cheman, Marseille, la Hune pour Maubert de Coisbray, de Gennes pour le marquis de la Tremblaye, des Perrières, de Ligny pour Beauvais-Paillard, de Bournezaux, des Landes-Bucher, Chardon pour d'Albeuf-Jarret, Masson pour de Grise, Maurepart, Baudrière pour la Chavière (*sic*)? Brossard pour Sansonnière.

Baugé.
Brigadier, Bonnestat.

Le baron de Saint-Georges, Bellair du Boul, Colman, Herbercau pour Voisin, La Carte, Launay de la Mottais.
Launay-Gautrais.
La Meirie-Jarret.
Vassé.

La Flèche. Tailleprès, Montaigu pour Turbilly, du Jarrier, Maran pour de Jourdan Lebret, de Brulon.

Château-Gontier.
Saulay, Morinière, Quatrebarbes, Champchevrier pour d'Ampoigné, Vannerie pour de la Barre, La Ferrière, La Croix, trompette.

Absents : De Gatine, La Lande des Plains, Gifard, La Tour-Baulois (?), d'Ardanne.

XXXIX. — 20 septembre 1724. — Copie du testament de Jeanne du Pas, veuve de René-Antoine Jarret.

Le lundy vingt septembre 1724, avant midy, soussignée dame Jeanne du Pas, veuve de messire René-Antoine Jaret, équier, seigneur de la Merie, demeurant en la ville du Lude... Je dézire estre ensepulturée sans aucune manifissance, sans un grand luminère, forts cinq petits sierges qui seront à costé de mon corps en mémoire des cinq plès de Nostre-Seigneur Jésus-Christ. Je veux que quant je serai décédée, que mon corps soit gardé vingt-quatre heures et que l'on ne m'ensevelisse pas que au bout du temps que je marque et je veux que ce soit un prestre ou un religieux qui me garde et qui prie Dieu pour le repost de mon âme et pour sa peine lon luy donnera un équ, et l'on me regardera de temps en temps pour voir cy je n'aures point quelque marque de vie. Je veux que le jour de mon décès ou le lendemain, qu'il me soit dit trois grant messe et six messe à basse voix. Cy je meurs à la quinzainne lon les fera dire aux Récollets. Je demande que la huitainne d'après qu'il soit fait la mesme chose et un trantin après à messe basse. Et je veux se pendant dix année qui soit dit six messe à basse voix à l'intention que Dieu fasse miséricorde à mes parants et amis... je veux que le jour de mon décès qu'il soit donné six livres aux pauvres que lon leurs distribuera à deux sols chacun et lon fera la mesme chose à la huittainne. Je veux que ma fille, épouse de Monsieur de Sarcé, ay sans contestation mes habis... et lui donne après ma mort trois quillers et trois fourchettes qui sont gravées en le derrière du manche. Les armes sont de trois bares et une tête de sanglier et celles de mon mari. Elles ont été ajettée quant je feu mariée. S'étoit de l'argent que ma mère m'avait donné pour m'habiller. Je le converty en six quillers et six fourchettes dont mon fils en a trois de chaque façon..., je lui donne la tasse d'argent qui me sërt, elle a deux ances...

(Signé) J. DUPAS, veuve de Mr DE LA MERIE.

XL. — 30 décembre 1744. — Contrat de mariage d'Henri-René Jarret de la Mairie et de Catherine-Scholastique Denizot.

30 décembre 1744, au rapport de Michel Faribault et de Jacques Chevallier, notaires au Mans, contrat de mariage d'Henri-René Jarret de la Mairie, écuyer... et de Catherine-Scolastique Denizot. Il reçoit en dot la terre seigneuriale de Magé des propres de sa mère Ambroise de Malaunay, mais avec l'expresse réserve qu'au cas où elle survivrait à son mari et que son fils par le décès de son père fût devenu possesseur de la terre de la Mairie, elle pourrait, si bon lui semblait, reprendre la jouissance de Magé, mais sans avoir à réclamer aucun douaire. Les parties estimaient les dons et avantages faits aux futurs époux à 36.000#. Catherine Denizot recevait la Rasterye avec 18 quartiers de vigne, en Ivré-l'Evêque, la métairie de la Séchotière en Saint-Martin du Vieil-Bellesme, le lieu des Près en Saint-Denis des Coudrais, la Morellière en Chérancé, Loizellière en Bonnétable, 45# de rente, le quart par indivis de la métairie de la Gandonnière en Vallon, 1.000# en meubles et les sieur et dame Denizot s'obligeaient à nourrir les futurs époux pendant un an, dans leur maison du Mans, où la minute, qui est demeurée vers Jacques Chevallier, a été signée des parties et de J. Denizot, R.-A. Jarret, Denizot, E. Bardon de Sarcé, P. de Sarcé, A. de Malaunay, Denizot de Bascardon, J. Jarret de Sarcé, Etard de Bascardon, Etard, Louis Pastureau de Fleury, Jeanne de Malaunay, Elizabeth de Malaunay, Visdelou de Liscouet, R.-Ant. Lechevalier, Ambroise Jarret, F. de la Vigne, Jarret, J. Jarret, J.-V. Bardon de Milière, Julie de Milière, G. Bouttier de Gémarcé, René Le Mayre, Doyseau, F. H. Lambert, M. de Gémarcé de Boisclaireau, de Moré, de Sarcé, Anne Jarret, Jeanne Robiel, Renée Gauvain, de Parnay, M. J. de Malaunay, J. de Malaunay, prêtre prieur, C. de Malaunay, Anne Bacher de Malaunay, Louise de Malaunay, Jarret, de Sarcé, Savonnières, de Fromentières, de Fromentières, le

Peltier, Gaceau de Cerceau, L. Le Rouge, Le Rouge, Moloré, président à l'élection.

Les conditions de ce contrat furent ratifiées à la Mairie, le 3janvier 1745, devant René Moreau, notaire à Saint-Germain-d'Arcé, par Ambroise de Malaunay, en présence de messire Alexandre de Mailly, chevalier, seigneur de la Cour de Broc.

XLI. — 16 février 1763. — Partages nobles entre les enfants de René-Antoine Jarret et d'Ambroise de Malaunay.

16 février 1763. Partages nobles sous seings privés, faits à la Mairie, des biens de René-Antoine Jarret et de dame Ambroise de Malaunay entre Henry-René Jarret, Ambroise-Perrine, Jeanne et René-Antoine, prêtre, curé de Nogent-le-Bernard, tous enfants issus du dit sieur Jarret et de dame A. de Malaunay, par les quels Henry-René Jarret a pour ses deux tiers la terre de la Mairie, les annexes de leur père et leur mère, le droit de présentation de la chapelle Saint-Adrien, la métairie de la Simonnière en Braye, la Fuie avec le fief, 6 deniers de cens à cause du fief de Bareille, paroisse de Couesmes, 2 deniers de cens pour le fief de la Jussaumière en Villiers, un cierge tel qu'il est dû en la chapelle de la Mairie pour être présenté au seigneur du dit lieu par le possesseur du Petit-Rosier en Braye, le fief du Tail avec les bordages des Nains en Couesmes, un pré près le bourg de Villiers, la Mirloretterie et ses bois en Villiers, la rente de 20 sols due par les héritiers Touzeau, près Saint-Blaise en Braye. La métairie de la Bodinière avec les fiefs et dépendances, y compris le lieu du Bouchet, paroisse de Moncoutant en Poitou. Les droits de pêche aux Ponts-de-Cé sans préjduice de ce qui peut revenir à Mesdames de Germond et Raymond, tantes maternelles, la rente foncière de 10# due par les héritiers Godefroy sur des héritages sis au bourg de Braye ; une rente foncière de 19# 10 s. 16 d. sur une maison située à la porte de la Bilange, à Saumur.

Le 3e tiers se composait de la terre de Magé ; des terres avec les quarts ou dixmes des vignes que tient présentement à ferme M. de Parnay qui sont de la succession de feue Madame des Loges, grande tante ; du lieu de Montplaisir et des terres qui en dépendent, sans préjudice de ce qui peut appartenir à Mesdames Germond et Raymond et qui sont situées paroisse du Plessis-Gramoire, Foudon et Brain-sur-l'Authion, plus la métairie de la Seillerie avec le parc dit le parc de la Mairie, paroisses de Braye et de Villiers, le bordage du Chillon. *Original en papier, signé des parties contractantes.*

XLII. — 15 octobre 1788. — Contrat d'achat de la seigneurie de Chantilly.

Le 15 octobre 1788, devant Lancelot-Pierre-François Le Mercier, notaire du duché de la Vallière, résidant à Saint-Germain-d'Arcé, ont été présents haut et puissant seigneur Louis-Jacques-Rolland, comte des Escottais, le Bigot et Gastinne, maréchal des camps et armées du Roy, seigneur du comté des Escottais, Armilly-Thoisieau, fief de Chaps, le Plessis-Barbe, de Coudray-Macouard, Chantilly, demeurant au château des Escottais, paroisse de Saint-Paterne, en Touraine, et haute et puissante dame Louise-Françoise de Plas, son épouse, dame pour accompagner Madame Adelaide de France, demeurant à Versailles, paroisse Saint-Louis; qui ont vendu à dame Philippe-Magdeleine de Boisjourdan, veuve de messire Henry-René-Julien Jarret, chevalier, ancien mousquetaire, seigneur de la Mairie, Seicheterre, la Morellerie, demeurant ville du Mans, paroisse du Crucifix, la terre, fief et seigneurie de Chantilly, paroisses de Courcelles, Chouzé-le-Sec et Savigné-sous-Rillé, composée des fiefs de la Houdinière, Chantilly, le Chastellier, la Pierre-à-la-Bodelle, la Laignerie, Langlecherie, les Petites Landes, Crocheluère, Reinnerie, la Sennerie, le Champclos et Boissé, consistant en château, cours, jardins, vergers enfermés de murailles et fossés, droits et devoirs seigneuriaux et féodaux, moyenne justice, seigneurie de la paroisse de Courcelles, droits honorifiques en dépendant, droit de patronage et de présentation de la chapelle de Chantilly desservie en l'église de Courcelles, à charge de relever pour la Houdinière, Chantilly et ses dépendances du duché de la Vallière, sous le devoir de 58 sous de service annuel, et pour le fief de Champclos et Boissé, de la baronnie de Rillé, à foy et hommage simple sous le service de 6 deniers. Cette vente fut faite pour la somme de 95.000#, sur laquelle 35.000 à payer à haut et puissant seigneur Anne le Gras, chevalier, marquis du Luard, veuf de haute et puissante dame Anne-Angélique-Geneviève des Escottais, ayant la garde noble de l'enfant issu d'eux.

XLIII. — 19 janvier 1801. — Acte de mariage de Henri-René-Louis Jarret et de Augustine-Marie Le Gouz.

Aujourd'huy, 19e de janvier 1801, sur les neuf heures du matin, après publications et affiches, tant dans la ville du Mans, domicile du ci-après nommé époux, que dans cette ville de Beaugé, en vertu du pouvoir à nous donné par Messieurs les Grands vicaires du Mans et d'Angers, ont été épousez par nous, prêtre soussigné, Henri-René-Louis Jarret, garçon majeur, propriétaire, âgé d'environ vingt-deux ans, fils de défunt Henri-René-Julien Jarret et de Philippe-Magdeleine de Boisjourdan, son épouse, cette dernière présente et consentante, d'une part, et Augustine-Marie Le Gouz, fille, âgée de vingt ans, fille d'Augustin-François Le Gouz et de Marie-Anne de la Noüe, sa seconde épouse, l'un et l'autre présents et consentants, l'époux et sa mère de la commune du Mans, l'épouse et ses père et mère de cette commune ou parroisse de Beaugé. En présence de Marie-Anne Léon, veuve de Charles-Nicolas de la Noüe, ayeule maternelle de l'épouse, de Nicolas-François de la Noüe, son oncle aussi maternel, de François-Jean Léon, son grand-oncle au même côté maternel, de Louis-Ambroise-Augustin Jarret, de Marie-Philippe Jarret, fille, frère et sœur germains de l'époux, de Marc-Prosper Girard de Charnacé, son cousin germain au côté maternel et autres parents et amis des époux, tous lesquels ainsi que les dits époux ont signé avec nous après lecture.

Champagné, Hardouin de Broc, Neau Ve Savonnière, Louis Le Gouz, H. Jarret, Augustin Le Gouz, Boisjourdan Jarret, L. Jarret, Augustin-François Le Gouz,

N.-F. de la Noüe, Léon, Prosper Girard Charnacé, Alexandre de Broc, Hautreux, C.-H[te] du Pont de Lauberdière (1), de la Noüe, le Gouz, Bonnaux de la Noüe, Tahureau de Champagné, de Broc, de la Haye, Philipine Jarret, Léon de la Noüe.

G.-F. VOISIN, prêtre catholique.

XLIV. — Extrait du *Journal de Baugé,* du 24 février 1872. — M. Henri Jarret de la Mairie.

Il y a quelques jours, s'éteignait, au château de Marolles, près de Baugé, une de ces nobles existences qui consolent la terre et réjouissent le ciel : je veux parler de M. Henri Jarret de la Mairie, que la mort d'enlever à sa famille éplorée, à ses nombreux amis et aux pauvres dont il était le père et le soutien.

Nous avions espéré qu'une plume amie retracerait les traits de cette belle vie, si digne d'être connue et donnée en exemple à tous.

Cela cependant n'a pas été fait jusqu'ici. C'est pourquoi, cédant à des sollicitations d'amis du cher défunt, je viens essayer d'esquisser ici quelques uns des traits de ce chrétien de vieille roche, de cet homme de bien par excellence : dans les temps douteux que nous traversons, il est bon de ne pas laisser s'effacer sitôt les traces de ceux qui partent, lorsque ce sont des traces d'honneur, de lumière et de vertu, dont le haut exemple importe tant à ceux qui restent.

M. Henri Jarret de la Mairie naquit à Baugé, au commencement de l'année 1804; dans une famille où la bienfaisance est héréditaire, comme la noblesse du sang. Rappeler les noms de Jarret et de Le Gouz, c'est rappeler des noms honorés et bénis, devant lesquels tout Baugé s'incline avec respect, comme devant les noms des plus grands bienfaiteurs de la contrée.

Après avoir commencé ses études au collège de Baugé, le jeune Henri alla les terminer au collège de Château-Gontier, où se rendaient alors les enfants des meilleures familles du pays. Il se destina d'abord à la noble carrière des armes. Ancien élève de Saint-Cyr, fort jeune encore, il se trouvait officier dans un régiment de cuirassiers, et pouvait espérer le plus brillant avenir, quand arriva la révolution de 1830. Il n'hésita pas à briser son épée pour demeurer fidèle à son roi, dans la mauvaise fortune.

Cette fidélité inviolable dans le malheur, digne au moins de tout respect, est assez rare dans nos temps d'opinions faciles et changeantes pour être signalée.

Le jeune officier, rentré dans ses foyers, se choisit bientôt une épouse dans la la noble famille des Maquillé que tout l'Anjou connaît. Cette union, bénie du ciel, semblait lui promettre le bonheur. Mais sa digne compagne était trop accomplie pour ne pas s'unir à Dieu prématurément. La mort l'enleva dans la fleur de l'âge

(1) Claire-Henriette-Charlotte du Pont d'Aubevoye de Lauberdière, admise en la maison royale de Saint-Cyr, sur ses preuves faites le 1er novembre 1769, mariée au colonel Auguste Bouttier, décédée sans enfants en 1812.

et de la grâce, comme s'il n'y eût plus que cette mort qui pût ajouter à sa couronne.

L'estime universelle dont il jouissait vint chercher M. Jarret de la Mairie dans sa retraite, en 1848, pour lui confier les intérêts du canton de Baugé au conseil général. Il les y défendit avec zèle et intelligence jusqu'en 1851, époque où il donna sa démission, pour protester, autant qu'il le pouvait, contre l'attentat du 2 décembre, qui a été si fatal à notre infortunée patrie.

Tel fut l'homme public; mais il importe surtout de faire connaître l'homme privé, l'homme intérieur, l'homme de bien, dans toute l'étendue du mot, cette belle âme enfin, comme on est heureux d'en rencontrer sur sa route, dans le chemin de la vie : c'était, si je puis ainsi dire, comme une belle statue de marbre blanc, sans aucune veine. Qui de nous ne se rappelle cette noble et sympathique figure, ce front radieux et pur, ces yeux doux et limpides où se reflétait comme la sérénité des cieux? C'est que la paix de Dieu régnait dans cette sainte âme. Tous ceux qui l'ont connu, en effet, s'accordent à proclamer hautement sa sainteté. Rien n'égalait la vivacité de sa foi que sa simplicité : c'était la foi d'un enfant qui s'abandonne avec confiance entre les bras de son père ; sa piété était aimable, tendre et éclairée ; sa tenue humble et recueillie à l'église frappait et édifiait tous ceux qui en étaient les heureux témoins : on aurait dit un ange abîmé dans la contemplation de la majesté divine. Que dire de son attachement à l'Église et à son auguste chef ! Faut-il aussi parler ici de son humilité, de sa modestie, de son amour pour Dieu qui était sans cesse présent à sa pensée et auquel il rapportait toutes ses actions? « Oui, disait-il souvent, il faut faire cela pour Dieu, et pour Dieu seul. » Il aimait à en parler, parce qu'il remplissait son cœur. Avec lui on se serait cru transporté dans un monde meilleur, dans une région supérieure qui, en nous élevant de la terre, nous rapproche du séjour de la paix. On aurait dit que cette âme était entièrement fermée du côté de la terre et qu'elle ne s'ouvrait que du côté du ciel. Mais non : si toutes les voix venues d'en haut trouvaient un écho dans ce cœur pur et dévoué, les gémissements de la terre n'en trouvaient pas moins. On a dit de lui qu'il avait la passion du bien ; il le faisait sous toutes les formes et on le trouvait toujours prêt à concourir à une bonne œuvre. Mais sa vertu dominante, si je puis parler ainsi, fut la charité : elle a été la grande préoccupation de toute sa vie, et lorsqu'on le voyait grave mais souriant, parcourir les rues de notre cité, on était sûr qu'une intention pieuse ou bienfaisante guidait ses pas. Dieu seul connaît toutes les misères qu'il a secourues, toutes les larmes qu'il a séchées. Vous pourriez-nous en dire quelque chose, vous, pauvres de Baugé, qui avez eu la meilleure part dans ses largesses, qui avez été comme sa seconde famille. Ce que je puis dire, en un mot, c'est qu'avec une fortune relativement modeste, grâce à l'ordre parfait qu'il mettait en toutes choses, il a trouvé le moyen, sans parler de ses fondations, de faire des aumônes a peine croyables. Pain, bois, vêtements, argent même, il donnait tout généreusement. Telle était la bonté de son âme qu'il eût ressenti plus de chagrin à rejeter la demande d'un pauvre que ce pauvre lui-même n'eût éprouvé de peine en n'obtenant pas ce qu'il demandait. Et toutes ses aumônes, il les faisait en se cachant, pour ainsi dire, ne voulant être connu que de Dieu seul, avec une délicatesse qui en rehaussait encore le mérite.

Que de traits admirables je pourrais citer ici à l'appui, si je ne craignais d'être trop long.

Il semble que Dieu eût dû récompenser dès ici bas une vie si saintement remplie. Il en fut autrement cependant : il eût manqué quelque chose à ce juste pour ressembler à son divin Modèle. Aussi Dieu ne lui épargna pas ce qu'il avait toujours réservé à ses meilleurs amis, je veux dire les croix et la souffrance. Mais son fidèle serviteur les supporta avec une patience admirable. Il lui suffisait d'avoir Dieu pour confident et, à l'exemple de son Maitre, selon la grande parole de Tertullien, il savourait en silence la volupté de la douleur et il était consolé de ne pas l'être.

Tel fut M. Jarret, tel nous l'avons tous connu. Mais si sa vie fut édifiante, sa mort fut admirable. On peut bien lui appliquer cette parole de Bossuet si souvent citée : « Il fut doux, envers la mort comme il l'était envers tout le monde » ; il la vit venir avec la calme tranquillité d'un chrétien qui sait qu'elle va lui ouvrir la porte du ciel. Il reçut tous les secours de la religion avec une piété angélique. Le prêtre qui l'a assisté à ses derniers moments a dit : « Voilà quarante ans que j'assiste des mourants, mais je n'ai jamais rien vu de pareil. » On eût dit qu'il n'était plus de la terre, que son âme était déjà en Dieu. Voyant les membres de sa famille en pleurs réunis autour de son lit de douleur il leur fit ses adieux, avec la majesté d'un patriarche; puis, comme un autre Jacob, il leur donna à tous sa dernière bénédiction. « Mes biens chers petits, disait-il à ses petits-enfants, retenez bien la suprême recommandation de votre grand-père : « Aimez bien le bon Dieu, servez-le fidèlement et surtout soyez charitables pour les pauvres; pour toi, mon petit Joseph, ajoutait-il en s'adressant au plus jeune, tu ne me comprends pas, mais tes parents sont là, ils te diront un jour quelle a été la dernière parole de ton grand-père, et toi aussi sois béni ». Dans ses derniers jours, comme la terrible maladie ne lui laissait pas assez de liberté d'esprit pour s'entretenir avec Dieu ainsi qu'il l'aurait voulu, il engageait toutes les personnes qui l'approchaient à prier pour lui : « Priez pour moi, leur disait-il, car je ne puis plus le faire ». Il disait encore : « Je ne sais si je fais bien, mais j'offre à Dieu de grand cœur le sacrifice de ma vie pour l'Eglise, pour le Souverain Pontife et pour la France. »

C'est dans ces sentiments admirables de foi, d'espérance et d'amour qu'il a rendu sa belle âme à Dieu, le 26 janvier, dans sa 68me année. Il avait connu et pratiqué la miséricorde ici-bas, nous avons la douce confiance qu'il l'a trouvée pleine et entière au ciel.

Cependant sa belle vie recevait sur la terre comme un glorieux couronnement par l'immense concours de parents, d'amis et de pauvres qui pressaient et confondaient leurs rangs, en mêlant leur larmes, à sa sépulture. C'était un éclatant hommage rendu à sa vertu, c'était la plus belle des oraisons funèbres, comme je l'ai entendu répéter autour de moi.

Et maintenant je dirai : qu'un si bel exemple ne reste pas stérile pour nous. Mais, recueillant dans notre âme les leçons qu'il nous laisse, apprenons de lui comment il faut vivre et comment il faut mourir.

J.-B. Barrau, prêtre, supérieur du collège de Baugé.

XLV. — Le combat de Chânay, à Grez-en-Bouère, le 25 mai 1832.

« Le principal incident de l'insurrection légitime de 1832 dans la Mayenne, eut lieu au chateau de Chasnay. Le contre-ordre signé à Nantes par le Maréchal de Bourmont le 22 mai, et parvenu à Gaullier, qui se trouvait au château de la Barre en Bierné, le 23 au soir, avait mis le désarroi dans les troupes déjà réunies. Gaullier se rendit le 25 à midi à Chasnay où le général Clouet l'attendait. A la fin du dîner, pendant que le général accompagnait sur le piano quelques couplets de sa composition en l'honneur du Roi, un détachement de 40 hommes du 31e de ligne, venant de Châteaugontier, est signalé par les sentinelles. Le sergent-major Haro est tué au moment où il franchit la barrière, Louis Buquet, du Buret et Marin, dit Tanquerel, d'Auvers-le-Hamon, tombèrent à leur tour parmi les royalistes; ceux-ci avec leurs chefs, Clouet, Gaullier, Bernouilli, Leroy, chargent à la baïonnette et la troupe se retire sur le chemin de Gennes. Elle revient bientôt, appuyée de 25 grenadiers accourus à Grez-en-Bouèrre, et les quelques paysans qui étaient restés aux côtés de Gaullier et de Clouet battirent en retraite, tiraillant derrière les haies jusqu'à ce qu'arrivés à Saint-Charles, le général les licenciat en remettant à chacun un morceau de ruban de la légion d'honeur qu'il portait. — Le soir une compagnie du 31e, sous les ordres du chef de bataillon Boyer vint cerner le château de Chasnay. La famille Jarret de la Mairie était réunie à la chapelle. On perquisitionna dans toute la maison à la lueur d'un cierge, sans rien trouver de compromettant. L'officier donna avec autorité et le pistolet à la main l'ordre de départ et les soldats obéirent malgré le désir qu'ils avaient de se venger par le pillage la mort de leur camarade » (1). Sur son avis, M. de la Mairie, le lendemain, quitta Chânay avec sa femme, sa mère, ses jeunes enfants, et se réfugia à Château-Gontier dans la maison de la rue Dorée venue des de Boisjourdan et possédée actuellement par M. P. de Farcy. Quelques jours après, il y fut arrêté un soir, vers huit heures, et conduit à la Flèche, où il fut gardé prisonnier sur parole pendant quatre jours. Sa femme l'avait accompagné ou était venue l'y rejoindre. Il fut confronté au tribunal avec une partie des royalistes du combat de Chânay, eux aussi arrêtés et conduits à la Flèche, et relâché parce qu'ils ne le reconnurent pas pour celui qui les avait commandés, et qui était le général Clouet (2).

(1) Abbé Angot, *Dictionnaire de la Mayenne*, t. I, p. 570.
(2) Détails donnés de vive voix à M. d'Achon par Mlle Fanny de la Mairie.

ERRATA

P. 3. Note 2, ligne 13, *au lieu de* : si *heredibus* se rapportait à Fremond, *lire* : si Pierre était fils du 2e mariage.

P. 7. Tournoile, *lisez* Tourniole. — Plessis-Auger, *lisez* Plessis-Anger.

P. 13. La note 1 se rapporte à l'aveu de la Giffardière, cité p. 12.

P. 20. 19 mai 1602 (1), *lisez* (3).

P. 21. Lorrière, *lisez* Lorierie. — La Lancule, *lisez* Lanceulle. — Après Loire-Inférieure, note 1, dernière ligne, *ajoutez* Voir Preuves, p. 56.

P. 23. *Ajoutez* Jacques Jarret avait déjà été partagé par Charles, son aîné, le 31 juin 1584. Voir T. G., p. 3.

P. 47. Ligne 4, *lisez* p. 32.

P. 49. Aveu de la Rigaudière, *ajoutez* Preuves XXII.

P. 56. Marguerite, *lisez* Dlle Marthe Le Bigot.

P. 90. Henri-René-Julien, *lisez* messire Henri-René Jarret.

P. 94. Ligne 1, *ajoutez* sous-lieutenant au régiment de Condé en 1824.

P. 101. Note 1, ligne 5, *remplacez* remariée en 1734 à Ambroise-César *par* mariée en 1747 à Antoine-César du Bois de Maquillé.

P. 106. 6e ligne, *supprimer* colonel commandant le 116e de ligne, officier de la Légion d'honneur.

Titres généraux :

P. 13. Moyé, *lisez* Noyers.

P. 17. Doubs, *lisez* Douces. — Bouzaille, *lisez* Vouzaille. — Allendaz, *lisez* Allauday. — de Fresque, *lisez* de Fesque.

P. 71. Thoisieau, *lisez* Thoriau, en Neuillé-Pont-Pierre.

TABLEAU GÉNÉALOGIQUE DES JARRET

(XIIIe-XIXe SIÈCLES)

BRANCHE AINÉE DES SEIGNEURS DE LA TROUSSELIÈRE

Degré							
1er degré	FREMOND JARRET, XIIIe s., 1260 *épousa : 1° N. ; 2° N.*, p. 1						
IIe —	PIERRE (1er lit) S. P., p. 2	GEOFFROY (2e lit) = *N.*, p. 3					
IIIe —	FREMOND, Sr DE LA TROUSSELIÈRE † 1356 = *Alienor*, p. 4						
IVe —	PIERRE, 1360 = *N., dame de Trozé*, p. 5						Gefford = *N.*, p. 5
Ve —	GUILLAUME, 1351 = *N.*, p. 9				Raoul, Sr de Trozé, 1410-1447 = *Catherine de Vandel*, p. 6		. . . .
VIe —	JEAN, 1434-1454 = *Eustache de la Cour*, p. 10	Jean = *Jeanne du Tail*, p. 10	Jean, 1419 p. 10	Guillaume Pie p. 6	Olivier, 1426-1438 = *N. Bacapé*, p. 6		Geoffroy, 1419-1440 p. 5
VIIe —	JEAN, 1448-1482 = *Guillemine Jodouin*, p. 12	Olivier = *Isabeau du Hallay* p. 11	Guyon, 1464 = *Perrine de la Cigogne* p. 11	Olive = *N.* *Sr de Blessons* p. 11	Guyon, 1447-1513 = *Perrine de Lorgeril* p. 7		
VIIIe —	RENÉ, 1480-1524 = *Charlotte Aménart*, p. 14	Guillaume, 1475 p. 13	Marguerite, 1482 = *François du Vau*, p. 13	Madeleine, 1509 = *J. Bertrand*, p. 7	Arthur, 1513-1537 = *Jamette N.*, p. 9		
IXe —	LOUIS, 1523-1560 = *Louise de la Roche*, p. 17			Pierre, 1512-1541 = *M. de Poix*, p. 15	Jeanne, 1509 p. 9		
Xe —	HARDY, 1552-1572 = *Jeanne Amyot*, p. 18	Arthur *branche d'Halbeuf*	Hardy, 1560 = *N.*, p. 17	Fils, fille p. 18	Françoise, 1560-1572 = *F. de Changé*, p. 16		
XIe —	CHARLES, 1584-1619 = 1° *Lancelotte Amyot* 2° *Charlotte Godet*, p. 24	Jean, 1572 p. 19	Suzanne, † avant 1611 = *N., Sr de Villeneuve* p. 20				Jacques, 1611-1631 = *Julienne Godet* p. 20
XIIe —	NICOLAS (1er lit), 1615-1627 = *Renée Pierres*, p. 26	Jean, 1619-1648 = *Marguerite de Limelle* p. 31	Charles, 1619-1647 = *F. de Montalembert* p. 39	François, 1619-1642 = *Renée de Criquebeuf* p. 33	Pierre (2e lit) *2e branche de la Trousselière*		Plusieurs enfants p. 20 à 22
XIIIe —	CHARLOTTE, 1616-1689 = 1° *B. de Fevre de Laubrière* 2° *Charles Le Gouz*, p. 29	Renée et Elizabeth, 1637, p. 31	Renée, 1627-1711 = *F. de la Barre* p. 42	Charles, 1632-1700 = *C. Girault* p. 40	Renée, 1642-1693 = 1° *Madelon d'Aubert* 2° *C. de la Saugère*, p. 34	Anne, 1628-1660 = *Julien Gohier* p. 37	Charlotte, 1634-1712 = *René Blouin* p. 38

2e BRANCHE DE LA TROUSSELIÈRE

Degré					
XIe —	CHARLES, *épousa en 2e noces Charlotte Godet*, p. 24				
XIIe —	PIERRE, 1621-1676 = *Anne Lambert*, p. 46	Renée, 1633-1678 = *P. de l'Espinay*, p. 25	Charlotte, 1617-1667 = *Jean Morel*, p. 25		
XIIIe —	RENÉ, 1657-1708 = 1o *Claude de Rouvray* 2o *Jeanne de Lézormel*, p. 49	Jean Alain, 1658-1671 p. 47	Renée, 1659 p. 48	Catherine, 1661-1664 p. 48	
XIVe	CLAUDE-JOSEPH, 1683-1690 p. 51	Charlotte, 1685 p. 52	Anne-Françoise, 1686-1701 p. 52	François R., 1687 p. 53	R. Pierre, 1688-1689 p. 53

BRANCHE D'HALBEUF ET DE MONCHENIN

Degré							
Xe —	ARTHUR JARRET, fils Louis et Louise de la Roche épousa, 1550, *Gasparde Pinet*, p. 54						
XIe —	JACQUES, 1595 = *Marthe Le Bigot*, p. 56						
XIIe	JACQUES, 1621-1654 = 1o *Louise Begault* 2o *Marguerite Berault*, p. 58	Louis (voir *branche de la Mairie*)	Charles, 1624 p. 57	Marthe, 1621 = *A. Gueniveau de la Galpesière*, p. 57	Claude, 1633 = *P. de Maliverné*	Renée, 1633 = *C. de Chardon de Beauvais*, p. 58	Marie, 1643 = *L. de Faye de la Noue*, p. 58
XIIIe —	LOUIS, 1634-1704 = *Renée Carré de Langardière* p. 60	Charles, 1637-1702 = 1o *Catherine de Forges* 2o *Michelle de la Hune*, p. 59	Pierre, 1637-1654 p. 60	Marguerite, 1702 = *Jacques Lizé* p. 60			
XIVe —	LOUIS, 1672-1735 = *M. Sainte Le Jeune de Bonnevaux*, p. 62	Joseph L., 1661-1727 p. 61	Anne, 1709-1758 = *Jean A. de Cissay* p. 62	Charlotte J., 1693 p. 62	Renée, 1703-1709 = *Joseph d'Esturmy* p. 62		
XVe —	HENRI-LOUIS, 1702-1762 = *Marie A. T. de la Clau*, p. 64	Gilles René, 1704 p. 63	Charles-Joseph, 1705 p. 63	Josèphe M. E., 1708 p. 63	Marie A. A., 1709-1733 p. 63		
XVIe —	HENRI-ARMAND, 1733-1792 = *Marie-Adelaïde Brunet de la Charie*, p. 66	Louis, 1739-1781 p. 65	Marie M. H., 1740-1758 = *Jean C. G. Brunet de la Charie* p. 66				
XVIIe —	HENRI-LOUIS, 1781-1821 = *Charlotte-Henriette de Buzelet*, p. 68	Adelaïde M. H., 1782-1877 = *Jean Rocher*, p. 67	Elizabeth H., 1783-1809 = *Pierre L. M. Vannier*, p. 67				
XVIIIe —	HENRI-LOUIS-ALEXANDRE, 1816-1836 p. 69	Mélanie-Caroline, 1819-1880 = *Charles Regnard*, p. 69					

BRANCHE DE LA MAIRIE

XII° — Louis Jarret, fils Jacques et Marthe Le Bigot, épouse, 1684, *Anne Moreau de la Mairie*, p. 70

XIII° — René-Antoine, 1646-1709 = *Jeanne du Pas*, p. 76 | Félix, 1635-1650 p. 74 | Anne, 1648-1716 p. 74 | Claude-Louis, 1647-1677 p. 74

XIV° — René-Antoine, 1695-1762 = *Ambroise de Malaunay*, p. 79 | Jeanne-Marie, 1692-1730 = *Pierre de Sarcé*, p. 78

XV° — Henri-René, 1717-1762 = *Catherine Denizot*, p. 84 | Ambroise-Perrine, 1718-1776 p. 82 | Marie, 1720-1763 p. 82 | Marie-Henri, 1724-1763 p. 82 | Jeanne, 1725-1823 p. 82 | René-Antoine, 1726-1801 p. 83

XVI° — Henri-René-Julien, 1751-1781 = *Philippe-Madeleine de Boisjourdan*, p. 86 | Madeleine-Marie, 1754 p. 86

XVII° — Henri-René-Louis, 1778-1858 = *Augustine-Marie Le Gouz du Plessis*, p. 90 | Marie-Philippe, 1782-1866 = *Augustin Gaultier de Brullon* p. 90 | Louis-Ambroise-Augustin 2° *branche de la Mairie*

XVIII° — Henri, 1804-1872 = 1° *Laure du Bois de Maquillé* 2° *Aimée L. Rondeaux*, p. 93 | Augustine-Henriette, 1802-1826 p. 92 | Caroline-Louise, 1809-1888 = *Félix de la Pomerie* p. 93 | Charles-Albert, 1818-1847 p. 92 | Louis-Marie-Augustin, 1816-1882 = *Agathe Gaudin de Saint-Remy* p. 99

XIX° — Henri-Constant-Marie, 1835-1898 = *Marie-Charlotte-Léonie de Broc*, p. 96 | Laure, 1846 p. 95 | Lucienne, 1849-1875 = *Louis de Vernot de Jeux* p. 95 | Marie, 1844-1907 = *Lionel de Cyresme*, p. 99 | Louise, 1846 = *Paul du Bourg*, p. 100

XX° — Henri-Joseph-Marie, 1863-1906 = *Anne Goulez de la Motte*, p. 97 | Marie, 1862 = *René Baron de Béreix*, p. 97 | Renée, 1865 p. 97

XXI° — Henri-Alfred-René, né le 18 novembre 1907

2° BRANCHE DE LA MAIRIE

XVII° — Louis-Ambroise-Augustin, 1780-1872 = *Marie-Angèle Le Gouz du Plessis* p. 101

XVIII° — Anatole-Augustin, 1812-1890 = 1° *A. de Ravenel* 2° *Thérèse de Noinville*, p. 105 | Marie 1813-1907 p. 102 | Angèle. 1814 = *Ch. Barbeu du Boulay* p. 102 | Paul 1817-1890 p. 102 | Marie A. 1819-1907 p. 102 | Louise, 1823 = *E. Hochedé de la Pinsonnais* p. 102 | Philippe, 1825-1902 = *Hortense Gaultier de Brullon*, p. 103 | Amédée, 1626-1903 = *Hyacinthe Chevalier* p. 103 | Ambroise 1831 p. 104

XIX° — Anatole-Louis-Marie, 1846 = *Bathilde de Valori*, p. 106 | Humbert-Joseph-Marie, 1849 = *Mathilde T. Dalamel de Bournet* p. 107 | Yvonne, 1859 p. 107 | Marie, 1858 = *Andéol Seurat de la Boulaye*, p. 103 | Louis, 1859 = *Marie de Caïeu* p. 104 | Fernand 1860-1883 p. 104 | Marthe, 1868 = *H. Le Motheux du Plessis*, p. 104

XX° — Marie-Thérèse, 1877 = *M. R. R. de Thomas de la Barthe*, p. 106 | René-Marie-Anatole, 1891 p. 108 | Solange, 1887 p. 107 | Madeleine, 1889 p. 107 | Elizabeth, 1898 p. 108

TABLE ALPHABÉTIQUE

DES NOMS DE PERSONNES ET DE LIEUX

(Les chiffres en caractères gras se rapportent aux titres généraux et aux preuves).

A

B

C

D

E

F

G

H, I

J

JARRET

BRANCHES AINÉES

JARRET

BRANCHE DE LA MAIRIE

L

M

N

O

P

Q

R

S

T

V